PAUL NATORP

DE LA *PSYCHOLOGIE GÉNÉRALE*
À LA *SYSTÉMATIQUE PHILOSOPHIQUE*

DU MÊME AUTEUR
À LA MÊME LIBRAIRIE

Les Néokantiens, Valeur et Vérité, « Bibliothèque des philosophies », 192 pages, 2003.

Qu'est-ce que la musique ?, « Chemins philosophiques », 128 pages, 2005.

David Lynch : matière, temps et image, « Philosophie et cinéma », 120 pages, 2008.

Qu'est-ce que le cinéma ?, « Chemins philosophiques », 128 pages, 2009.

Analyse d'une œuvre : *La mort aux trousses (A. Hitchcock, 1959)*, en collaboration avec Jean-Jacques Marimbert, Laurent Jullier et Julien Servois, « Philosophie et Cinéma », 128 pages, 2008.

Analyse d'une œuvre : *Casque d'or (J. Becker, 1952)*, en collaboration avec Laurent Jullier, « Philosophie et Cinéma », 128 pages, 2009.

Analyse d'une œuvre : *L'homme à la caméra (D. Vertov, 1929)*, en collaboration avec Jean-Jacques Marimbert et Laurent Jullier, « Philosophie et Cinéma », 136 pages, 2009.

Traductions :

Wilhelm WINDELBAND, *Qu'est-ce que la philosophie ?*, et autres textes, « Bibliothèque des Textes Philosophiques », 240 pages, 2002.

Paul NATORP, *Psychologie générale selon la méthode critique*, traduction en collaboration avec J. Servois, « Bibliothèque des textes philosophiques », 384 pages, 2007.

BIBLIOTHÈQUE D'HISTOIRE DE LA PHILOSOPHIE

NOUVELLE SÉRIE

Fondateur : Henri GOUHIER Directeur : Jean-François COURTINE

PAUL NATORP
DE LA *PSYCHOLOGIE GÉNÉRALE* À LA *SYSTÉMATIQUE PHILOSOPHIQUE*

par

Éric DUFOUR

PARIS

LIBRAIRIE PHILOSOPHIQUE J. VRIN

6, Place de la Sorbonne, V[e]

2010

Imprimé en France
ISSN 0249-7980
ISBN 978-2-7116-2259-7

www.vrin.fr

« Rechercher l'origine, ce n'est pas très original »
J.-L. Godard, *Éloge de l'amour*

« *Wir kranken alle an Abstraktion* »
Paul Natorp à Hans Prager, 1924

LISTE DES ABRÉVIATIONS

Les œuvres de Kant sont citées dans l'édition de l'Académie des Sciences de Berlin (Ak.), la *Critique de la raison pure* dans la première (A) ou la seconde (B) édition.

Abréviations pour les œuvres de Natorp :

DE :	*Descartes' Erkenntnistheorie*, 1882
BE :	« Über objektive und subjektive Begründung der Erkenntnis », 1887
EP :	*Einleitung in die Psychologie*, 1888
QQ :	« Quantität und Qualität in Begriff, Urteil und gegenständlicher Erkenntnis », 1891
Rel :	*Religion innerhalb der Grenzen der Humanität*, 1894 (1908)
Sp :	*Sozialpädagogik*, 1899
NTE :	« Nombre, temps et espace dans leurs rapports avec les fonctions primitives de la pensée », 1900
ZFLM :	« Zur Frage der logischen Methode », 1901
PI :	*Platos Ideenlehre*, 1903 (1922)
PhPr :	*Philosophische Propädeutik*, 1903 (1927)
L :	*Logik in Leitsätzen*, 1904
APsL :	*Allgemeine Psychologie in Leitsätzen*, 1904 (1910)
APaL :	*Allgemeine Pädagogik in Leitsätzen*, 1905 (1927)
LGEW :	*Die logischen Grundlagen der exakten Wissenschaften*, 1910
PPP :	*Philosophie. Ihr Problem und ihre Probleme*, 1911
KM :	« Kant und die Marburger Schule », 1912
AP :	*Allgemeine Psychologie*, 1912
AE :	« Das akademische Erbe Hermann Cohen. Psychologie oder Philosophie », 1912
RS :	« Recht und Sittlichkeit », 1913
PP :	« Philosophie und Psychologie », 1913
HI :	« Husserls Ideen zu einer reinen Phänomenologie », 1914
AL :	« Allgemeine Logik », 1918

DW *I (=Die Weltalter des Geistes) II (=Die Seele des Deutschen)*: *Deutscher Weltberuf*, 1918

HC1 : « Hermann Cohens philosophische Leistung unter dem Gesichtspunkte des Systems », 1918

HC2 : « Hermann Cohen als Mensch, Lehrer und Forscher », 1918

BB : « Bruno Bauchs *Immanuel Kant* und die Fortbildung des Systems des Kritischen Idealismus », 1918

PP : « Selbstdarstellung », 1921

IG : *Individuum und Gemeinschaft*, 1921

RT : *Stunden mit Rabindranath Thattur*, 1921

VPP : *Vorlesungen über praktische Philosophie*, 1925

PS : *Philosophische Systematik*, 1958 (2000)

INTRODUCTION

Paul Natorp, fils de pasteur, naît à Düsseldorf en 1854. Il commence par étudier la musique et la philologie et, comme le jeune Nietzsche, se tourne ensuite vers la philosophie. Encore comme le jeune Nietzsche, Natorp est d'abord *romantique* et voit dans la musique de Wagner la véritable philosophie[1]. Alors que, à Strasbourg, il abandonne ses projets musicaux[2] et découvre la philosophie dans les cours d'Ernst Laas, Natorp s'enthousiasme pour Siegfried Lipiner[3], l'auteur de *Prométhée délivré*[4] – toujours à

1. P. Natorp, « Selbstdarstellung », 1921, p. 210 : « Mais c'est avec une force qui m'ébranla (comme bien d'autres, alors) que je fus saisi par quelque chose de tout différent, qui, à sa manière, restait pourtant philosophique, par ce qui est sans doute la philosophie la plus allemande et la plus cosmique, je veux parler de la musique de Bach, de Beethoven et des autres, surtout de celle de Richard Wagner, alors au sommet de sa gloire, dont l'"art" nouveau n'allait pas sans certaines prétentions philosophiques marquées et m'envoûta complètement durant des années, de sorte qu'il n'y avait plus chez moi de place pour grand-chose d'autre, et moins encore pour de la philosophie abstraite ». Sur la conception romantique de la musique, nous nous permettons de renvoyer à notre *Esthétique musicale de Nietzsche*, Lille, Presses Universitaires du Septentrion, 2005, première partie, chap. 1 : Le statut de la musique dans le romantisme allemand.

2. Sur l'œuvre musicale de Natorp, soulignons qu'il a eu, le 2 octobre 2004 à Marbourg, un concert Natorp précédé d'une présentation de cette œuvre par J. Stolzenberg. Le « *musikalische Nachlass* » de Natorp se trouve aux Archives musicales de Hagen (depuis 1973) et comprend 100 lieder écrits entre 1885 et 1915, 2 œuvres chorales et plusieurs pièces qui relèvent de la musique de chambre. Stolzenberg, dont nous reprenons ici les mots, cite le *Berlinische Tageblatt* du 1er juin 1920, dans lequel on lit, à propos d'un concert qui clôturait un congrès de la *Kant Gesellschaft*, dans l'article « Der Philosoph Natorp als Komponist », qu'« on entend [dans la musique de Natorp] des réminiscences de Brahms, Beethoven et même Jean-Sébastien Bach ».

3. *Ibid.*, p. 212 : « Et la rencontre approfondie avec un véritable poète, qui était presque tout autant musicien que philosophe, mais surtout un esprit religieux, Siegfried Lipiner, fit grandement mûrir l'idée, déjà à l'œuvre en moi, qu'une purification de la religion était possible afin de parvenir à une sorte de mysticisme philosophique ».

4. S. Lipiner, *Der entfesselte Prometheus*, Leipzig, Breitkopf und Härtel, 1876.

la manière de Nietzsche, lequel ne tarit pas d'éloges lorsqu'il découvre, en 1877, l'ouvrage d'un admirateur de ses propres œuvres, dont il s'éloignera ensuite très vite[1] : c'est ce dont témoignent non seulement la rupture avec le wagnérisme manifestée par *Humain trop humain* (1878), mais aussi, plus précisément, le soupçon à l'encontre d'un individu qui s'est révélé un juif antisémite et un représentant typique de l'« obscurantisme actuel »[2].

A la fin de ses études académiques qui lui permettent d'enseigner dans le premier degré (il occupe à partir de 1876 divers postes de précepteur et d'instituteur), Natorp poursuit ses études de philosophie[3].

Ayant découvert l'œuvre de Hermann Cohen par l'intermédiaire d'Ernst Laas, Natorp part en 1881 pour Marbourg afin d'y soutenir sa thèse d'habilitation, intitulée « La philosophie de Descartes du point de vue de la théorie de la connaissance » et publiée en 1882. En 1885, alors qu'il recevait depuis 1882 une bourse de *Privatdozent*, il est nommé professeur extraordinaire sans recevoir, malgré les efforts de Cohen, un traitement fixe. C'est seulement en 1893 que Natorp obtient, à titre de successeur de Julius Bergmann, un poste de professeur ordinaire comportant un enseignement pédagogique (charge que Natorp assumait depuis 1890). Natorp occupe ce poste jusqu'en 1922, date de son départ en retraite, et meurt en 1924.

On remarque d'autant plus le chemin parcouru par Natorp que, si ses derniers ouvrages marquent une *rupture* au moins apparente avec l'idéalisme allemand qu'on ne trouve pas dans l'œuvre de l'autre grand héritier de l'esprit marbourgeois (*La Philosophie des formes symboliques* de Cassirer), Natorp était au début un marbourgeois convaincu. Helmut Holzhey souligne que, *même pour Cohen*, le travail de thèse de Natorp sur Descartes était trop fortement déterminé par sa position néokantienne[4]. Natorp est donc au commencement plus néokantien – ou plus marbourgeois, c'est-à-dire plus cohénien – que Cohen lui-même, et, au terme de son parcours, il est désormais *au-delà* du néokantisme marbourgeois et même de *toute* position néokantienne possible, à un moment où, Cassirer, lui,

1. Voir C.P. Janz, *Nietzsche*, 3 vol., trad. fr. P. Rusch et M. Vallois, Paris, Gallimard, 1984-1985, vol. 2, p. 224, 255.

2. Cité par C.P. Janz, *Nietzsche*, *op. cit.*, vol. 3, p. 25.

3. Voir H. Holzhey, *Cohen und Natorp*, Bâle, Schwabe & co, 1986, 2 vol., vol. 1, p. 4-6.

4. H. Holzhey, *Cohen und Natorp*, *op. cit.*, vol. 1, p. 6. Sur l'interprétation natorpienne et plus largement marbourgeoise de Descartes, voir notre dissertation « Descartes à Marbourg », *Descartes en Kant*, Actes du colloque « Descartes e Kant » (11-13 nov. 2004 à Lecce), éd. par J.-L. Marion et M. Fichant, Paris, P.U.F., 2006.

demeure à l'intérieur des limites du néokantisme en général avec la *Philosophie des formes symboliques*.

Martin Heidegger écrit : « étant donné que le travail philosophique de Natorp s'est d'abord strictement accompli selon l'intention de Cohen, Natorp a pu, ensuite, apercevoir de la manière la plus claire les manques et les insuffisances du système et lui apporter un prolongement autonome qui le fonde d'une manière plus originaire »[1]. Autrement dit, c'est parce que Natorp se situe *à l'intérieur* du néokantisme de Cohen qu'il peut en pointer les faiblesses véritables, mais, de plus, sa position, certes singulière (« autonome »), reste toujours – du moins selon Heidegger – à l'intérieur du néokantisme (« lui apporter un prolongement autonome qui le fonde d'une manière plus originaire »).

Cependant, le prolongement natorpien est en même temps un dépassement, comme le souligne Heidegger lorsqu'il retrace la vie intellectuelle de Natorp :

> La fondation transcendantale des attitudes logique, éthique et esthétique trouve son "point culminant" dans le sujet. C'est cette "psychologie transcendantale" (…) qui conduit Natorp à une position radicale du problème. Cette nouvelle position s'est d'abord manifestée dans le remaniement de l'*Introduction à la psychologie* [de 1888], qui paraît en 1912 sous le titre *Psychologie générale selon la méthode critique : vol. 1*. Natorp recherchait toujours davantage, dans cette œuvre comme dans tout son travail philosophique, un *déploiement systématique* de l'unité du système de philosophie[2].

Voilà ce qui l'a conduit à « libérer l'idée de logique des bornes d'une fondation des sciences c'est-à-dire d'une "théorie", et à la placer, à titre de doctrine générale des catégories, avant la "théorie", la "pratique" et le "poiétique" »[3].

Notre question, on le comprend, est double : elle est celle de la *continuité* de l'œuvre philosophique de Marbourg mais aussi celle du statut des derniers textes de Natorp : s'agit-il, dans ces derniers textes, d'un *achèvement* qui reste dans les limites du néokantisme ou bien au contraire d'un dépassement qui accomplit une *rupture* avec ce qui précède ? Mais la

1. M. Heidegger, « Zur Geschichte des philosophischen Lehrstuhles seit 1866 », supplément à *Kant und das Problem der Metaphysik*, *Gesamtausgabe*, vol. 3, Frankfurt am Main, V. Klostermann, 1991, p. 307.

2. *Ibid.*, p. 308.

3. *Ibid.*, p. 309.

question, du coup, devient *aussi* celle du rapport avec la philosophie de Kant elle-même : s'il s'avère qu'il y a bien chez Natorp sinon une rupture du moins un éloignement par rapport au néokantisme de Marbourg, n'est-ce pas au profit d'un Kant plus authentique que le Kant marbourgeois c'est-à-dire d'un Kant déformé par une lecture trop restrictive ?

Heidegger souligne la singularité de la position de Natorp, singularité qui surgit dès la « période marbourgeoise ». Car s'il est en 1881 plus cohénien que Cohen lui-même, sa spécificité apparaît dès 1887, avec l'introduction d'une *psychologie* qui élargit l'investigation philosophique à une théorie de la connaissance, ce qui est absolument proscrit par Cohen qui borne, comme on le sait, l'examen philosophique de la connaissance à la théorie de la connaissance *scientifique*. La particularité de la position philosophique de Natorp – et donc la distance prise vis-à-vis de Cohen – est ensuite accentuée, d'une part, par le statut différent qu'il accorde à la *sensation* et plus largement à la dualité kantienne intuition-pensée[1], et, d'autre part, par la manière dont il pense la religion et son objet, Dieu.

Mais peut-on déjà proprement parler d'une *singularité* de la position natorpienne ou bien celle-ci n'apparaît-elle que dans un second temps, dans ce qu'on appellera les « textes tardifs » de Natorp ? Et quel est le rapport qu'entretiennent ceux-ci avec l'œuvre qui précède ? Comment la rupture s'accomplit-elle – et peut-on véritablement parler de rupture ? La position philosophique ultime de Natorp, dont on trouve la formulation la plus développée dans les cours de 1922-1923 publiés sous le titre de *Systématique philosophique*, se situe-t-elle toujours sur le sol de l'idéalisme *critique*, ou bien, puisqu'il apparaît que Natorp y défend, non plus une *philosophie de la connaissance* mais au contraire une *philosophie de l'être*, et que la référence est tout autant Kant que les Anciens (Héraclite et Platon), l'auteur n'a-t-il pas renoncé à substituer à l'orgueilleuse ontologie une modeste analytique de l'entendement ? Néanmoins, Natorp lui-même revendique une continuité et insiste sur une unité attestée par les problèmes posés et les concepts mis en œuvre.

Comprendre la singularité de la position de Natorp, le statut de la *Systématique* relativement aux livres antérieurs de Natorp, voilà qui n'exige pas seulement de dresser la configuration précise de la dernière philosophie de Natorp, en exhibant la méthode qu'elle utilise, les présup-

1. Nous avons développé ce point dans *Les Néokantiens*, Paris, Vrin, 2003, chap. 2. Voir aussi H. Holzhey, *Cohen und Natorp*, *op. cit.*, p. 161, et « Zu Natorps Kantauffassung », *Materialen zur Neukantianismus-Diskussion*, édité par H.L. Ollig, Darmstadt, Wissenschaftliche Buchgesellschaft, 1987, p. 145.

posés sur lesquels elle se construit et le point de départ qu'elle adopte – soulignons à ce propos que non seulement il y a très peu de travaux systématiques portant sur cette ultime philosophie de Natorp, mais que ceux-ci sont parfois contestables : Natorp sombre-t-il avec la *Systématique philosophique* dans un irrationalisme en prétendant, comme le soutient Stolzenberg, qu'il y a un rapport *immédiat* avec la vie ? Voilà qui nécessite aussi de commencer par faire surgir la *particularité* de Natorp au sein de l'école de Marbourg, c'est-à-dire par décrire la psychologie natorpienne. Celle-ci n'est pas seulement ce qui oppose à l'intérieur de l'école Natorp à son maître, mais aussi, comme le souligne Heidegger dans le texte que nous venons de citer, ce qui conduit déjà Natorp *aux limites* du néokantisme, c'est-à-dire au dépassement ensuite représenté d'une manière exemplaire par la *Systématique*[1].

La *Psychologie générale* paraît en 1912. C'est le dernier livre écrit par Natorp pendant ce qu'on peut appeler sa « période marbourgeoise ». Alors que ce travail se donne comme le premier tome, simplement méthodologique, d'un travail à venir (son sous-titre est : « Livre premier. Objet et méthode de la psychologie »), c'est le silence qui lui succède avant que, en ce qui concerne les textes publiés, le compte rendu du livre *Emmanuel Kant* de Bruno Bauch, qui paraît dans les *Kant Studien* en 1918, annonce une « logique générale » équivalant à une modification totale du discours philosophique de Natorp. La suite de la *Psychologie générale* ne sera jamais écrite. On est dès lors en droit de présumer, comme Heidegger, que c'est précisément la *Psychologie générale* qui conduit Natorp à la « logique générale » trouvant son achèvement dans la *Systématique*. Mais comment et pourquoi ? A cela il faut ajouter que Natorp, dans la *Systématique*, intègre la psychologie à la « logique générale » ou « systématique philosophique », de sorte qu'on doit aussi se demander si ce déplacement ne produit pas des modifications dans la manière de poser et de traiter le problème psychologique et, dans le cas d'une réponse affirmative, lesquelles.

Du coup, il faut décrire aussi le visage de cette psychologie, afin de trouver en quoi elle constitue l'origine du dernier travail de Natorp. La description de cette psychologie présente d'autant plus d'intérêt qu'on ne

1. Ce travail, dès lors, ne traite pas, non seulement de l'œuvre pédagogique très volumineuse de Natorp, mais aussi de la « logique » au sens que ce terme revêt dans la première philosophie de Natorp, c'est-à-dire de la philosophie natorpienne de la science, qui apparaît dans *LGEW*. Par conséquent, il ne couvre pas la totalité de la philosophie de Natorp. Nous renvoyons, sur la question de la philosophie natorpienne de la science, à J. Servois, *Paul Natorp et la théorie platonicienne des Idées*, Lille, Presses Universitaires du Septentrion, 2004 et à *Kant et les mathématiques modernes*, E. Barot et J. Servois (dir.), Paris, Vrin, 2009.

trouve sur cette question aucun exposé systématique et détaillé : en France, la psychologie natorpienne est ignorée à un tel point que M. Philonenko, spécialiste de Cohen et plus largement des Marbourgeois, a pu écrire qu'il s'agissait d'une « psychologie de l'événement conscient »[1], *alors que, on le verra, la psychologie natorpienne s'oppose radicalement et explicitement à une telle conception de la psychologie!*

On remarquera que, malgré le regain d'intérêt pour le néokantisme depuis maintenant plus de 30 ans[2], Natorp est le plus méconnu des trois grands représentants de l'école de Marbourg. Il est moins célèbre que le fondateur de l'école, Hermann Cohen, dont la notoriété est essentiellement due à sa lecture absolument *inédite* de la *Critique de la raison pure* (et plus largement du système critique), à ses textes sur la religion et surtout sur le judaïsme. Mais il n'a pas non plus la notoriété d'Ernst Cassirer, unique survivant de l'école (Cohen meurt en 1918), qui émigre en 1933 en Suède, puis au États-Unis où il meurt en 1945, après avoir enseigné à Harvard, écrit en langue anglaise et ouvert sa réflexion sur les problèmes moraux et politiques (*Essai sur l'homme*, 1944; *Le Mythe de l'État*, 1946).

Pourquoi Natorp a-t-il sombré dans l'oubli ? Pourquoi, par exemple, ses œuvres sont-elles si rarement rééditées[3] et traduites ? En langue française, par exemple, la *Psychologie générale*[4] est la première traduction d'un livre du philosophe dont des articles ont été traduits pour la première fois en 1998, à l'initiative de Marc de Launay[5].

Sans doute peut-on envisager deux réponses possibles, certes tout aussi caricaturales l'une que l'autre. La première, fondant le fait sur le droit, consisterait à dire que l'œuvre de Natorp est la moins intéressante de celle

1. A. Philonenko, *L'Ecole de Marbourg. Cohen-Natorp-Cassirer*, Paris, Vrin, 1989, p. 67.

2. Voir sur ce point *Les Néokantiens*, *op. cit.*, p. 19-20.

3. Alors qu'il existe aujourd'hui des éditions scientifiques en cours de l'œuvre de Cohen (Hildesheim, G. Olms) et de Cassirer (Darmstadt, Wissenschaftliche Buchgesellschaft), seuls deux ouvrages de Natorp, *PI* et *PS*, ont été réédités à Hambourg chez Meiner (1997 et 2000), *AP* a été réédité à Amsterdam chez E.J. Bonset en 1965. Divers écrits sur la pédagogie de Natorp ont été réédités dans un volume intitulé *Pädagogik und Philosophie* en 1964 (Paderbord, F. Schöningh). On trouvera une recension des textes écrits par Natorp dans R. Rippert, *Paul Natorps Pestalozzirezeption in seiner ersten und letzten Interpretation*, Dissertation Marbourg, 1967.

4. Natorp, *Psychologie générale selon la méthode critique*, trad. fr. É. Dufour, J. Servois, Paris, Vrin, 2007.

5. KM, HC1, HC2, PP, et le texte « Cohen. La religion dans les limites de la philosophie », dans *L'Ecole de Marbourg*, Paris, Le Cerf, 1998; BE et AL (1918) dans *Néokantismes et théorie de la connaissance*, Paris, Vrin, 2000.

des trois grands représentants du néokantisme : si elle est si peu rééditée et étudiée, c'est bien parce qu'elle ne vaut pas une heure de peine. La seconde, variation sur la théorie du complot, soutiendrait que certains ont eu tout intérêt à donner le moins de publicité possible à la pensée de Natorp pour ainsi faire croire à l'*originalité* de leur propre thèse. Christoph von Wolzogen, par exemple, ne prétend-il pas, s'appuyant sur ce que lui aurait dit Klaus Natorp, que Martin Heidegger aurait tout fait pour empêcher, à la mort de Natorp, la publication des cours de 1922-1923 (*Systématique philosophique*), qui ne paraissent pour la première fois qu'en 1958 et dont on verra qu'ils entretiennent une certaine parenté avec les thèses développées par Heidegger au début des années 20[1] ?

En ce sens, il est intéressant de mettre en évidence d'une manière systématique et détaillée le visage de la dernière philosophie de Natorp, afin d'apporter un matériel qui puisse ensuite permettre à l'exégèse heideggérienne d'approfondir la question du rapport entre les deux philosophes. Si l'on sait non seulement que Heidegger voyait Natorp une fois par semaine après sa nomination à Marbourg en 1922 et jusqu'à la mort de celui-ci, et qu'il était familier avec les derniers textes de Natorp[2], la question de l'influence philosophique qu'a pu avoir Natorp sur Heidegger ne peut être réglée et même traitée que si l'on s'attache à faire surgir l'intérêt de textes très méconnus.

1. C. von Wolzogen, *Die autonome Relation*, Würzburg, Königshausen & Neumann, 1984, p. 167. Voir aussi sur ce thème, du même auteur, « "Es gibt". Heidegger und Natorps "praktische Philosophie" », *Heidegger und die praktische Philosophie*, édité par A. Gethmann-Siefert et O. Pöggeler, Frankfurt am Main, Suhrkamp, 1988, qui montre que ce que Heidegger appelle « différence ontologique » (p. 318), « facticité » (p. 323) ou encore « *es gibt* » (p. 323) et « *Unverborgenheit* » trouvent leur équivalent dans la philosophie natorpienne. Voir également J. Stolzenberg, *Ursprung und System*, Göttingen, Vandenhoeck & Ruprecht, 1995, p. 261, qui souligne lui aussi d'autres similitudes et coïncidences entre les textes de Natorp et les thèses développées ensuite par Heidegger. Voir enfin M. Ferrari, « Paul Natorp. "The Missing Link" in der Davoser Debatte », *Cassirer-Heidegger. 70 Jahre Davoser Disputation. Cassirer Forschungen*, 9 (2002), p. 226, qui relève les expressions natorpiennes qu'on retrouve chez Heidegger et avec lesquelles Natorp formule sa problématique radicalement nouvelle, et souligne la présence de « philosophèmes préheideggériens » dans les derniers textes de Natorp.

2. M. Ferrari, « Paul Natorp. "The missing Link" in der Davoser Debatte », *op. cit.*, p. 222. Il faut ajouter à cela l'affinité véritable que Natorp (parlant de *Zusammentreffen* dans la lettre qu'il écrit à Husserl le 9 novembre 1922 : *Hua*, Dokumente, V, p. 163) reconnaît entre ses positions et celles exposées par Heidegger dans le rapport qu'il rédige sur ses recherches aristotéliciennes et qui contribue à le faire nommer à Marbourg (ce qu'on appelle le *Natorp-Bericht*).

De son côté, Husserl a toujours affirmé que la philosophie de Natorp, si elle a certes suscité des questions et des analyses, n'a toutefois jamais eu d'influence sur lui. Ainsi écrit-il à J. Daubert en 1905 : « Mon estime pour Natorp ne cesse de croître, lorsque je me perds dans son monde de pensées. Ce monde a sa belle téléologie et architectonique, et il est à sa manière solidement construit. Et pourtant ! Il y a encore beaucoup de travail à faire, avant que ce qu'il y a là de définitif puisse être déterminé de façon critique, et *compris* de façon ultime »[1] – ou bien à M. Farber dans les années 1930 : « Je fus toujours très éloigné du kantisme et de l'idéalisme allemand. Seul Natorp m'intéressait, davantage pour des raisons personnelles, et je lus attentivement la première édition de son *Introduction à la psychologie*, mais non la deuxième édition augmentée »[2]. Étant donné que c'est bien de la *Psychologie générale* de 1912 qu'il s'agit ici[3], on sait que Husserl l'avait lue et bien lue, puisqu'on a retrouvé son exemplaire annoté. Mais la question est de savoir s'il y a eu une influence de Natorp sur Husserl – ce que soutient par exemple Iso Kern[4], mais ce que nie Jean-François Lavigne (« Nulle influence philosophique des *doctrines* de Natorp sur Husserl »[5]).

1. Cité par J.-F. Lavigne, *Husserl et la naissance de la phénoménologie*, Paris, P.U.F., 2005, p. 536.

2. Cité par M. Farber, *The Foundation of Phenomenology. Edmund Husserl and the Quest for a Rigorous Science of Philosophie*, Cambridge, Harvard University Press, 1943, p. 17.

3. On se reportera, sur cette question, à notre Introduction à la traduction française de l'*AP* (écrite en collaboration avec J. Servois), dans laquelle nous soulignons que le texte de 1912 reprend la quasi-totalité du texte de 1888 (voir le tableau comparatif). Les seuls chapitres inédits de l'*AP*, outre les deux chapitres conclusifs dans lesquels Natorp s'explique avec différents auteurs (Bergson, Husserl, etc.), sont les chapitres IV (« La subjectivité comme subjectivation ») et X (« La disposition de la psychologie »). Autrement dit : la *reconstruction* est déjà le *leitmotiv* de l'ouvrage de 1888 (voir II : « La méthode de la psychologie », § 13).

4. I. Kern, *Husserl und Kant. Eine Untersuchung über Husserls Verhältnis zu Kant und zum Neukantianismus*, Den Haag, M. Nijhoff, 1964.

5. J.-F. Lavigne, *Husserl et la naissance de la phénoménologie, op. cit.*, p. 536.

PREMIÈRE PARTIE

LA *PSYCHOLOGIE GÉNÉRALE* DE 1912

CHAPITRE PREMIER

LOGIQUE ET THÉORIE DE LA CONNAISSANCE

LA NOTION DE LOGIQUE DANS LA PHILOSOPHIE ALLEMANDE DU XIXe SIÈCLE

Le terme de « logique » est plus unificateur, en ce qui concerne la philosophie allemande du XIXe siècle, que l'expression de « théorie de la connaissance » (*Erkenntnistheorie*). La raison en est la suivante : cette expression, nullement kantienne, qu'on trouve déjà dans le *Spätidealismus*, mais qui apparaît d'une manière systématique chez tous les néokantiens (au sens large de ce terme) à partir de Zeller, sert précisément pour ceux-ci à redéfinir d'une manière scientifique la voie de l'investigation philosophique, face au discrédit dans lequel celle-ci est tombée à cause des égarements de l'idéalisme spéculatif et en premier lieu de l'idéalisme hégélien[1]. Le terme de « logique », en revanche, fait apparaître une unité qui va de Kant aux néokantiens *via* Hegel.

La préoccupation philosophique, après Kant, dans toute la philosophie allemande, c'est ce que la *Critique de la raison pure* appelle « logique ».

Tous les philosophes allemands, de Hegel à Cohen et Natorp, en passant par Lotze, Sigwart, Trendelenburg, Überweg, Schuppe ou encore Wundt, ont publié des textes philosophiques dans lesquels le terme « logique » apparaît dans l'intitulé. Même Husserl et Heidegger, avant de fonder tous deux une philosophie qui prétend dépasser les apories de l'idéalisme allemand, voient dans la logique l'unique lieu du discours philosophique –

1. Voir *Les Néokantiens*, *op. cit.*, p. 9 ; U. Sieg, *Aufstieg und Niedergang des Marburger Neukantianismus*, Würzburg, Königshausen & Neumann, 1994, p. 36.

ou plutôt, puisqu'il est vrai qu'on peut aussi parler de morale ou d'art, le fondement de tout discours philosophique.

Ainsi, Husserl, dans les cours de 1908-1909 sur la « logique ancienne et moderne », déclare que « la logique signifie en même temps une introduction dans la philosophie elle-même », car « elle est le présupposé et le fondement de toutes les autres disciplines qui peuvent au sens véritable être appelées philosophiques (...) – la logique est "philosophie première" »[1]. De même, les premiers travaux de Heidegger relèvent de la logique entendue ainsi : qu'on pense à la dissertation de 1913 publiée en 1914, *La Théorie du jugement dans le psychologisme*, mais aussi à l'habilitation de 1915 publiée en 1916, *La Théorie des catégories et de la signification chez Duns Scot*[2].

Cependant, si la logique est, pour la philosophie allemande du XIXe, la partie centrale de la philosophie, qu'entend-on dans l'Allemagne du XIXe siècle par ce terme ? Pour le comprendre, il faut revenir à la philosophie critique de Kant et, plus exactement, au sens dans lequel Kant emploie le mot « logique » lorsqu'il est question, dans la *Critique de la raison pure*, après la première partie de la « Théorie des éléments » qui s'intitule « Esthétique transcendantale », de la deuxième partie intitulée « Logique transcendantale ».

Kant confère un nouveau sens au mot (B, p. 79-80; Ak. III, p. 77-78). La logique, au sens précritique, énonce certes les lois qui fondent le discours vrai et la connaissance, mais elle ne prend en compte que les lois formelles et ne peut pas fonder la vérité du contenu de la connaissance. La logique au sens proprement kantien, c'est-à-dire au sens transcendantal (la « logique transcendantale »), détermine au contraire les contenus c'est-à-dire les catégories qui sont au fondement de toute connaissance.

Dès lors la logique, au sens absolument inédit qui apparaît dans la « logique transcendantale » de Kant, est la science qui détermine *a priori* l'objet en général. On soulignera que cette science n'énonce pas toutes les déterminations de l'objet, puisqu'elle détermine seulement celui-ci dans sa *possibilité* – de sorte que la détermination de l'objet dans son *effectivité* n'est pas susceptible d'être anticipée et dépend du progrès empirique de la

1. E. Husserl, *Alte und neue Logik*, Husserliana, vol. VI, p. 3. Soulignons que la définition de la logique comme philosophie première se retrouve également chez Natorp : *PPP*, p. 28.

2. Voir J.-F. Courtine, « Les "recherches logiques" de Martin Heidegger », *Heidegger 1919-1929. De l'herméneutique de la facticité à la métaphysique du Dasein*, sous la dir. de J.-F. Courtine, Paris, Vrin, 1996, particulièrement p. 13-14 (« Le jeune Heidegger, ici encore disciple de Husserl, partira de cette détermination de la logique comme science nomologique : science des significations et des structures ou des formes valides de signification »).

science de la nature ou physique. Reste en tout cas que, étant donné que l'objet n'est rien en dehors de la connaissance qu'on en a (l'objet = la connaissance de l'objet), la philosophie doit nécessairement substituer à l'« orgueilleuse ontologie une modeste analytique de l'entendement humain » (B, p. 303 ; III, p. 207) – ce qui n'est rien d'autre que ce que le XIXe siècle allemand entend par « logique ».

La logique porte non pas sur *la connaissance de l'objet*, mais sur *l'objet connu* (pour reprendre des expressions qu'on trouve fréquemment chez Heinrich Rickert, mais en leur donnant un autre sens). Ce qui veut dire, pour reprendre cette fois les mots de Cassirer, que « la méthode de la logique se révèle (...) purement objective, c'est-à-dire tournée vers le pur contenu de *ce qui est pensé*, comme c'est le cas en mathématique ; elle n'est pas orientée sur l'événement subjectif qu'est la pensée, mais elle établit, tout à fait indépendamment de cette dimension, la "consistance" (*Bestand*) constante de relations fondamentales déterminées et leur validité intemporelle »[1].

On soulignera que si les philosophes allemands qui récupèrent la détermination kantienne de la logique peuvent tout à fait ne pas reprendre pour autant la distinction entre la possibilité et l'effectivité, pour la raison qu'ils ne reprennent pas la méthode kantienne baptisée par les néokantiens « méthode transcendantale », ils n'en arrivent pas moins à quelque chose d'analogue, pour autant que la logique ne peut pas déterminer l'objet dans son effectivité sans que le travail des sciences soit nié et que la logique s'y substitue. Si la logique, par exemple chez Hegel, ne peut pas déduire toutes les déterminations effectives de l'objet, c'est pour deux raisons essentielles. D'abord, Hegel assimile explicitement ce qu'il appelle « logique objective » à ce que Kant appelle logique transcendantale[2]. Ensuite, il ajoute que cette logique est l'équivalent de ce que les Anciens appelaient « métaphysique »[3], de sorte qu'elle énonce *seulement* les déterminations les plus hautes de l'objet (les « déterminations fondamentales des choses »[4]) – la distinction entre les déterminations les plus hautes et les autres recouvrant la distinction kantienne entre la possibilité et l'effectivité.

1. E. Cassirer, « Erkenntnistheorie nebst den Grenzfragen der Logik », *Jahrbücher der Philosophie*, 1913, *Erkenntnis, Begriff, Kultur*, Hamburg, F. Meiner, 1993, p. 6.

2. G.W.F. Hegel, *Encyclopédie des sciences philosophiques. I : La science de la logique*, Paris, Vrin, 1994, trad. fr. B. Bourgeois, *Concept préliminaire*, § 17 (p. 190).

3. *Ibid.*, § 18, p. 191.

4. *Ibid.*, § 19, p. 191.

Il en va de même chez Cohen, dans la *Logique de la connaissance pure*, et chez ses deux disciples – Natorp dans les *Fondements logiques des sciences exactes* et Cassirer dans *Substance et fonction*. Dans les trois cas, la logique est définie comme la science qui exhibe les catégories logiques qui sont au fondement de la science et dont celle-ci, si elle les utilise nécessairement, est toutefois incapable de prendre conscience c'est-à-dire connaissance. Certes, cette détermination est déjà somme toute chez Kant, et se retrouve explicitement chez Husserl, par exemple dans les cours de 1908-1909 – « Les normes proprement logiques découlent de l'essence immanente de la science et de l'essence propre de la connaissance dans leur relation à ce qui est connu. (…) »[1]. Mais cette définition a une double fonction dans l'économie du discours marbourgeois. La première est de souligner que la logique ne peut venir qu'en second, c'est-à-dire après que la science s'est développée, de sorte que l'investigation logique ne peut s'effectuer qu'à partir d'un point de départ non seulement contingent, mais surtout évolutif, qui lui est fourni par la science. Dès lors, les éléments logiques sont déterminés d'une manière provisoire qui exclut tout caractère définitif. La seconde, qui y est liée, se trouve dans la détermination du rapport entre logique (c'est-à-dire philosophie) et science : les déterminations logiques de l'objet, si elles sont au fondement de toutes les déterminations scientifiques de l'objet, d'une part, n'épuisent dès lors pas cet objet et, d'autre part, ne peuvent être connues que *via* celles-ci.

Si, pour les néokantiens, la théorie de la connaissance n'est qu'un autre nom de la logique, c'est dans la mesure où, conformément à la voie ouverte par Kant, il faut substituer à l'orgueilleuse ontologie une simple analytique de l'entendement – c'est-à-dire une logique. Autrement dit, si la logique hégélienne ne relève pas de la théorie de la connaissance, c'est précisément parce qu'elle prétend, contre la limite du criticisme kantien, être une logique de l'être lui-même, au sens d'une intelligibilité inscrite au cœur de l'être lui-même, et dépasser l'opposition entre le connaître et l'être ou le sujet et l'objet.

1. E. Husserl, *Alte und neue Logik*, *op. cit.*, p. 17. On retrouve plus tard une telle détermination de la logique, par exemple dans *Logique formelle et logique transcendantale* (1929), même si elle n'équivaut désormais qu'à une *partie* de la logique : « Notre dessein à ce propos concerne en premier lieu *le sens authentique d'une logique comprise comme théorie de la science*, dont la tâche est de clarifier le sens authentique de la science en général et de l'expliciter théoriquement en toute clarté » (trad. fr. S. Bachelard, Paris, P.U.F., 1957, p. 14; voir aussi le § 5 des « Considérations préliminaires »).

PHILOSOPHIE DE LA CONNAISSANCE ET PHILOSOPHIE DU SUJET

La question est celle du statut du sujet connaissant et de sa place dans la théorie de la connaissance ou logique. Y a-t-il un meilleur moyen pour traiter cette question que de partir de la manière dont la *Critique de la raison pure* thématise le sujet connaissant ?

Mais le statut du sujet connaissant dans la *Critique de la raison pure* ne va pas de soi, pour autant qu'il y a deux lectures de cet ouvrage. Il y a d'abord la lecture *littérale*, qui prend le texte au mot et selon laquelle la *Critique* est une cartographie du *Gemüt* avec la mise en évidence de la spécificité des facultés de la connaissance et des liens qu'elles entretiennent. En ce sens, la *Critique* n'est pas seulement une philosophie de la connaissance, c'est une philosophie du sujet. Cette interprétation littérale de la *Critique*, Natorp l'admet d'ailleurs explicitement lorsqu'il écrit dans « Fondation objective et subjective de la connaissance » : « Kant semble chercher les lois et les conditions fondamentales de la vérité objective de la connaissance dans les lois de notre subjectivité – lois de notre sensibilité et de notre entendement »[1]. C'est cette interprétation qu'on retrouve dans toutes les lectures qui précèdent l'interprétation de Cohen, appelée par Heidegger interprétation « logico-transcendantale »[2].

Du coup, on comprend la critique qu'adresse Cassirer, dans la notice « Néokantisme »[3], à la typologie des lectures de Kant effectuée par Österreich. La distinction entre une interprétation physiologique, une interprétation psychologique et une interprétation métaphysique n'est pas pertinente, pour autant que toutes reposent en définitive sur le même présupposé, qui est précisément celui auquel s'oppose l'interprétation inédite proposée par Hermann Cohen, en 1871, dès la première édition de *La Théorie kantienne de l'expérience* – interprétation qui constitue le fondement du néokantisme, non plus au sens large, mais au sens précis du mot, dans la mesure où les représentants du néokantisme de Heidelberg lisent Kant à partir du même présupposé fondamental[4].

1. P. Natorp, BE, p. 143.

2. M. Heidegger, *Frühe Schriften*, Frankfurt am Main, V. Klostermann, 1972, p. 6.

3. E. Cassirer, « Néokantisme », trad. fr. F. Capeillères, *L'Ecole de Marbourg*, *op. cit.*, p. 9-15.

4. Nous avons développé dans l'Introduction des *Néokantiens* (*op. cit.*) l'idée selon laquelle si *au sens large* l'appellation « néokantisme » caractérise tous les courants de la philosophie allemande qui, à partir de l'effondrement de l'idéalisme spéculatif, en appellent à un « retour à Kant », *au sens strict* le néokantisme ne comprend que les écoles de Marbourg et de Heidelberg.

Toutes ces lectures, *parce qu'*elles font de la philosophie de la connaissance une philosophie du sujet, assimilent nécessairement l'*a priori* à ce qui est *antérieur* à l'expérience donc à l'inné. Si le fondement de la connaissance est le sujet, si le pôle à partir duquel est pensée la connaissance est le sujet cognitif, alors l'*a priori* est nécessairement rapporté au sujet et il équivaut à une préstructuration de ce sujet – Minerve qui naît tout armée. Or, dans un texte célèbre structuré autour de la métaphore biologique (B, p. 167-168; Ak. III, p. 128-129), Kant s'oppose non seulement à la compréhension de la connaissance comme *generatio aequivoca* (*i.e.* l'empirisme), mais aussi à celle qui l'assimile à une *préformation* (l'assimilation de l'*a priori* à l'inné), soulignant que la théorie proposée par la *Critique de la raison pure* équivaut à une *épigenèse*.

De plus, toutes ces lectures, parce qu'elles reposent sur le même présupposé qui se donne ce dont il faut rendre compte, à savoir le sujet cognitif, ont pour conséquence de rendre toute connaissance impossible, puisqu'elles opposent à la chose en soi inconnaissable les représentations du sujet. En outre, elles nient du coup toute nouveauté et donc toute spécificité du kantisme, rabattant *complètement* l'entreprise kantienne sur l'entreprise cartésienne et assimilant l'« idéalisme critique » avec l'« idéalisme » au sens le plus large et le plus indéterminé [1] (prééminence du sujet connaissant et assimilation tacite de l'*a priori* à l'inné).

Quelle est donc la deuxième lecture de la *Critique de la raison pure*? C'est une lecture qui en respecte moins la *lettre* que l'*esprit* – et qui, en même temps, remarquons-le déjà, permet d'apporter une solution aux contradictions insolubles dans lesquelles tombe la première lecture. Dans cette deuxième lecture, il apparaît que la *Critique*, si elle est bien une philosophie de la connaissance (relevant à ce titre de l'*Erkenntnistheorie*), n'est pas pour autant une philosophie du sujet.

Car Kant, qui ne part pas de l'objet connu, ne part pas non plus du sujet connaissant, comme en témoigne le texte de la seconde Préface sur la « révolution copernicienne » (B, p. XVI-XVII; Ak. III, p. 12): il s'agit de régler l'objet, non pas sur le sujet connaissant, mais sur la connaissance, ce qui n'est pas la même chose. Ce d'où on part, le *socle* à partir duquel on construit la théorie de la connaissance, c'est la connaissance elle-même (et

1. P. Natorp, *AP*, p. 202, 205. Si l'« idéalisme », dans sa « signification la plus indéterminée », signifie « l'idée au fond triviale selon laquelle un objet n'est pas donné ailleurs que dans la conscience », non seulement « la plupart des adversaires » de Kant mais « la plupart de ses défenseurs » ont conçu « l'idéalisme critique » comme « le subjectivisme le plus pur, le plus illimité, identique à peu de choses près à l'idéalisme de Berkeley ».

non l'objet connu ou le sujet connaissant), pour autant que l'existence ou l'effectivité de cette connaissance est garantie par le « fait de la science ».

La référence au « fait de la science » prend un relief particulier et un sens nouveau. Elle sert, en effet, à attester qu'on peut penser la connaissance indépendamment du sujet connaissant et donc à instaurer une problématique nouvelle, c'est-à-dire proprement kantienne. Que, dans la connaissance, on puisse abstraire l'objet de toute relation au sujet et à ses actes, « que cette abstraction soit, en soi, possible, cela ne requiert aucune preuve. Elle est de fait accomplie par toute science, lorsqu'elle affirme connaître l'"objet" »[1]. Autrement dit, l'histoire de la science, qui n'est rien d'autre que l'ensemble des tâtonnements de la subjectivité, c'est-à-dire la genèse de la science qui renvoie celle-ci à un sujet constituant, ne rentre pas dans cette science même : partir du « fait de la science », c'est épurer, c'est mettre de côté cette histoire de la science pour ne conserver que le rapport de la connaissance à son objet.

Voilà la raison pour laquelle, dans la science, l'objet semble être « donné en soi ». On y fait en effet abstraction des conditions subjectives de la connaissance[2]. Natorp distingue deux manières de faire abstraction de la subjectivité, l'une négative et l'autre positive. La manière négative, c'est celle des sensualistes et elle se rapporte à la connaissance ordinaire. Si j'ôte de l'objet tout ce qui m'est donné dans la représentation subjective, c'est-à-dire toutes les qualités sensibles, il ne reste plus rien. La manière positive, c'est celle de Kant et elle se rapporte à la connaissance scientifique. Ici, quand on fait abstraction de la subjectivité, il reste l'objet. Autrement dit, il n'y a que lorsqu'on examine la connaissance scientifique et qu'on fait abstraction de la subjectivité qu'on s'aperçoit de ce qu'est véritablement l'objet, à savoir la loi : « l'objet signifie positivement la loi ; il signifie l'unité invariable, permanente, en laquelle le divers changeant du phénomène est unifié et fixé idéalement. Depuis Platon, et même devrait-on dire depuis les Eléates, cette signification de l'objet, de l'être distingué de l'apparaître, est chose acquise pour la philosophie »[3].

Dans la philosophie critique, on part de la connaissance. Natorp souligne la spécificité et la valeur d'une telle problématique : « Comment

1. P. Natorp, BE, p. 151. En ce sens, la logique transcendantale doit conduire à une relecture du platonisme : voir sur ce sujet J. Servois, *Paul Natorp et la théorie platonicienne des Idées chez Natorp*, *op. cit.*

2. *Ibid.*, p. 151-152.

3. *Ibid.*, p. 153. Voir aussi plus loin, p. 154 : « Dans la réduction à la loi, elle [*sc.* la science] accomplit l'objectivation du phénomène, et n'en connaît pas d'autre ».

peut-on supposer un sujet et un objet, antérieurs à la connaissance, et ayant entre eux une relation de causalité réciproque[1] ? »

La connaissance est certes une relation entre un sujet connaissant et un objet connu. Mais, dans ce cas, il faut rigoureusement accorder le même statut aux deux termes de la relation – et ne pas transformer celle-ci en propriété d'un sujet dont on ne voit pas pour quelle raison il aurait un privilège posé d'emblée et non interrogé. La relation préexiste aux termes qu'elle actualise.

Dès lors, « par cette conception, l'idéalisme transcendantal est définitivement à l'abri de tout danger de retomber dans quelque subjectivisme. Et cela, parce que, pour l'idéalisme transcendantal, toute hypothèse d'un sujet en deçà de la connaissance, antérieur ou extérieur à elle, est aussi inadmissible que l'hypothèse d'un objet en deçà de la connaissance, antérieur ou extérieur à elle »[2].

Nous saisissons ici, à travers la question essentielle en philosophie du point de départ, ce qui caractérise l'esprit du kantisme c'est-à-dire l'esprit critique. Quel sens cela a-t-il de partir du « fait de la science » ?

En premier lieu, ce point de départ est effectivement celui de Kant, et non celui d'une interprétation parmi d'autres, comme en témoigne l'affirmation répétée selon laquelle la question n'est pas de savoir si la physique mathématique est possible, mais *comment* elle est possible (B, p. 20-21; Ak. III, p. 40[3]). La question, on le sait, n'est pas celle de l'effectivité de la science, mais celle de sa possibilité. De plus, comme l'écrit Cohen dans la *Logique de la connaissance pure*, comment thématiser la connaissance humaine autrement qu'à partir du lieu où elle apparaît d'une manière exemplaire, c'est-à-dire dans la science (et même si cette connaissance n'est nullement réductible à la connaissance scientifique, ainsi que le souligne Natorp qui, sur ce point, apparaît plus subtil que Cohen, lequel réduit la *Critique* kantienne à une philosophie de la connaissance scientifique)?

1. P. Natorp, KM, p. 9.

2. *Ibid.*, p. 15-16.

3. « Dans la solution du problème ci-dessus énoncé [*i.e.* comment des jugements synthétiques *a priori* sont-ils possibles ?] est comprise aussi, en même temps, la possibilité de l'usage pur de la raison en vue de la fondation et de la mise en œuvre de toutes les sciences contenant une connaissance théorique *a priori* d'objets, c'est-à-dire la réponse aux questions : Comment une mathématique pure est-elle possible? Comment une physique pure est-elle possible ? A propos de ces sciences, puisqu'elles sont effectivement données, on peut bien se demander, assurément, comment elles sont possibles; car *qu*'il leur faille être possible, c'est démontré par leur effectivité. »

En second lieu, ce point de départ n'est nullement dogmatique, contrairement à ce que prétendent les contradicteurs de l'interprétation néokantienne. Car, ce que ceux-ci ne voient pas, c'est qu'il est au contraire – comme on le développera – la seule et unique manière de lutter contre le dogmatisme qui mine la philosophie, dès que celle-ci prétend prendre son point de départ dans un quelconque immédiat. Partir du « fait de la science », *c'est dire que le seul immédiat dont on puisse partir c'est précisément la médiation!*

On ne dira pas seulement que l'objet est construit par la connaissance (il n'est *donné* qu'au sein de la connaissance qui nous permet de l'appréhender comme tel, comme le dit Cohen au début du *Commentaire de la « Critique de la raison pure » de Kant*[1]), puisque c'est aussi le sujet connaissant qui, loin d'être *immédiat*, est le résultat d'une construction théorique. Voilà un point essentiel, car c'est la première fois dans l'histoire de la philosophie que le sujet connaissant est pensé, non pas comme un fait, mais comme le résultat d'un processus. Voilà, en somme l'origine de l'idée contemporaine qui substitue à la subjectivité la subjectivation. Dès lors, ce qui seul est immédiat, c'est la connaissance au moyen de laquelle ou par laquelle nous appréhendons et identifions non seulement les objets (en dehors de nous), mais aussi nous-mêmes. La connaissance n'est pas seulement ce qui permet de déterminer les objets, ce qui permet d'objectiver les phénomènes, mais aussi ce qui donne un visage au sujet et lui permet de se poser comme tel.

Il n'y a plus ici d'opposition entre la chose et la représentation que nous en avons, puisque la chose n'est rien d'autre que cette représentation (c'est le sens de ce qu'on nomme la « révolution copernicienne »). Autrement dit : l'illusion de la « chose en soi », du moins entendue en son sens « dogmatique » (*i.e.* prékantien), présuppose absolument qu'on pose le sujet comme immédiat et qu'on se place dans une perspective qui est celle du sujet connaissant. Du coup, on comprend la différence entre l'idéalisme en général, celui qui précède Kant et que celui-ci appelle idéalisme dogmatique, et l'idéalisme critique. C'est que l'idéalisme dogmatique est celui qui part du sujet, alors que l'idéalisme critique part de la connaissance[2].

Bien sûr, on pourra toujours dire que c'est là une facétie d'illusionniste. Car, certes, on part de la connaissance, mais y a bien fallu *quelqu'un* qui produise cette connaissance, donc un *sujet donateur de sens* qui est

1. H. Cohen, *Commentaire de la « Critique de la raison pure » de Kant*, trad. fr. É. Dufour, Paris, Le Cerf, 2000, p. 66.

2. Voir P. Natorp, *AP*, p. 202-203.

premier ! Cependant, si l'on parle ainsi, on sort des limites de la problématique kantienne, c'est-à-dire d'une problématique la plus exempte de présupposés possibles, puisqu'on suppose une détermination tout à fait contestable du sujet, qui relève d'une « connaissance » (ou plutôt d'une interprétation, car d'autres interprétations sont possibles, et parmi celles-ci des interprétations qui destituent le sujet de toute activité pour en faire une passivité plus passive que toute passivité). Du coup, en faisant une telle objection qui en appelle à un sujet cognitif antérieur à la connaissance et surtout *producteur* de cette connaissance, on *refuse* la problématique de Kant.

L'interprétation « logico-transcendantale » de Kant, propre aux néokantiens, est résumée par Natorp dans le célèbre article paru en 1912 dans les *Kant Studien*, « Kant et l'école de Marbourg ». Il y souligne que l'unité de l'école de Marbourg repose, non pas sur une adhésion à de quelconques dogmes, mais sur la réappropriation de ce qui constitue la spécificité de la *Critique de la raison pure*, à savoir la « méthode transcendantale »[1]. Cette méthode consiste en ceci : on part de « la référence sûre à des faits existants, qu'on peut établir d'un point de vue historique, dans le domaine des sciences, de la moralité, de l'art et de la religion »[2], et on cherche à remonter jusqu'à « l'acte créateur »[3] dont procèdent les réseaux de sens sédimentés à titre de résultats d'un processus. Néanmoins, cet acte créateur n'a rien à voir avec un acte subjectif, car il ne relève en rien de la subjectivité. Il est seulement la loi (*i.e.* le processus ou la méthode) : « Mais le fondement créateur de tous ces actes de formation d'objets est la loi »[4].

Dans la problématique « logico-transcendantale », on part du « fait de la science » et on en cherche les éléments *a priori*. Par conséquent, la logique transcendantale est la mise en évidence et la détermination des *catégories* qui fondent la nature dans sa possibilité.

1. P. Natorp, KM, p. 2. Remarquons aussi que nous rencontrons ici pour la première fois un *leitmotiv* que nous ne cesserons de retrouver dans l'œuvre de Natorp, à savoir le primat de la méthode, de la voie ou du chemin – ce n'est pas par hasard que Gadamer, dont Natorp fut le directeur de thèse en 1922, le qualifiait de *Methodenfanatiker* (*Philosophische Lehrjahre*, Frankfurt am Main, V. Klostermann, 1977, p. 62).

2. P. Natorp, KM, p. 4.

3. *Ibid.*, p. 5.

4. *Ibid.*

RÉSUMÉ DES DEUX VOIES

Cohen, dans *La Théorie kantienne de l'expérience*, insiste sur la différence, dans la *Critique de la raison pure*, entre le *métaphysique* (« exposition métaphysique », « déduction métaphysique ») et le *transcendantal* (« exposition transcendantale », « déduction transcendantale ») – c'est-à-dire sur la différence entre la *question psychologique du commencement*, celle de savoir s'il y a ou non des éléments de la connaissance humaine dont on peut établir le caractère inné, et la *question logique de l'origine*, donc la question philosophique authentique, qui est celle d'établir la validité de notre connaissance[1]. Il faut bien distinguer, dans la *Critique*, deux étapes qui tiennent au fait que l'initiateur de cette problématique philosophique radicalement nouvelle ne peut pas, en même temps, ne pas rester pris dans les rets de la tradition à laquelle il cherche à échapper – et c'est d'ailleurs la raison pour laquelle Cohen peut dire que, nous, aujourd'hui, comprenons Kant mieux que lui-même ne s'est compris, pour autant que nous possédons une familiarité avec une problématique philosophique qui était exclue pour son fondateur[2]. L'interrogation métaphysique, qui à chaque fois précède l'interrogation transcendantale, témoigne de ce lien avec la tradition philosophique et suscite une mésinterprétation de la *Critique*. Kant y montre en effet que les formes de l'intuition et les catégories sont *a priori* au sens où elles ne peuvent pas être dérivées de l'expérience, étant donné que celle-ci, au contraire, les présuppose. On peut encore, à cette étape du parcours, penser que l'*a priori* kantien se confond avec l'inné et l'assimiler avec une préstructuration de la subjectivité (*préformation*). Outre qu'on ne voit pas, dans ce cas, ce qui fonde la

1. Voir *Les Néokantiens*, *op. cit.*, p. 26, 36-37.

2. De là la correction cohénienne du discours kantien. Lorsque Kant écrit dès le début de la Logique transcendantale, à propos de la complémentarité des deux facultés qui interviennent dans la connaissance, que par la sensibilité « l'objet est donné » alors que c'est par l'entendement « que le même objet est pensé » (B, p. 74; Ak. III, p. 74), Cohen rectifie le discours de Kant en soulignant que, en vertu de ce qu'écrit par ailleurs Kant dans l'Esthétique transcendantale (« Le phénomène est l'objet indéterminé d'une intuition empirique » : B, p. 34; Ak. III, p. 50), ce n'est nullement l'« objet » qui est donné, mais simplement le phénomène qu'objective ensuite la pensée. Nous avons tenté de montrer, dans notre Introduction à la traduction du *Commentaire* de Cohen (*op. cit.*), comment l'intérêt de cet ouvrage consiste dans la thèse selon laquelle la *Critique de la raison pure* serait tel un itinéraire dans lequel apparaît un approfondissement progressif de propositions posées dogmatiquement au commencement, de sorte que la *Critique de la raison pure*, selon Cohen, renferme un mouvement d'autocorrection, dans la mesure où la suite revient sur les présupposés initiaux (p.ex. la « chose en soi », p. 27) et leur confère un statut critique. Autrement dit : on voit, au sein même de la progression de la *Critique de la raison pure*, Kant *devenir* critique.

spécificité de l'entreprise critique (*épigenèse*) et la distingue des prédécesseurs de Kant, on ne peut guère comprendre comment il est alors possible, non seulement de déterminer la vérité, mais même de sauvegarder cette notion. L'aboutissement d'une telle interprétation n'a-t-elle pas été poussée d'une manière rigoureuse dans ses conséquences par Nietzsche? Si les structures *a priori* équivalent, comme l'écrit Nietzsche en suivant d'une manière cohérente une lecture analogue de Kant qu'il emprunte principalement à F. A. Lange, à un « ne-pas-pouvoir-percevoir autrement », comment échapper alors au relativisme [1] ? Si notre connaissance du monde dépend pour une bonne part de la conformation de nos organes des sens, si donc l'organe ne livre l'objet que sous des conditions qui découlent de sa propre structure [2], on peut bien imaginer des animaux dont la constitution physiologique serait autre et – qui sait? – plus appropriée pour une connaissance de ce que sont les choses en elles-mêmes [3].

C'est pourquoi seul le moment transcendantal révèle la spécificité de l'entreprise critique et le sens proprement kantien de l'*a priori* (l'épigenèse contre la préformation). L'exposition transcendantale de l'espace et du temps et la déduction transcendantale des catégories consistent à mettre en évidence un élément *a priori* à titre de condition de possibilité de la détermination scientifique de l'objet.

Le moment métaphysique met en évidence un élément *a priori*. Cependant, une fois qu'on a prouvé l'apriorité de cet élément, il reste encore à établir que celui-ci a une valeur objective. Le moment transcendantal part d'une « espèce de connaissance », par exemple, dans l'Esthétique transcendantale, la mathématique, pour se demander comment elle est possible *a priori*. Ce qui la rend possible, ce sont les éléments *a priori*. Le moment transcendantal résout donc la question de la validité objective, puisqu'il montre comment l'élément *a priori* fait ses preuves dans la

1. F. Nietzsche, *Aurore*, § 483 : « Ne jamais pouvoir regarder les choses avec d'autres yeux que *ces yeux-là*? Et ne doit-il pas y avoir d'innombrables espèces d'êtres dont les organes sont beaucoup plus propres à la connaissance? » Voir aussi le fragment posthume : printemps 1884, 25 [505].

2. La proposition nietzschéenne selon laquelle « ce sont nos *lois* et nos *légalités* que nous introduisons dans le monde » (1881, 15 [9]) renvoie explicitement à la proposition de la *Critique de la raison pure* (seconde Préface) selon laquelle « nous ne connaissons *a priori* des choses que ce que nous introduisons en elles » (B, p. XVIII ; Ak. III, p. 13).

3. Ce type de réflexion est, non pas *critique*, mais propre à l'empirisme. On le trouve chez J. Locke, *Essay concerning the Human Understanding*, Oxford, Clarendon Press, 1975, livre II, chap. XXII (où Locke fait la « supposition extravagante » d'un homme qui, pourvu d'yeux microscopiques, ne verrait pas les qualités secondes et serait plus près de l'« essence réelle » des choses). Voir aussi Diderot, *Lettre sur les aveugles*, Paris, Garnier-Flammarion, p. 92.

science, à titre de condition de possibilité d'une connaissance déterminant l'objet comme ce qu'il est.

Une attention, non pas seulement à l'*esprit* du texte kantien, mais à sa *lettre*, pour autant que celui-là n'apparaît que dans celle-ci, aurait donc pu et dû permettre d'éviter les évidentes mésinterprétations. Ainsi Helmholtz, dans sa conférence de février 1855 (« Sur la vision de l'homme ») pour célébrer la mémoire de Kant, assimile-t-il l'*a priori* kantien à un *a priori* physiologique. Il est curieux que Bouveresse, commentant la position de Helmholtz, écrive : « Certaines des formulations de Helmholtz sont, d'ailleurs, suffisamment proches de celles de l'Esthétique transcendantale pour qu'il puisse estimer à bon droit que les données de la physiologie sensorielle et les conclusions qu'il en tire ne font que préciser et confirmer ce que dit Kant » [1] – citant ensuite un long passage tiré du chapitre « Conséquences des concepts précédents », qui récapitule les leçons de l'exposition transcendantale mais qui *contredit d'une manière tout à fait explicite* ce que prétend lui faire dire Helmholtz (et donc le commentaire trop immédiat, exempt de toute distance critique, de Bouveresse), de sorte que le rapport entre le texte de Helmholtz et celui de Kant devient *absolument incompréhensible* :

> Le goût agréable d'un vin n'appartient pas aux déterminations objectives du vin, par conséquent à celles d'un objet, même considéré comme phénomène, mais à la constitution particulière qui est celle du sens caractérisant le sujet qui en éprouve la jouissance. Les couleurs ne sont pas des propriétés des corps à l'intuition desquels elles sont attachées, mais elles ne sont même que des modifications du sens de la vue, tel qu'il est affecté par la lumière d'une certaine façon. Au contraire, l'espace, à titre de condition d'objets externes, appartient de manière nécessaire au phénomène ou à l'intuition de ces objets. Les goûts et les couleurs ne sont nullement des conditions nécessaires sous lesquelles seulement les objets peuvent devenir pour nous objets des sens. Ils ne sont associés aux phénomènes que comme des effets, venant s'y adjoindre de façon contingente, de notre organisation particulière. En conséquence, ils ne sont pas non plus des représentations *a priori*, mais ils reposent sur une sensation, (...). Aussi personne ne peut-il avoir *a priori* ni la représentation d'une couleur ni celle d'un quelconque goût (...). (A, p. 28-29 ; Ak. IV, p. 34-35)

Bref, si l'espace est une condition subjective *a priori* qui possède une valeur objective et qu'on ne peut pas mettre sur le même plan que les couleurs, les odeurs et les autres qualités sensibles, c'est parce que, alors

1. J. Bouveresse, *Langage, perception et réalité*, Nimes, J. Chambon, 1995, p. 96.

que seul celui-là est la condition de possibilité de l'objet de l'expérience scientifique (ici de l'objet mathématique) et, partant, un élément dont on peut tirer des propositions synthétiques *a priori*[1], ce n'est pas le cas de celles-ci : « la méthode transcendantale veut précisément nous amener à comprendre que la réduction à la légalité géométrique est le premier pas indispensable de l'objectivation. Si on attribue à la couleur la même subjectivité qu'à l'espace, on exige d'elle une objectivité qui ne lui appartient pourtant pas. *Car l'optique présuppose la géométrie* »[2].

LE PROBLÈME DU CERCLE VICIEUX DANS LA MÉTHODE DE KANT

La lecture « logico-transcendantale » semble pourtant poser un problème aux lecteurs de Kant en dehors des néokantiens, dans la mesure où, en partant d'un fait censé fonder les éléments *a priori* qu'on met à jour, elle renfermerait un cercle vicieux[3]. La possibilité, en effet, est fondée sur l'effectivité du point de départ : le « fait de la science » c'est-à-dire le fait de la vérité, dont la « définition nominale » comme *adaequatio rei et intellectus* est présupposée par la *Critique*, comme l'écrit Kant lui-même (B, p. 82 ; Ak. III, p. 79). Ce sont néanmoins les éléments *a priori* qui fondent la validité de la science (dans son effectivité), comme ne cesse de le répéter Cohen, de sorte que l'élément qui fonde se retrouve en définitive fondé par cela même qu'il est censé fonder !

Cependant, une telle objection met sur le même plan les deux dimensions, pourtant bien distinguées chez Kant et dans la lecture cohénienne : d'un côté le fait, de l'autre la possibilité. Du coup, les termes de « fonder » ou de « fondation » n'ont absolument pas le même sens dans les

1. H. Cohen, *La Théorie kantienne de l'expérience*, trad. fr. É. Dufour et J. Servois, Paris, Le Cerf, 2001, p. 233.

2. *Ibid.*, p. 234. Voir aussi du même auteur *Commentaire de la « Critique de la raison pure » de Kant*, *op. cit.*, p. 78 : pour certains, « l'apriorité des qualités sensibles équivaut (…) à celle de l'espace, et même le *goût* doit être mis sur le même plan que la *vue*. (…) La formulation de la seconde édition apporte la réfutation appropriée : "car on ne peut dériver d'aucunes d'elles des propositions synthétiques *a priori*". Kant ajoute : "par conséquent il n'y a en elles, pour parler avec exactitude, aucune idéalité" [B, p. 44 ; Ak. III, p. 56]. Cette exactitude est cependant nécessaire au plus haut point : ce n'est qu'avec elle que se dissipe la conception douteuse affirmant l'idéalité de cette sphère d'une métaphysique commune qui ne vise d'aucune façon à fonder *a priori* la possibilité de propositions aprioriques. *Les couleurs, les sons et la chaleur présupposent eux-mêmes d'abord l'intuition pure*, afin de pouvoir être objectivés dans les vibrations ».

3. Nous avons déjà traité cette question dans *Les Néokantiens*, *op. cit.*, p. 38-40, 173-174 : nous ne revenons pas sur les arguments déjà développés.

deux cas. Aussi ne peut-on pas parler de cercle dans ce raisonnement sans une flagrante imprécision du vocabulaire. Si le fait « fonde » les éléments *a priori* qu'on y met à jour, c'est au sens où il est le point de départ, mais il ne fonde nullement des éléments qui en constituent la possibilité et que seule l'investigation critique peut dégager, armée d'une méthode. Les éléments *a priori* ne se donnent pas d'eux-mêmes à l'œil de l'observateur : il faut les *déduire*, et les *déduire transcendantalement* du fait dans lequel ils sont « enfouis » – pour utiliser une métaphore –, sans quoi on ne peut pas les reconnaître comme tels. Autrement dit, il s'agit ici d'un rapport de déduction, non de fondation. En revanche, seule la possibilité fonde l'effectivité, c'est-à-dire garantit une vérité (= conformité du fait aux conditions de possibilité) qui n'était au début que *simplement présupposée, donc posée comme un problème qu'il fallait examiner*.

Le point de départ se trouve bien dans un « fait de la science » qui n'est pas mis en doute, mais ce n'est pas pour autant que ce fait, présupposé comme vrai, est véritablement fondé comme vrai, puisqu'il attend sa légitimation des éléments *a priori*. Certes, mais c'est bien *à partir* de ce fait qu'on trouve les éléments *a priori* qui, puisqu'ils en sont déduits, sont bien en un certain sens fondés par lui : ne les déduit-on pas transcendantalement de ce fait ? C'est effectivement le cas, mais, puisqu'on tire ici des éléments *a priori* d'un fait effectif, qui relève donc de l'*a posteriori*, on comprend bien que l'*a priori* ne saurait être fondé sur l'*a posteriori* et qu'il ne peut, en définitive, être fondé que sur lui-même. Ce n'est ni un cercle, ni un jeu de langage que de formuler ainsi cette idée. Car l'*a priori* s'atteste ou se manifeste de lui-même, *s'épure ou se purifie* (pour utiliser un langage cohénien) à partir de l'*a posteriori* dans lequel il est pris. C'est que l'origine (*i.e.* la liste des éléments *a priori* ou catégories qui fondent la connaissance) n'est pas le commencement, c'est-à-dire le point de départ impur dont on est parti, le « fait de la science », dans lequel cohabitent des éléments purs (les catégories) et des éléments impurs (en langage cohénien : tout ce qui n'est pas *a priori*[1]).

Arrêtons-nous sur ce point un instant. La doxographie kantienne reprend comme des slogans certaines formules de Kant et les répète comme si l'incantation suffisait à produire un sens. Kant distingue la connaissance mathématique de la connaissance philosophique en soulignant que, si celle-là est une « connaissance par construction de concepts », donc une connaissance qui passe par l'intuition sensible, celle-ci est une connais-

1. On rappellera que cette définition du pur/impur s'écarte de celle donnée par Kant dans la *Critique* : voir B, p. 28-29 ; Ak. III, p. 45.

sance rationnelle qui procède uniquement par concepts (B, p. 742; Ak. III, p. 469[1]). Aussi en conclut-on, sans s'intéresser plus avant à la manière dont procède le discours philosophique dans la *Critique de la raison pure*, que la connaissance philosophique s'effectue absolument sans recours à une intuition. Et ce n'est pas tout, puisque, la *Critique de la raison pure* étant tout entière ordonnée autour d'une seule et unique thèse, celle qui affirme que *toute* connaissance procède nécessairement par concept *et* par intuition, il n'y a qu'un pas pour accuser Kant de ne pas dire ce qu'il fait et de ne pas faire ce qu'il dit! Cela dit, le plus petit examen du texte de Kant atteste que le philosophe, pour penser la connaissance, donc pour affirmer que la connaissance est le fruit de l'intuition et du concept, part d'un *donné* qui est précisément le *fait* de la science! S'il est certes vrai qu'on n'intuitionne pas les principes de Newton et que, à proprement parler, le « fait de la science » n'est pas un donné de l'intuition, il n'en reste pas moins que ce fait, dont part la philosophie, présuppose l'expérience et donc le *donné intuitif* immanent à l'expérience scientifique, de sorte que la connaissance philosophique, contrairement à ce qu'écrit Kant, ne peut pas proprement ne mettre en jeu *que* la simple raison.

Doit-on rappeler que le seul « miracle » que reconnaît la *Critique* se trouve précisément dans ce fait qui s'impose à nous sans qu'on puisse rendre compte du fait qu'il se donne ainsi et pas autrement, donc dans son entière contingence? Aussi faut-il sur ce point corriger le discours de Kant, pour autant que nous avons désormais, plus de deux siècles après l'émergence de la philosophie critique, comme dirait Cohen, une compréhension plus authentique du kantisme que Kant lui-même. Il ne s'agit évidemment pas ici d'affirmer que la connaissance philosophique procèderait par construction de concepts, mais simplement de souligner que, si elle est une connaissance rationnelle qui procède par concepts, elle ne peut, du moins dès qu'elle sort du dogmatisme qui caractérise la philosophie de la connaissance précritique, connaître la connaissance et se penser elle-même qu'en se référant au « miracle » qu'est le « fait de la science », donc en sortant d'elle-même pour prendre appui sur un donné qui excède ou plus précisément transcende la simple pensée.

Ce n'est donc pas l'effectivité de la science (le fait dont on part) qui fonde la possibilité (les éléments *a priori*), puisque le « fait de la science » n'est qu'un point de départ et non pas l'origine qui, en somme, s'autofonde

1. « La connaissance *philosophique* est la connaissance *rationnelle par concepts*, la connaissance *mathématique* est la *connaissance rationnelle par construction des concepts*. Mais *construire* un concept signifie le présenter *a priori* dans l'intuition qui lui correspond. »

à partir d'elle-même (pour autant que le point de départ ou commencement n'est que la *cause occasionnelle* à partir de laquelle les catégories font valoir leur propre légitimité); mais, en même temps, on part pourtant du « fait de la science », c'est-à-dire qu'on présuppose un système d'énoncés dont on pose qu'ils sont vrais, c'est-à-dire qu'ils décrivent adéquatement les états de chose du monde. Il s'agit certes du présupposé essentiel de Kant, *reconnu comme tel par le philosophe*, mais, comme le dit Kant lui-même, comment est-il possible de faire autrement sans « changer le travail [philosophique] en jeu, la certitude en opinion et la philosophie en philodoxie » (B, p. XXXVII; Ak. III, p. 22)? Il faut bien partir de quelque part et, si l'on cherche à réfléchir sur la connaissance humaine, y a-t-il, comme le répète à l'envie Cohen, un meilleur point de départ que les sciences, dans lesquelles la connaissance humaine se manifeste sous une forme exemplaire?

Dès lors, on n'osera pas utiliser l'argument du « cercle vicieux » pour critiquer la manière dont la *Critique de la raison pure* institue sa problématique philosophique, dans la mesure où un discours absolument exempt de présupposés est un non-sens. Car ce qui, tout autant dans le discours de Kant que dans l'esprit de ses successeurs néokantiens, peut légitimement être contesté, ce n'est précisément pas ce présupposé, mais celui en vertu duquel, d'emblée, Kant présuppose que la vérité ne peut être fondée que sur l'apriorité, de sorte que ce qui est peut-être injustement présupposé, dans la mesure où l'on ne se déploie sur le sol d'une philosophie qui ne cherche des éléments *a priori* de la connaissance que pour autant qu'elle les exige et les présuppose, *comme si cette présupposition même ne faisait pas problème et n'était pas à fonder*, c'est la légitimité de la distinction entre *a priori* et *a posteriori*. Nous voulons ici simplement souligner que l'*a priori*, en philosophie, ne peut jamais être fondé que sur *l'exigence de l'a priori*[1].

Derrière l'apparente circularité dont on accuse la lecture logico-transcendantale de la *Critique*, la seule et véritable question est ici celle du point de départ en philosophie. Autrement dit, de la même manière que, par

1. Il y a en ce sens comme un recul du sens proprement critique dans les éditions successives de *La Théorie kantienne de l'expérience*, puisque Cohen, en 1871, réduit l'*a priori* catégoriel au point d'affirmer que ce qui est *a priori*, ce ne sont pas les douze catégories nommées par Kant, ni même certaines d'elles ainsi que d'autres que Kant aurait manquées, mais *la* catégorie en général – à titre de véhicule vide qui se remplit seulement, pour ainsi dire, d'une manière empirique et historique (donc sans qu'on puisse effectivement attester l'apriorité de telle ou telle catégorie particulière, c'est-à-dire son *universalité* et sa *nécessité*, puisque cela supposerait qu'on puisse échapper à notre situation nécessairement historiquement déterminée) : voir notre Avant-propos à la traduction de cet ouvrage, p. 9.

exemple, la phénoménologie husserlienne se présuppose elle-même, au sens où, comme l'écrit Renaud Barbaras « l'*epochè* est marquée par une inévitable circularité » pour autant que « rien, dans l'attitude qui précède l'*epochè*, ne motive cette *epochè* : c'est seulement une fois celle-ci effectuée que peut précisément apparaître le caractère problématique de la phénoménologie »[1], il en est de même dans la philosophie kantienne : la position de la question de droit ou « méthode transcendantale » se présuppose également elle-même. Comme l'ajoute immédiatement R. Barbaras à propos du commencement phénoménologique : « Cette situation n'a rien d'exceptionnel : nous retrouvons là l'aporie même du commencement en philosophie. On ne peut comprendre les raisons du commencement qu'une fois que nous avons commencé : ce qui appelle ou motive le geste philosophique est ouvert par ce geste »[2].

CONCLUSION

On comprend le gain d'une telle lecture « logico-transcendantale ». Son mérite essentiel, qui n'est pas le moindre, consiste à *rendre effectivement compte* de la *lettre* du texte kantien. Comment, en effet, expliquer autrement la thèse selon laquelle l'*a priori* esthétique n'est nullement celui des qualités sensibles, mais uniquement celui de l'espace (et du temps) ? Comment rendre compte sans elle du fait que l'*a priori* est, non pas *antérieur* à l'expérience, mais simplement *indépendant* d'elle (B, p. 1 ; Ak. III, p. 27) ?

La problématique « logico-transcendantale » exclut toute prise en compte du sujet cognitif dans la logique. Le « subjectif » – ou plutôt ce que Kant nomme improprement ainsi dans la *Critique de la raison pure*, comme lorsqu'il dit que l'espace est « subjectif » –, c'est l'*a priori*. Mais, ainsi que le répète à l'envie Cohen dans le *Commentaire*, il ne s'agit pas de

1. R. Barbaras, *Introduction à la philosophie de Husserl*, Chatou, Les éditions de la transparence, 2004, p. 87. Ce point a déjà été souligné par E. Fink dans *De la phénoménologie*, trad. fr. D. Franck, Paris, Minuit, 1974, et par J.T. Desanti, *Introduction à la phénoménologie*, Paris, Gallimard, 1994.

2. *Ibid.* Voir aussi S. Bachelard qui souligne à propos de l'entreprise husserlienne (mais les mots s'appliquent de la même manière à l'entreprise critique telle qu'on la décrit ici) : « Une telle objection méconnaît le mouvement même de la logique qui peut employer de façon "naïve" des concepts et accéder par ce moyen à un plan nouveau où s'instaure une démarche rigoureuse qui permettra de valider ces concepts. Au fond, ce n'est pas à un cercle mais à un mouvement en hélice qu'on a affaire » (*La Logique de Husserl*, Paris, P.U.F., 1957, p. 181).

comprendre Kant à l'envers c'est-à-dire de comprendre l'*a priori* à l'aune du subjectif. Au contraire, il faut comprendre le subjectif par rapport à l'*a priori*, c'est-à-dire comme ce que la connaissance introduit (*hineinlegen* ou *hineindenken*) dans l'objet et qui en fonde l'objectivité. L'*a priori*, c'est ce qui est au fondement (*zu Grunde liegen*), c'est-à-dire ce qui ne provient pas de l'objet, ce que la connaissance met dans l'objet et qui en fonde précisément l'objectivité[1].

On comprend la voie dans laquelle s'engage la clarification « logico-transcendantale » du discours de Kant. La question de droit a certes cela de commun avec la question de fait qu'elle part de la connaissance telle qu'elle s'est sédimentée dans les résultats qu'elle a atteints, et qui se solidifient tout particulièrement dans le fait de la science et les catégories que celle-ci met en œuvre, comme par exemple la causalité. Cependant, sa spécificité consiste à mettre en évidence les lois purement intemporelles et nécessaires qui déterminent l'objet connu (nous avons cité plus haut le texte de Cassirer qui, renvoyant d'ailleurs au paragraphe 4 de la *Pédagogie sociale* et au paragraphe 7 de la *Logique* de Natorp, souligne que les lois qui régissent « le pur contenu de *ce qui est pensé* » ne sont, comme en mathématique, nullement affectées par les événements psychiques empiriques et contingents dans lesquels elles s'incarnent ou se réalisent). La question de fait, c'est-à-dire la question psychologique et empirique du commencement, est celle de savoir comment on en est arrivé là, et elle est seulement susceptible, du coup, de mettre à jour des lois qui sont, non pas universelles mais générales, non pas nécessaires mais contingentes. C'est pourquoi elle cherche à faire une généalogie de la connaissance, une histoire de la connaissance, qui décrit toutes les étapes qui mènent jusqu'au point qu'on a atteint, en montrant les errances, les égarements de la raison, les essais, les tentatives ratées, les réussites inespérées, les moments de stagnation, etc. Bref, la question de fait investit la connaissance ou ce qui se prétend tel d'une charge affective, d'un poids subjectif, puisque, en posant que la question essentielle est celle de la genèse, elle dissout la question de la validité objective de la connaissance pour la rattacher, en faisant de la formation la question essentielle, au sujet collectif et individuel (l'histoire et la psychologie).

Quant à la question de droit, elle gomme au contraire toute cette dimension généalogique pour considérer la connaissance telle qu'elle

1. Voir notre Introduction à la traduction de ce texte. Dans *AP*, le subjectif est identifié au légal : « c'est l'unité de la conscience qui constitue dans l'unité de la loi l'unité de l'objet » (p. 205).

apparaît dans les résultats sédimentés de la science, indépendamment de tout processus de constitution, dans son rapport avec l'objet qu'elle détermine, de sorte que sa question est uniquement celle de la validité objective d'une telle connaissance.

S'il est certain que la *Critique de la raison pure* oppose la question de droit, à titre d'investigation *logique* qui constitue le propre de la philosophie pour autant qu'elle est celle de la vérité, à la question de fait, elle n'en fait pas moins continuellement référence, dans son outillage conceptuel, au sujet connaissant. Est-ce à dire que le dernier mot sur le sujet n'a pas encore été dit ?

CHAPITRE II

PSYCHOLOGIE ET SUJET

LA NOTION DE PSYCHOLOGIE DANS LA PHILOSOPHIE DU XIXe SIÈCLE

Pour les philosophes logiciens de l'Allemagne du XIXe siècle, la logique épuise la théorie de la connaissance, de sorte que la psychologie y apparaît non seulement inutile, mais même illégitime. Ce qui ne veut toutefois pas dire que la psychologie serait, pour eux, illégitime en elle-même et par elle-même. Car ils ne contestent nullement la validité d'une science psychologique qui découvre, au moyen d'observations et d'expériences, les lois qui régissent la subjectivité cognitive. Néanmoins, une telle discipline, qui devient au XIXe siècle absolument autonome donc indépendante de la philosophie et qui procède scientifiquement au moyen de la méthode expérimentale, de sorte qu'elle parvient seulement à des lois générales et contingentes, ne peut s'inscrire dans le domaine de la théorie de la connaissance à titre de partie essentielle et même première de la philosophie, puisque sa manière de procéder exclut l'apriorité.

Cette psychologie, de plus, prend en compte et étudie la structure des organes corporels, dans la mesure où notre connaissance perceptive est conditionnée par la conformation de nos organes des sens, conformément à un thème qui apparaît explicitement dès l'empirisme anglais du XVIIIe siècle. Et il ne suffit pas de dire que « les découvertes de la physiologie lui [*sc.* la psychologie] ont été d'un grand secours »[1]. Car la physiologie, « après avoir établi que les actions psychiques, d'une manière générale, sont liées au système cérébro-spinal, a montré plus récemment par des

1. T. Ribot, *La Psychologie allemande contemporaine*, Paris, Alcan, 4e éd., 1892, p. VII.

observations et des expériences répétées que tout état psychique est invariablement associé à un état nerveux dont l'acte réflexe est le type le plus simple »[1]. Aussi la psychologie scientifique est-elle « psychologie physiologique », puisque « tout état psychique déterminé est lié à un ou plusieurs événements physiques déterminés »[2]. Elle est « psychologie naturaliste » qui « reste dans l'ordre des faits positifs » et pour laquelle « l'événement interne n'est jamais séparé de ses conditions ou effets physiques »[3] : « quand la physiologie, réalisant un progrès qu'elle n'ose encore rêver, sera capable de déterminer les conditions de tout acte mental, quel qu'il soit, aussi bien de la pensée pure que des perceptions et des mouvements, alors la psychologie entière sera physiologique, ce qui sera pour elle un grand bien »[4].

Les prétentions de la psychologie ne sont illégitimes que pour autant qu'elle prétend se substituer à la logique et donc *représenter d'une façon exemplaire* la manière dont l'investigation philosophique aborde et traite la question de la connaissance. Le terme de *psychologisme*, si fréquent chez les philosophes allemands du XIXe siècle qui se réclament de Kant, sert précisément à désigner la psychologie possédant de telles prétentions, c'est-à-dire rabattant la question de droit sur la question de fait et assimilant le problème de la genèse de nos représentations à celui de comprendre ce qui fonde la validité que seules certaines possèdent[5].

C'est en ce sens que le psychologisme est pour ainsi dire la bête noire de *La Théorie kantienne de l'expérience*. Tout le livre de Cohen, dès sa première édition, est fondé sur l'opposition entre la position inédite d'une nouvelle compréhension de la critique de la connaissance et son envers négatif, qui n'est autre que ce psychologisme constituant le présupposé de *toutes* les autres compréhensions de la *Critique*. L'assimilation du problème de la connaissance au problème du sujet connaissant a nécessairement pour conséquence de reconduire la question de l'*a priori* au débat entre l'inné et l'acquis et donc à la question psychologique de la structu-

1. T. Ribot, *La Psychologie allemande contemporaine*, *op. cit.*, p. IX.

2. *Ibid.*, p. XI.

3. *Ibid.*, p. XVIII.

4. *Ibid.*, p. XXIII. Ribot ajoute que cette psychologie scientifique est « la psychologie considérée comme science naturelle, s'appuyant sur les sciences de la vie » (*ibid.*, p. XXX).

5. Voir par exemple W. Windelband, « Qu'est-ce que la philosophie ? », dans *« Qu'est-ce que la philosophie ? » et autres textes*, trad. fr. É. Dufour, Paris, Vrin, 2002, p. 25 ; H. Rickert, *Der Gegenstand der Erkenntnis*, Freiburg, J.C.B. Mohr, 1892, 6e éd. augmentée, Tübingen, J.C.B. Mohr (P. Siebeck), 1928, p. 151 ; P. Natorp, BE, p. 146-147.

ration du sujet cognitif – c'est-à-dire à une psychologie qui du coup devient psychologisme.

C'est parce que la question logique *exclut absolument* toute référence à un sujet connaissant, et donc parce que la connaissance doit être pensée d'une manière complètement autonome, que Cohen interprète le vocabulaire pourtant psychologique de Kant (la référence au *Gemüt*, mais aussi à des « facultés » comme la « sensibilité » ou l'« entendement ») d'une manière méthodologique. Puisque la *Critique de la raison pure* est une critique de la connaissance scientifique – entendons par là : une *logique* de la connaissance qui ne peut se constituer que *contre* toute *psychologie* qui, prétendant se substituer à l'investigation logique, se transforme en *psychologisme* –, puisque la sensibilité et l'entendement sont compris comme des *méthodes* de détermination de l'expérience scientifique (donc de l'objet scientifique), le sujet kantien, le Je transcendantal, n'est en définitive rien d'autre que l'unité des méthodes qui concourent dans la détermination de l'objet – c'est-à-dire le corrélat, du côté du sujet, de l'objet transcendantal = x[1].

LE STATUT DE LA PSYCHOLOGIE DANS L'ÉCOLE DE MARBOURG

Cependant, les représentants du néokantisme de Marbourg n'en restent pas à ce sens du mot « psychologie », puisque Natorp mais aussi Cohen confèrent un autre sens, proprement philosophique, à ce terme. En témoigne d'abord l'œuvre de Cohen. Notons deux faits qui méritent d'être soulignés et expliqués.

Le premier, c'est que Cohen, dans la première partie de son système de philosophie qui comprend, d'une manière kantienne, une logique, une éthique et une esthétique, annonce une psychologie à titre de quatrième et ultime partie, ayant pour fonction l'unification du tout. Cette psychologie porte sur l'« unité de la conscience »[2]. Elle détermine le rapport entre les trois orientations de la conscience (pensée, vouloir et sentiment) qui constituent les sources subjectives du système, et elle fonde donc *a posteriori* l'unité du système. Cohen pense que cette unification doit pouvoir mettre en évidence, d'une façon rétroactive, la manière dont se séparent et se

1. Nous avons développé ce point dans *Hermann Cohen. Introduction au néokantisme de Marbourg*, Paris, P.U.F., 2001, p. 35-36.

2. H. Cohen, *Logik der reinen Erkenntnis*, Berlin, B. Cassirer, 1902, rééd. Hildesheim, G. Olms, 1977, p. 17.

déploient les différentes directions de la conscience à partir d'une origine commune[1].

Le second fait, c'est que Cohen n'a pas écrit cette psychologie, pourtant annoncée, après avoir rédigé les trois parties principales du système, et qu'il a consacré ses dernières années à élaborer une philosophie de la religion qui non seulement n'étais pas prévue, mais semble prendre la place de cette psychologie (comme le dit d'ailleurs Natorp)[2] !

Pour Natorp également, une psychologie philosophique est possible. Mais il faut déjà noter deux éléments qui le distinguent de Cohen. Le premier, c'est que cette psychologie a été au moins en partie menée à bien. Si l'on excepte les développements ponctuels dont elle est l'objet dans les textes pédagogiques, dans les textes récapitulatifs, dans les textes de présentation destinés à un plus large public ou bien encore dans les derniers textes qui cherchent à réintroduire des pans entiers d'analyse dans une nouvelle conception de la philosophie, la psychologie natorpienne est proprement l'objet de trois textes du philosophe[3]. Le premier est un article de 1887, « Fondation objective et fondation subjective de la connaissance », le deuxième l'*Introduction à la psychologie*, livre paru en 1888, et, enfin, le troisième la nouvelle version de ce texte, la *Psychologie générale* qui paraît en 1912[4], soit quasiment au moment (1913) où Husserl publie les *Idées directrices pour une phénoménologie*. On remarquera déjà que le titre intégral est *Psychologie générale selon la méthode critique* et que le livre est sous-titré : « Premier livre : objet et méthode de la psychologie ». De là notre interrogation : pourquoi Natorp n'a-t-il pas écrit la suite pourtant annoncée ? Est-ce parce qu'il a changé son fusil d'épaule c'est-à-dire abandonné la conception marbourgeoise de la philosophie pendant la première guerre mondiale et proposé quelque chose de radicalement nouveau, ou bien est-ce parce qu'il a été dans l'impossibilité de conduire plus avant la psychologie, de sorte que c'est alors le premier livre, méthodologique, qui interdirait le développement effectif et concret de cette psychologie ?

1. H. Cohen, *Ästhetik des reinen Gefühls*, Berlin, B. Cassirer, 1912, rééd. Hildesheim, G. Olms, 1982, vol. 2, p. 428.

2. Sur cette question, voir notre *Hermann Cohen*, *op. cit.*, p. 112-119.

3. Il y a encore d'autres textes (articles, opuscules ou parties de livre), certes moins fondamentaux, consacrés par Natorp au problème psychologique. On trouvera dans notre Avant-propos à la traduction de l'*AP* la liste de tous les textes de Natorp consacrés à la psychologie.

4. Les comptes rendus les plus intéressants de l'ouvrage de Natorp sont, celui, purement descriptif, de G. L. Duprat, dans la *Revue philosophique* (tome LXXV, 1913), p. 639-641, et celui, critique, de A. Reinach, *Göttingische gelehrte Anzeigen*, 4 (1914), p. 193-214 (on reviendra sur la légitimité des critiques).

Apparaît en tout cas déjà un premier élément essentiel, point commun entre la psychologie natorpienne et la phénoménologie husserlienne : l'irréductibilité de l'investigation psychologique à une science empirique qui découvrirait des lois seulement relatives et contingentes, car il doit y avoir des lois universelles et nécessaires qui régissent la connaissance subjective. En ce sens, la distinction natorpienne entre l'orientation objective et l'orientation subjective ne recouvre pas la distinction kantienne entre la question de droit et la question de fait.

Le deuxième élément essentiel est le suivant. Pour Cohen, la théorie de la connaissance se réduit absolument à une logique : la psychologie envisagée à un moment donné ne s'inscrit en effet pas dans ce domaine, de sorte qu'on ne voit d'ailleurs pas très bien ce qu'elle aurait été et quel rapport elle aurait eu avec ce qu'on nomme communément par ce mot[1]. Puisque, pour Cassirer lui aussi, l'investigation philosophique sur la connaissance se limite, pendant sa période marbourgeoise c'est-à-dire avant la réintroduction du problème de la connaissance dans une investigation philosophique plus large, celle de la philosophie des formes symboliques, à l'enquête logique[2], il y a donc là une spécificité de Natorp. Celui-ci défend dès l'article de 1887 l'idée selon laquelle la fondation objective (*i.e.* la logique) ne saurait épuiser l'examen philosophique de la connaissance. Cet examen exige une fondation subjective, appelée psychologie à partir du livre de 1888, qui est tout aussi nécessaire et légitime que la fondation objective. « Car l'intérêt relatif à la connaissance n'est pas simplement la relation de celle-ci à l'objet, mais aussi sa relation à notre subjectivité. La tâche complète de la connaissance ne serait accomplie que si ces deux tâches étaient accomplies : la compréhension objective du phénomène à partir de la loi, et la compréhension subjective de la loi et de toute

1. Nous avons ailleurs, à partir des remarques dispersées de Cohen sur cette psychologie, soutenu la thèse selon laquelle il l'aurait envisagée comme examen des conditions de possibilité de l'histoire (*Hermann Cohen*, *op. cit.*, p. 116-117) : la science historique est, pour la psychologie, l'*analogon* de ce qu'est la physique mathématique pour la logique.

2. Si le dernier chapitre de *Substance et fonction* (Berlin, B. Cassirer, 1910, trad. fr. P. Caussat, Paris, Minuit, 1977) s'intitule « Perspective pour une psychologie des relations », il s'agit simplement d'une description de la manière dont l'évolution de la science elle-même a modifié la façon dont on conçoit les corrélats psychologiques des idéalités scientifiques, depuis la psychologie qu'on trouve chez Platon jusqu'à la psychologie expérimentale contemporaine. Le texte de 1913, « Erkenntnistheorie nebst den Grenzfragen der Logik » (*op. cit.*, p. 5 *sq.*), oppose, d'une manière complètement kantienne, aux idéalités intemporelles les actes psychiques temporels et contingents – de sorte que, pour Cassirer, seule une psychologie empirique semble possible.

objectivation du phénomène qu'elle fournit à partir de l'immédiat de la conscience »[1].

La logique appelle de droit un complément, pour autant qu'elle ne rend pas compte de tous les aspects de la connaissance. Aussi la théorie de la connaissance natorpienne possède-t-elle une double face, une direction objective et une direction subjective.

Mais quelles sont alors les questions, nécessairement impliquées par le problème de la connaissance, que la logique ne peut pas régler ? En quoi la logique reste-t-elle malgré tout insuffisante ?

La connaissance, si elle renvoie nécessairement à un objet connu qu'elle indique, rapport qui forme précisément le thème de la logique et la spécificité de la question de droit ou question de la validité, renvoie tout aussi nécessairement, à titre de relation, à cet autre terme qu'est le sujet connaissant. S'agit-il alors de restaurer, à côté de la question de droit, la pertinence de la question de fait et la légitimité d'une genèse de la connaissance qui ferait droit au sujet cognitif et à son histoire, c'est-à-dire à la succession d'étapes au terme de laquelle le fait de la science peut être isolé à titre de résultat sédimenté de ce parcours ? Reste en tout cas que l'interrogation sur la connaissance doit faire droit au sujet connaissant tout autant qu'à l'objet connu, et qu'elle doit donner un statut conceptuel tout autant à celui-là qu'à celui-ci. La psychologie natorpienne, donc, donne un visage au sujet connaissant – même si l'interrogation sur ce sujet connaissant est d'autant plus difficile (mais est-elle pour autant impossible ?) que notre réflexion est spontanément objectivante. La subjectivité, à titre d'origine de la connaissance objectivante, est profondément enfouie *sous* celle-ci, et la réflexion qui cherche à la *retrouver* doit lutter contre sa tendance naturelle ou spontanée (l'objectivation) afin d'emprunter une attitude inverse[2].

Néanmoins, puisque la logique, à titre d'unique partie légitime de la théorie de la connaissance, exclut le sujet, puisque celui-ci ne peut, semble-t-il, trouver de statut qu'à l'intérieur d'une psychophysiologie expérimentale, qu'est-ce que la « psychologie philosophique » peut bien dire sur le sujet connaissant et comment peut-elle même le penser ? C'est relativement à cette question qu'on voit comment Natorp, le premier, dans l'article de 1887, pose un problème qui sera, bien plus tard, celui de la phénoméno-

1. P. Natorp, *AP*, p. 200.

2. P. Natorp, *AP*, p. 194 : « (...) la réflexion sur la subjectivité de la conscience est secondaire et dépendante, (...) la direction de la conscience sur l'objet est immédiate et naturelle, indépendante et en soi première ».

logie, puisqu'au moment où Natorp pose ce problème et y répond, le fondateur de la phénoménologie – avant même de se rattacher avec le premier tome des *Recherches logiques* à une perspective logiciste dont il s'est cru le héros en ignorant superbement, comme le lui a fait remarquer à plusieurs reprises Natorp, que cette voie a tout de même été fondée au sens strict du terme par les néokantiens et au premier chef par *La Théorie kantienne de l'expérience*[1] – est encore partisan du psychologisme (la *Philosophie de l'arithmétique* paraît en 1891[2]).

Autrement dit : le sujet connaissant n'est pas l'apanage d'une psychologie construite sur le modèle des sciences positives, mais il est aussi le thème nécessaire d'une investigation philosophique. Quant à la nécessité, pour la théorie de la connaissance, de donner un statut conceptuel au sujet cognitif, elle tient à la raison développée par Natorp d'une manière insistante dans « Contribution à la question de la méthode logique », compte rendu des *Prolégomènes à la logique pure*, premier tome des *Recherches logiques*. C'est que la logique husserlienne, du moins telle qu'elle apparaît positivement dans le dernier chapitre du livre, met en évidence les conditions de possibilité de la connaissance scientifique[3], à

1. A l'accusation husserlienne, qu'on trouve dans le premier tome des *Recherches logiques*, selon laquelle la plupart des néokantiens tombent encore « dans la sphère d'une théorie de la connaissance qui relève du psychologisme », Natorp rétorque : 1) que Husserl ne nomme, pour appuyer ses dires, qu'un seul néokantien, à savoir F.A. Lange, qui n'entre pas proprement dans le néokantisme au sens strict du terme, et à la lecture psychologisante duquel Cohen s'oppose dès la première édition de *La Théorie kantienne de l'expérience* ; 2) que, si l'on veut jouer au petit jeu de savoir qui utilise des termes psychologiques pour thématiser les problèmes logiques – difficulté méthodologique d'autant plus développée par Cohen que c'est sur elle qu'est fondée son interprétation de Kant –, Husserl lui aussi tombe sous le coup de la critique : « Celui qui veut trouver du psychologique en trouvera toujours, même chez Husserl » (ZFLM, p. 280 – toutes les citations de ce texte ont été retraduites).

2. Voir S. Bachelard, *La Logique de Husserl*, *op. cit.*, p. 4. Dans une lettre à Natorp du 21 janvier 1897, Husserl écrit : « Je travaille sur un gros texte qui est dirigé contre la logique psychologico-subjective de notre temps (donc contre le point de vue que j'ai moi-même soutenu quand j'étais l'élève de Brentano) » (*Hua*, Dokumente, V, p. 43). Rappelons que la correspondance entre Natorp et Husserl commence en 1894, lorsque Husserl adresse à Natorp, alors directeur de la revue *Philosophische Monatshefte*, un article intitulé « Philosophische Studien zur elementaren Logik ».

3. P. Natorp, ZFLM, p. 277-278 où Natorp écrit à propos des *Prolégomènes* : « La question fondamentale de la logique est donc la question qui porte sur les conditions de possibilité de la science en général, de la théorie en général, de la vérité en général, de l'unité déductive ». Sur la communauté entre Natorp et Husserl relativement à la détermination de la logique, voir la lettre du 14-15 mars 1897, dans laquelle Husserl dit à Natorp s'accorder avec lui sur le fait que le refus du psychologisme n'implique pas pour autant l'assimilation de la logique à une discipline normative, dans la mesure où la logique est d'abord une science pure qui fonde une telle discipline normative, et qu'on ne peut la construire qu'en pensant les

titre d'idéalités logiques qui constituent le fondement de l'expérience scientifique, en faisant donc « tout à fait abstraction de la subjectivité ».

Mais deux questions se posent. La première, qui n'est autre que ce que les *Idées directrices* appelleront le danger du « réalisme platonicien »[1], est de savoir quel est le type d'être des idéalités logiques[2]. Certes, celles-ci ne sont pas réductibles à des vécus psychiques, sans quoi la logique, précisément, se réduirait à une psychologie. Mais les idéalités logiques, si elles sont indépendantes des actes cognitifs du sujet connaissant, n'existent pourtant pas à la manière dont existent les objets du monde naturel, puisqu'elles les fondent dans ce qu'ils sont et qu'elles entretiennent avec eux, non pas un rapport ontologique de causalité, mais un rapport logique de fondation. Quel est alors le type d'être des idéalités logiques[3] ?

De plus – c'est la deuxième question –, le problème de la connaissance ne saurait se réduire à l'exhibition de ces idéalités logiques, pour autant que le problème est alors de penser le rapport de ces idéalités logiques à la connaissance qu'on peut en prendre, c'est-à-dire de thématiser l'accès du sujet cognitif à ces idéalités et la manière dont l'idéal se « réalise » dans la *psyché*[4]. Certes, les paragraphes 32 et 65 des *Prolégomènes* évoquent la question de la cognoscibilité des idéalités logiques, sans quoi la logique elle-même ne serait pas possible (puisque nous n'en saurions rien). Mais, écrit Natorp, ce qui n'est pas clair dans ce premier volume des *Recherches logiques*, c'est le rapport entre les deux sphères : « *Il faut nécessairement* qu'on construise une liaison *logique* entre la consistance (*Bestand*) supratemporelle du logique et son effectuation temporelle dans le vécu de la *psyché*, si l'expression [husserlienne] de "réalisation de l'idéal" ne doit pas rester une énigme, une expression métaphysique de l'espèce la plus suspecte »[5]. Mieux : le compte rendu finit sur cette remarque dans laquelle

propositions logiques à l'aune des propositions mathématiques et en montrant comment celles-ci sont au fondement de celles-là (*Hua*, Dokumente, V, p. 51-54) (voir aussi la réponse de Natorp : lettre du 20 mars 1897, p. 56-58).

1. E. Husserl, *Idées directrices*, § 22.

2. R. Barbaras écrit justement que pour ainsi dire le « *logicisme* » des *Prolégomènes* a pour conséquence que « l'essence est comprise comme un existant, c'est-à-dire un être autonome qui précède et fonde l'acte qui la vise », renvoyant à Tran Duc Thao qui a développé (dans *Phénoménologie et matérialisme dialectique*, Paris, Minh-Tân, 1951, p. 33-37) cette « chute de l'ontologique dans l'ontique » (*Introduction à la philosophie de Husserl*, *op. cit.*, p. 79).

3. On verra que, dans le néokantisme de Marbourg, cette question est au cœur de la philosophie natorpienne.

4. P. Natorp, ZFLM, p. 280-281.

5. *Ibid.*, p. 283.

Natorp en conclut que Husserl, non seulement doit retrouver la subjectivité et rendre compte de la cognoscibilité des idéalités logiques, mais surtout que, tenant fortement à la préservation de la logique dans son authentique spécificité c'est-à-dire refusant toute psychologisation des problèmes logiques, il ne lui reste plus qu'à emprunter une voie analogue (*auf ähnliche Wege*) à celle que Natorp lui-même a prise dès son article de 1887[1] ! S'il est donc vrai, comme l'écrit Suzanne Bachelard, que « les *Prolégomènes* avaient eu le mérite de saisir avec pureté la problématique objective de la logique »[2] – mais n'était-ce pas déjà le cas de tous les écrits néokantiens qui s'inscrivent dans ce champ, depuis *La Théorie kantienne de l'expérience* de Cohen jusqu'aux divers textes de Natorp sur ce sujet, à partir de « Quantité et qualité dans le concept » (1891) jusqu'au paragraphe 4 de la *Pédagogie sociale* (1899)[3]? –, qu'« ils n'entrevoyaient pas encore la dimension transcendantale des recherches subjectives et considéraient tout examen subjectif systématique comme une rechute dans le psychologisme contre lequel ils luttaient »[4], il apparaît ainsi que Natorp, non seulement a sur cette question une longueur d'avance sur Husserl, mais qu'il a débroussaillé et même aménagé une voie qu'ensuite celui-ci va emprunter. Mieux, Natorp, toujours dans le compte rendu des *Prolégomènes*, ajoute que la question du lien entre les idéalités logiques et les actes cognitifs par lesquels le sujet connaissant y accède n'est autre que la suivante : « si cette liaison est possible, ce n'est naturellement que du côté du supra temporel, par la médiation du *concept* (en soi pourtant supra temporel) du temps lui-même. La réalisation ne signifie alors plus un acte métaphysique de type mystique, mais un passage logique rigoureusement compréhensible d'un type

1. *Ibid.*

2. S. Bachelard, *La Logique de Husserl*, *op. cit.*, p. 48.

3. Natorp reprend les analyses de *Sp* § 4 dans *L* § 7. E. Cassirer remarque que Rickert, lorsqu'il établit la distinction entre l'*objet* de la connaissance et la *connaissance* de l'objet, « renvoie exclusivement à Bolzano et Husserl – alors qu'elle se trouve indubitablement déjà dans la méthode transcendantale de Kant elle-même, particulièrement telle qu'elle a été envisagée et présentée, dans son sens purement objectif, par Cohen » (« Erkenntnistheorie nebst den Grenzfragen der Logik », *op. cit.*, p. 8). C'est en ce sens que le premier tome des *Recherches logiques* de Husserl est, non seulement kantien, mais plus précisément néokantien. Car « la "logique pure", dont Husserl, suivant Bolzano, a développé la problématique, tout comme les récentes "théories de l'objet" qui ont progressivement rompu avec la psychologie, *se situent dans la perspective de cet idéal que les ouvrages kantiens de Cohen ont pour la première fois dégagée (...)* » (E. Cassirer, « Hermann Cohen et la rénovation du kantisme », trad. fr. M. de Launay et C. Prompsy, dans *L'Ecole de Marbourg*, *op. cit.*, p. 24 ; c'est nous qui soulignons).

4. S. Bachelard, *La Logique de Husserl*, *op. cit.*, p. 48.

d'examen à un autre, qui est en fin de compte impliqué en lui »[1]. Il est remarquable que Husserl ait très exactement suivi la voie indiquée par Natorp pour traiter la question, puisque le cours de 1904-1905, qui porte précisément sur le problème de la constitution subjective du temps, et dont la publication tardive par Heidegger indique que Husserl n'en était pas satisfait, a bien pour but de résoudre « les difficultés profondes attachées à l'opposition entre la subjectivité de l'acte de connaître et l'objectivité du contenu et de l'objet de la connaissance (la vérité et l'être) »[2].

On soulignera que la question du type d'être des idéalités logiques est une question qui n'apparaît pas dans le néokantisme, pour autant qu'elle est résolue par la manière dont Kant pose le problème de la connaissance, ainsi que l'ont développé Lotze[3], puis les représentants du néokantisme de Heidelberg. Le propre des idéalités logiques, dans la *Critique de la raison pure*, c'est d'être des conditions de possibilité de l'objet. Aussi *valent*-elles pour l'objet qui *est*. Si les éléments logiques de la connaissance sont transcendants et donc indépendants du sujet, le risque de les ontologiser est évité au moyen de l'argument suivant. Ces éléments logiques sont des valeurs. Dès lors, ils n'existent pas au sens où existent les objets auxquels ils sont attachés (c'est-à-dire qu'ils fondent logiquement) ou les actes psychiques effectifs qui les reconnaissent comme tels (les appréciations) : les valeurs n'appartiennent pas au monde des objets réels, puisqu'elles n'*existent* pas, mais *valent*[4]. La valeur ou validité est donc le type d'être des idéalités logiques. Si certes le néokantisme de Marbourg n'est pas une philosophie de la *valeur* comme l'est le néokantisme de Heidelberg, il n'en reste pas moins que l'assimilation des idéalités logiques à des conditions de possibilité exclut, par définition, qu'on pose la question de leur statut – puisque ce serait précisément faire un objet de ce qui est la condition de possibilité de tout objet (la *Geltung* n'est pas un objet).

Il en va de même pour la deuxième question. Comment la question de la cognoscibilité des idéalités logiques pourrait-elle être une question légitime, alors que la position même du problème, dans le néokantisme, la

1. P. Natorp, ZFLM, p. 293.

2. E. Husserl, *Leçons pour une phénoménologie de la conscience intime du temps*, cité par G. Granel, *Le Sens du temps et de la perception chez E. Husserl*, Paris, Gallimard, 1968, p. 17.

3. R.H. Lotze, *Logik. Drittes Buch. Vom Erkennen (Methodologie)*, 1874, G. Gabriel ed., Hamburg, F. Meiner, 1989, § 313 à 321 (ces § ont été traduits par A. Dewalque, *Philosophie*, n°91, automne 2006, p. 9-13).

4. Voir H. Rickert, *Der Gegenstand der Erkenntnis*, *op. cit.*, p. 195, et *Les Néokantiens*, *op. cit.*, p. 51-53.

résout immédiatement? C'est que, dans l'horizon de l'*Erkenntnistheorie*, les idéalités logiques sont transcendantalement déduites du « fait de la science », à partir duquel et dans lequel seul elles sont connaissables[1].

Il apparaît très difficile d'admettre, ce qui semble pourtant une évidence pour J. F. Lavigne, qu'il n'y a « nulle influence philosophique des *doctrines* de Natorp sur Husserl. En revanche, Husserl trouve dans les écrits de Natorp un *guide formel* pour l'organisation de sa problématique, et l'orientation de ses recherches. Natorp procure donc à Husserl des orientations thématiques – ce qui implique inévitablement une communauté de langage – et, plus précieux encore, l'aiguillon qui provoque une collaboration philosophique personnelle »[2].

Il est peut-être sage, comme le fait Lavigne, de distinguer deux plans. Car s'il est vrai que Husserl ne peut absolument pas être considéré comme celui qui fonde l'investigation *logique* dans sa spécificité ni comme celui qui tente pour la première fois de faire droit, en philosophie, à un sujet qui ne soit pas un sujet psychologique, il est vrai qu'il initie, avec le tournant phénoménologique, une manière absolument originale de penser ce sujet et, avec la réduction phénoménologique, une méthode radicalement nouvelle pour atteindre ce sujet. Il faut, du coup, souligner la proximité entre les deux philosophes. Ce n'est pas par hasard si, parmi les marbourgeois et plus largement les néokantiens, Natorp est l'interlocuteur privilégié de Husserl. On compte, entre 1897 et 1924, trente-trois lettres de Natorp à Husserl et vingt-huit lettres de Husserl à Natorp, couvrant principalement la période qui s'étend jusqu'à la publication de la *Psychologie générale* et des *Idées directrices* (la correspondance se fait plus rare après). Outre que cette correspondance révèle les liens familiers des deux hommes (au sens où chacun donne à l'autre des nouvelles de sa famille) et l'admiration que chacun porte au travail de l'autre, soulignons que la discussion tourne essentiellement autour des problèmes qui relèvent de la logique et plus précisément des questions de philosophie des mathématiques.

Les deux philosophes suivent le même itinéraire : ils partent tous deux de l'interrogation logique qu'ils cherchent à assurer dans sa spécificité, donc de l'éviction du sujet, mais ils cherchent ensuite à réintroduire celui-ci

1. De là l'absence déjà soulignée de toute préoccupation logique chez les autres marbourgeois, mais aussi le fait que, pour Natorp, la psychologie, si elle ne correspond pas au besoin de thématiser la cognoscibilité des éléments logiques, correspond à celui de penser le rapport entre la pensée et son autre (on verra que l'objet de la psychologie est l'« ultime concret » auquel est assimilé le « subjectif pur »).

2. J.-F. Lavigne, *Husserl et la naissance de la phénoménologie*, *op. cit.*, p. 535-536.

en lui donnant un statut conceptuel proprement philosophique, donc irréductible à tout sujet psychologique empirique[1].

Cependant, d'un autre côté, la distinction de deux plans peut paraître tout à fait artificielle. Car le thème de la logique et des idéalités pures, qui n'est certes pas repris qu'à Natorp, tout comme celui d'une subjectivité non empirique, dont en revanche le néokantien Natorp est l'initiateur à titre de thème provenant de la *Critique de la raison pure*, sont indissociables de la manière dont on les traite.

A la différence de Lavigne, Iso Kern, lui, ne cesse de souligner l'influence des doctrines de Natorp sur Husserl :

1) en citant la note des *Prolégomènes* dans laquelle Husserl la reconnaît[2]. Rappelons le contenu de cette note, qui est important pour autant que Husserl y souligne que c'est chez Natorp qu'on trouve, *pour la première fois*, l'idée selon laquelle la logique, à titre de *science*, n'est pas réductible à une *technique normative* : « Dans cette conviction que l'idée normative, le "devoir être" ne fait pas partie du contenu des propositions logiques, je me réjouis de me rencontrer avec Natorp qui, récemment, dans la *Pédagogie sociale* (Stuttgart, 1899, § 4), l'a exprimée brièvement et clairement comme suit : "Nous affirmons que les lois logiques disent tout aussi peu comment on pense, en fait, dans telles circonstances, que comment on doit penser." Si nous nous référons à l'exemple du syllogisme "si A = B et si B = C, A = C", cela veut dire : "Je le vois avec évidence, rien qu'en ayant sous les yeux les termes à comparer et leurs relations qui nous sont, du fait même, données conjointement, sans avoir à penser en quoi que

1. Husserl est en outre l'interlocuteur privilégié de l'*AP* : Natorp consacre 11 pages aux recherches phénoménologiques par lesquelles les *Recherches logiques* poursuivent les *Prolégomènes* dans le chapitre 11 (qui, comme le chapitre 12, porte sur la discussion des auteurs). Il n'y a que Münsterberg et Bergson auxquels Natorp consacre plus de pages – mais c'est dans le premier cas pour montrer ce qui le distingue d'une conception qui est celle qui se rapproche le plus de la sienne, et dans le second pour une critique unilatéralement négative de la philosophie bergsonienne. De plus, si Natorp commence le chapitre 11 par Wundt et Lipps, c'est parce que ce sont « les deux psychologues les plus influents aujourd'hui en Allemagne » (p. 263). A Dilthey, il consacre une page et demi, pour dire que Husserl est allé plus loin (p. 290), répétant les critiques déjà formulées dans une lettre à Dilthey du 9 mars 1895, à savoir la croyance en un retour à une *immédiateté* et donc en la possibilité de fonder la théorie de la connaissance sur la psychologie alors qu'on ne peut que fonder celle-ci sur celle-là (p. 292) : voir *Dilthey-Jahrbuch für Philosophie und Geschichte der Geisteswissenschaften*, vol. 3, 1985, p. 203. Enfin, Husserl est le seul, parmi ces auteurs, auquel Natorp consacre en outre d'autres développements ponctuels, particulièrement le § 6 du chapitre 2, le § 2 du chapitre 3 et le § 9 du chapitre 5. Il est, de plus, le seul de tous ces auteurs auxquels Natorp renverra encore dans la *PS*.

2. I. Kern, *Husserl und Kant*, *op. cit.*, p. 322.

ce soit au processus ou à l'accomplissement, réels ou devant être, d'une pensée correspondante". Sur quelques autres points non moins essentiels, mes *Prolégomènes* se rencontrent aussi avec cet ouvrage de ce pénétrant philosophe qui, malheureusement, ne pouvait plus m'aider dans l'élaboration et la présentation de mes idées. Par contre, deux écrits plus anciens de Natorp, son article cité plus haut des *Philos. Monatshefte*, XXIII [il s'agit de "Sur la fondation objective et fondation subjective de la connaissance"], et son *Introduction à la psychologie*, n'ont pas été sans exercer sur moi une action stimulante – quelle que soit la contradiction qu'ils aient suscitée de ma part sur d'autres points. » ;

2) en établissant que c'est la conception d'un sujet pur telle qu'elle apparaît dans l'*Introduction à la psychologie* de 1888, avec sa distinction des deux directions de la connaissance mises en évidence à partir d'une interprétation de la première version de la déduction transcendantale, qui a amené Husserl à son idée d'une subjectivité pure[1] ;

3) en montrant comment c'est « sous l'influence de Natorp » (et il s'agit ici des *doctrines* de Natorp) que Husserl finit par envisager la phénoménologie comme une analyse noématique et non noétique[2] ;

4) en soulignant que l'instauration d'une phénoménologie génétique, à partir des années 1920, ressemble absolument à la reconstruction natorpienne[3] – et, d'ailleurs, l'expression même de « reconstruction » pour qualifier la phénoménologie apparaît dans un manuscrit de Husserl de 1920[4].

On sait ce qui caractérise le deuxième tome des *Recherches logiques*. C'est, après l'éviction du sujet dans le premier tome, sa réintroduction au sein d'une psychologie non empirique qui doit compléter l'investigation logique et prendre en compte la « réalisation de l'idéal ». Husserl, du coup, n'a été compris ni par les logiciens qui l'accusent de retomber dans le psychologisme ni par les psychologues pour lesquels une psychologie non empirique est un non-sens. Natorp écrit à ce propos à Husserl dans une lettre du 21 janvier 1909 :

1. *Ibid.*, p. 194, 328.
2. *Ibid.*, p. 361.
3. *Ibid.*, p. 353.
4. *Ibid.*, p. 372. Sur cette question, voir aussi G. Gigliotti, « Objekt und Methode. Das Problem der Psychologie in Natorps Philosophie », *Grenzen der kritischen Vernunft. Helmut Holzhey zum 60. Geburstag*, édité par P.A. Schmid et S. Zurbuchen, Bâle, Schwabe & co, 1997, p. 95-113.

> Je ne peux pas nier que votre recherche, dans le volume 2, aussi peu que vous-même teniez à la qualifier de psychologie – qu'elle soit descriptive ou génétique –, possède un point commun avec ce que j'appelle psychologie (et qui elle aussi refuse ces *deux* qualifications). Mais il m'est à vrai dire encore difficile de le déterminer avec précision. Vous qualifiez cette recherche de "psychologico-transcendantale" et vous dites penser ainsi à une "théorie significative du point de vue de la critique de la connaissance". Je ne comprends absolument pas comment vous l'entendez. Cependant, dans la mesure où nous n'avons pas, même sur le sens de la (logique ou) critique de la connaissance, des avis très différents, une théorie certes psychologique, mais pourtant transcendantale, *rapportée* d'une manière aussi intime à cette critique, ne peut pas être très éloignée de ma psychologie totalement référée à la logique ou critique de la connaissance – elle ne peut du moins pas en être différente dans "son but et son être". Qu'est-ce donc qu'une logique *absolument* indépendante de la psychologie, telle que vous l'exigez dans votre volume 1 ? Peut-elle s'appuyer sur autre chose que sur le *contenu* pur, en particulier le contenu scientifiquement purifié, de la conscience (de la connaissance), et peut-elle instituer quelque chose d'autre, comme critère ultime de la validité objective, que l'*unité* centrale dans laquelle tout contenu s'unit (*doit* s'unir) (à nouveau au niveau du contenu), que les *relations* fondamentales qui pénètrent et maîtrisent toutes les *relations* du contenu [1] ?

Certes, cette remarque s'oppose tout d'abord au formalisme logique des *Prolégomènes*, de sorte qu'elle porte sur une polémique interne à la logique [2]. Cela posé, elle concerne aussi la relation entre logique et psychologie. En effet, l'investigation logique est inséparable d'une investigation psychologique (Husserl dira : phénoménologique), parce que les idéalités logiques sont aussi des « contenus du vécu » [3], c'est-à-dire que les objets

1. *Hua*, Dokumente, V, p. 106-107.

2. Natorp remarque dans ZFLM une différence manifeste entre la logique husserlienne et la logique marbourgeoise – mais elle se révèle n'être qu'une simple différence terminologique lorsqu'on l'analyse. C'est que Husserl souligne le caractère formel de la logique, « ce qui est d'autant plus étonnant que, d'un autre côté, il pense prouver la validité "objective" des lois logiques et ne songe pas, du coup, la limiter à l'étendue de ce qu'on a appelé jusqu'ici logique "formelle", puisqu'il y inclut particulièrement toute la mathématique » (p. 282).

3. P. Natorp, *AP*, p. 92. Sur l'expression de « contenu » (*Inhalt*), voir p. 24-25 : « il s'agit là naturellement d'une expression imagée. La conscience n'est pas un récipient ou un réservoir qui contient une matière. Il y a certes une bonne raison à l'emploi de cette image : il est, semble-t-il, propre à toute conscience d'être à chaque fois l'ensemble d'un divers, la réunion d'un divers en une unité. Nous devons cependant tout d'abord faire entièrement abstraction de cette propriété ; pour l'enquête tout à fait provisoire que nous entreprenons ici, il est encore entièrement indifférent de savoir si ce dont il y a conscience est un singulier absolu ou une pluralité rassemblée en une unité. Nous empruntons simplement la désignation

résultent, du point de vue psychologique, d'un processus de constitution proprement subjectif qui a permis de les poser comme tels[1], de sorte qu'ils reposent sur un phénomène originaire indéterminé, une expérience pure équivalant au monde de la vie ou de la subjectivité dans ce qu'il peut avoir d'absolument originaire[2]. Ce qu'il faut donc retrouver, c'est le pur phénomène subjectif tel qu'il est nécessairement enfoui *sous* les idéalisations objectivantes qui l'ont recouvert. La psychologie, dès lors, procède de « cette exigence de ramener toutes les abstractions pures (celles de la science et de la philosophie) à la vie immédiate et concrète », et elle « recèle une motivation légitime : mettre en garde contre la prétention absolutiste de la philosophie, qui veut, avec la somme toute prête d'éléments conceptuels, venir à bout, par la simple logique, de la vie de la conscience qui s'écoule tel un flux infini »[3].

La fondation subjective ou psychologie philosophique se caractérise pour Natorp, dès 1887, par la thèse suivante. Si la logique laisse complètement de côté le sujet connaissant, la psychologie expérimentale pense celui-ci à la manière de n'importe quel autre objet du monde. La psychologie expérimentale, en effet, conçoit ce sujet comme un étant qui est dans le monde, qui entretient des relations avec un monde extérieur, peuplé d'objets, avec lequel il est en interaction constante. Il est vrai que le sujet connaissant joue le même rôle que l'objet connu, puisqu'il possède un statut qui est absolument équivalent : toute connaissance renvoie à un sujet de la même manière qu'elle renvoie à un objet. Tous deux ne doivent néanmoins pas être pensés de la même manière. Ils sont des termes d'un rapport et plus précisément d'un rapport constitutif à la connaissance qui les implique tout autant, mais, selon qu'on s'intéresse à l'objet connu ou au sujet connaissant, le rapport ne devra pas être pensé de la même manière. Si le rapport de la connaissance à son objet est un rapport qui renferme une direction positive, celle d'une extension ou encore d'un mouvement avant progressif qui s'étend, le rapport de la connaissance à son sujet est un rapport qui renferme une direction négative, celle d'une restriction ou encore d'un mouvement arrière régressif qui se resserre et s'approfondit. Le pôle sujet apparaît donc, pour reprendre un slogan de Natorp, comme la

de "contenu" à l'usage courant qui est fait de ce terme dans la psychologie, et nous ne comprenons par là jusqu'à présent absolument rien d'autre que ce dont il y a conscience pour quelqu'un, ce dont quelqu'un, qui que ce soit, a conscience, quoi que ce puisse être ».

1. P. Natorp, BE, p. 125.

2. *Ibid.*, p. 128-129.

3. P. Natorp, KM, p. 6.

stricte inversion du pôle objet (l'intension par opposition à l'extension, le mouvement centripète par opposition au mouvement centrifuge).

Aussi ne peut-on penser le sujet à la manière de l'objet sans le défigurer, c'est-à-dire sans le transformer en ce qu'il n'est pas. De là la condamnation de la psychologie expérimentale et la légitimité d'une investigation philosophique dont il apparaît, en fin de compte, qu'elle seule peut donner un visage véritable au sujet. Ici, le souffle kantien est évident. Kant, dans la *Critique de la raison pure*, n'est-il pas en effet le premier qui, dans sa critique du *cogito* cartésien et sa propre thématisation du « Je pense » ou aperception transcendantale, a su penser un sujet qui, précisément, est seulement sujet et jamais objet – à la manière dont Robert Montgomery, pour la première fois dans l'histoire du cinéma, donne une expression à un tel sujet *qui n'est que sujet* en réalisant un film entier en caméra subjective (*La Dame du lac*, 1946[1]).

Natorp, en conséquence, souligne que le sujet est toujours double. L'*Introduction à la psychologie* de 1888 est un livre tout entier hanté par le thème du dédoublement du sujet. Car, conformément à la leçon de la *Critique* kantienne, dès que je cherche à m'appréhender dans ma spécificité au moyen de la réflexion, je m'objective toujours déjà. Le paradoxe est donc le suivant. Le Je, dès qu'il cherche à se saisir comme tel, se représente nécessairement à la manière d'un objet, donc s'objective dans son moi empirique, mais il sait pourtant toujours *déjà d'une manière quasi immédiate* qu'il est un Je irréductible à toute objectivation, comme si ce Je véritable et authentique, qui échappe à toute objectivation, se *donnait* pourtant en même temps dans cette objectivation[2]. Si le Je est toujours double, c'est parce que toute conscience de soi, en même temps qu'elle est nécessairement une défiguration d'un Je qui perd sa spécificité en cherchant à s'atteindre, indique en même temps ce Je authentique et véritable qui s'aliène dans la connaissance qu'elle en prend.

Nous touchons ici la question décisive. La question n'est pas de savoir si une connaissance scientifique d'un tel sujet *qui n'est que sujet* est possible, puisque nous savons qu'elle est effective dans les trois textes

1. Il est vrai que, comme le remarquent J.P. Coursodon et B. Tavernier, l'idée était dans l'air du temps (voir la première bobine des *Passagers de la nuit*, D. Daves, 1947), d'une part, et que, d'autre part, « il y a des coupes illogiques dans certains mouvements (quand Marlowe s'installe dans une voiture) » (*50 ans de cinéma américain*, Paris, Nathan, 1995, p. 720).

2. Soulignons comment une telle position de la question, qui est la nôtre, n'est pas celle de Kant, dans la mesure où le Je transcendantal de la *Critique*, le Je qui est seulement sujet et jamais objet, n'est pas *donné* mais toujours simplement inféré à titre de condition de possibilité.

essentiels de Natorp consacrés à la psychologie tout comme dans les textes de Husserl après l'institution de la phénoménologie comme science rigoureuse. La question, du coup, devient de savoir *comment elle est possible*. C'est peut-être sur ce point que nos deux auteurs se sépareront et que Husserl, sans doute, prendra la voie qui lui est propre.

LE SUBJECTIF PUR

On sait que Natorp est un néokantien, donc un kantien. Cet élément est attesté, on l'a dit, par le titre de l'ouvrage de 1912 (*Psychologie générale selon la méthode critique*). On peut déjà en tirer certaines prises de position d'ordre méthodologique qui seront effectivement confirmées par les développements de ce texte. La question est celle de retrouver, derrière toutes les sédimentations non seulement des idéalisations logiques mais aussi de la culture en général, le subjectif pur qu'elles ont recouvert.

Natorp insiste sur le fait que la psychologie ne s'oppose pas seulement à la logique. La logique est certes formation d'un contenu pur, donc objectivation, mais elle n'est pas la seule à procéder ainsi. L'éthique et l'esthétique sont elles aussi des objectivations, de sorte que la logique porte sur un type particulier d'objectivation et que la tâche de la philosophie, à titre de philosophie de la culture, est de faire une typologie de tous les différents types d'objectivation : quelle est donc la spécificité d'une objectivation qui n'est pas logique, c'est-à-dire cognitive, mais éthique, donc tournée, non plus vers un être mais vers un devoir être, ou bien esthétique, c'est-à-dire se réalisant dans une configuration objective d'ordre pictural, musical, architectural, etc. ? On comprend que le sujet qui forme le thème de la psychologie n'est nullement le sujet cognitif, mais le sujet qui est au fondement de l'activité cognitive, éthique et esthétique. En ce sens, la psychologie natorpienne se démarque de la phénoménologie husserlienne, en tout cas telle qu'elle apparaît dans les *Idées directrices* : car le sujet auquel nous reconduit ici la réduction phénoménologique est le sujet de la connaissance. Or, pour Natorp, l'investigation psychologique ne peut porter sur un tel sujet cognitif, pour autant que, reconduisant au subjectif pur, elle doit nous ramener à une origine véritable (ce que Natorp appelle « moi pur », « subjectif pur » ou encore « subjectivité concrète »), c'est-à-dire une origine à partir de laquelle on peut comprendre la manière dont se forment et se spécifient les différents types de conscience et donc les différents champs culturels qui leur correspondent[1]. En ce sens, il nous semble à nouveau que la rectification par Husserl d'un projet phénoménologique qui s'approfondit progressivement, après les *Idées directrices*, pour retourner à une telle conscience originaire *préthéorique* et *concrète*[2], provient encore une fois de Natorp.

La psychologie possède dès lors une spécificité qu'elle ne partage avec aucune autre discipline. Et cette spécificité est un indice de sa difficulté. Car, si toutes les disciplines autres que la psychologie sont des objectivations, c'est parce que le mouvement même de la vie, c'est-à-dire de la subjectivité, est précisément objectivation. Le concept d'objectivation, si fréquent chez Natorp pour désigner en général un type de processus ou d'activité au terme duquel un objet est posé, est l'équivalent natorpien de ce que Husserl désigne par celui d'intentionnalité. Lorsque Husserl dit que la conscience est spontanément tournée vers le monde transcendant dans lequel elle est originairement (pro)jetée (toute conscience est conscience de quelque chose), de sorte que c'est d'une manière dérivée ou secondaire qu'elle revient sur elle-même et se tourne vers ses propres actes (la conscience réflexive est toujours seconde: voir la deuxième des *Méditations cartésiennes*), Natorp dit que l'activité originaire est celle de l'objectivation, c'est-à-dire la transformation du milieu phénoménal, dans lequel il n'y a encore aucun objet pour un sujet (qui d'ailleurs ne s'est même pas encore posé comme tel), en monde objectif (pôle essentiel de la relation qui permet, de l'autre côté, au sujet de se poser par contrecoup comme tel). La tendance spontanée de l'activité cognitive et plus largement de l'activité culturelle est donc l'objectivation. En témoigne le fait que nous vivons dans un monde d'objets, c'est-à-dire dans un monde tel que nous pouvons spontanément identifier tout objet qui apparaît dans notre horizon perceptif. Or, puisque les objets ne sont pas donnés, mais qu'ils relèvent d'une construction et donc d'une activité subjective de détermination, de sorte que peut-être seul est donné le phénomène indéterminé, ils ne sont rien d'autre que les résultats d'un processus de formation ou de constitution. L'objet, donc, n'est pas donné, mais résulte d'un mouvement d'objectivation. C'est parce

1. P. Natorp, *AP*, p. 19 : la conscience psychologique « est désormais, non plus simplement une conscience seulement théorique (…), mais une conscience originairement voire plus originairement éthique, puis esthétique et, enfin, religieuse ». De là la distinction entre *subjectivité* et *conscience théorique* ou *éthique* ou *esthétique* – à titre de corrélats d'une objectivation qui restent à la surface de la subjectivité (*ibid.*, p. 93-94).

2. On verra l'importance du thème de la subjectivité concrète chez Natorp (qui, primat de la méthode oblige, deviendra celui de la *concrétion* permettant d'atteindre une telle subjectivité).

que ce processus est l'activité spontanée de la pensée que la réflexion, qui surgit dans un deuxième temps, procède à la manière de l'objectivation, c'est-à-dire qu'il a fallu attendre Kant pour qu'apparaisse l'idée selon laquelle la réflexion psychologique est le meilleur moyen de s'illusionner en croyant pourtant s'appréhender d'une manière authentique.

Le sujet, ne cesse de répéter Natorp, c'est *celui pour qui* il y a un objet : « la *psyché* prétend, face à tout objet, signifier ce pour quoi seulement quelque chose est objet, mais qui n'est pas lui-même à son tour objet – et qui n'est donc en général pas un objet au sens où, pour cette *psyché*, la nature et tout ce qui appartient à la nature sont des objets. Le psychique signifie, pour le dire avec d'autres mots et en un mot : le subjectif pur à titre de subjectif »[1]. Autrement dit, dans la conscience de soi, le véritable sujet ne se donne pas au sujet, mais il est, comme dans toute conscience d'objet, impliqué par cette conscience même comme le sujet pour lequel ce sujet, par exemple, devient objet et perd son statut subjectif. Cependant, que peut-on dire d'un tel sujet, hormis, comme c'était le cas dans la *Critique de la raison pure*, qu'il est la condition de possibilité suprême de toute connaissance ? Si toute autre détermination de ce sujet est précisément une objectivation, aucun autre discours que le discours kantien ne semble possible. C'est exactement ce que soutient Rickert dans *L'Objet de la connaissance*, soulignant que le sujet est le corrélat de tout acte d'objectivation et en constitue la condition non objectivable. Si ce sujet est un sujet logique et non psychologique, c'est parce que je ne peux pas le saisir comme tel – la seule chose que je puisse appréhender lorsque je réfléchis sur moi-même, c'est un sujet toujours objectivé, c'est-à-dire psychophysiologique. Ce sujet logique, simple réquisit mis en évidence par l'analyse, équivaut à ce que Kant appelle « conscience en général »[2].

C'est exactement en ce sens qu'Eugen Fink souligne la proximité de la phénoménologie et du néokantisme – on remarquera toutefois que, dans le long article consacré à « La philosophie phénoménologique d'Edmund Husserl face à la critique contemporaine » (1933), il n'est question que de l'école de Heidelberg sans que jamais le nom même de Natorp soit prononcé. Fink écrit : « les deux philosophies ont en commun de ne pas demeurer à l'intérieur du dogmatisme de la vision naïve du monde, mais de le surmonter en en faisant un problème explicite »[3]. Qu'on passe, dans le néokantisme, de l'effectivité à la possibilité, voilà qui permet de « mettre

1. P. Natorp, *AP*, p. 8.
2. H. Rickert, *Der Gegenstand der Erkenntnis*, *op. cit.*, p. 316-317, 323-324.
3. E. Fink, *De la phénoménologie*, *op. cit.*, p. 112.

à jour une sphère de présuppositions » relevant de ce que Husserl appelle l'« attitude naturelle » : « la phénoménologie (des *Idées directrices*) accomplit elle aussi le passage hors de l'attitude naturelle dogmatique (où la possibilité de la connaissance n'est pas pour elle-même thématisée) vers une "position transcendantale de la question" » [1]. De même que le néokantisme « détermine l'*ego* de l'"aperception transcendantale" comme *non empirique*, *ego* pur, Husserl distingue lui aussi et avec une grande précision l'"*ego* transcendantal" de l'*ego* empirique, psychique. (...) La tendance "critique" du commencement gnoséo-théorétique originaire de Husserl est donc attestée : le concept husserlien d'*ego* transcendantal vise la même chose que le concept criticiste fondamental d'"aperception transcendantale" » [2].

Si, pour Natorp, une science du subjectif pur est possible, sa difficulté tient à l'outillage conceptuel avec lequel elle procède et qu'il lui faut, au moment où elle se forme, emprunter aux autres sciences. Étant donné que celles-ci sont exclusivement dirigées sur le processus d'objectivation, toute la difficulté sera de décrire le subjectif pur au moyen d'un vocabulaire nécessairement inadéquat, puisque forgé pour la direction inverse. La question, donc, est celle de savoir comment décrire le sujet sans le dénaturer en le pensant au moyen de déterminations empruntées aux domaines de l'objectivation. Car, même dans la psychologie moderne, dans la « psychologie anglaise de l'association » et chez ses « successeurs continentaux », dont « le représentant le plus renommé » est Theodor Lipps, on trouve une psychologie qui est certes « subjectiviste quant à l'intention », mais qui reste complètement dans le naturalisme, donc qui demeure une psychologie « si totalement dominée par les schèmes spirituels de la connaissance de la nature qu'on continue toujours, sans en général y voir un obstacle, sans en général prendre sérieusement en considération une autre possibilité, à penser le subjectif, le psychique, avec les mêmes catégories – à titre de processus, de modifications dans le temps qui, comme telles, ont nécessairement leurs causes déterminantes et à leur tour temporelles –, alors que ces catégories sont les moyens qui permettent de penser l'objectivité, c'est-à-dire la nature » [3]. Le subjectif pur, le sujet qui n'est que sujet,

1. E. Fink, *De la phénoménologie*, *op. cit.*, p. 113.

2. *Ibid*.

3. P. Natorp, *AP*, p. 16. Voir aussi p. 230 : « D'une manière effective, toute classification psychologique primitive part sans prévention des divisions objectives et ne dépasse jamais de telles divisions. Cependant, même les classifications psychologiques d'étapes plus développées ne peuvent jamais méconnaître leur provenance objective. Ainsi, particulièrement les divisions ultimes (comme celle établie par Aristote entre conscience théorique, poiétique et pratique) ne font précisément que répéter d'une manière manifeste, dans la langue de la

n'est donc pas donné – il n'est qu'*indiqué* par le « fait de la science » ou plus précisément par le « fait de la culture » –, de sorte qu'il faut le reconquérir et le reconstruire. Mais comment s'y prendre ?

Quelle est la méthode qui permet au philosophe d'atteindre le subjectif pur ou le moi pur, c'est-à-dire un Je qui ne serait encore recouvert par aucune couche d'objectivation ? Certes, le Je est derrière les objectivations ou bien sous celles-ci. En ce sens, l'investigation psychologique sur le Je peut sembler une manière de réintroduire la question de fait évacuée par Kant au profit de la question de droit. On pourrait en effet croire que la philosophie de Natorp, en faisant de la logique et de la psychologie les deux branches de la théorie de la connaissance, réhabilite la question de fait et la met sur un pied d'égalité avec la question de droit. Ce n'est toutefois pas le cas, puisque la psychologie philosophique n'est pas empirique. Mieux, la psychologie expérimentale, si elle a certes conquis un statut scientifique en s'alignant sur les méthodes de la science de la nature, n'a toutefois pu le faire qu'au prix d'une aliénation de ce qu'elle examine, puisqu'elle a fait du sujet un objet au même titre que n'importe quel objet, de sorte que seule la psychologie philosophique a pour thème le sujet dans sa vérité.

L'investigation psychologique n'est nullement soumise à la méthode expérimentale – mais elle ne relève pas pour autant de la méthode transcendantale. On part comme dans la logique d'un fait, le fait de la science ou plus largement le fait de la culture (puisqu'on ne saurait privilégier aucune forme d'objectivation). Mais si l'on ne peut plus parler de question de droit (et donc de méthode transcendantale), c'est parce qu'il ne s'agit plus de gommer le sujet pour mettre en évidence les éléments logiques qui sont au fondement de l'objectivité de l'objet, et que l'examen suit exactement la *direction* inverse ou opposée. Si l'on part par exemple du fait de la science, il ne s'agit plus de l'examiner dans son rapport à l'objet qu'il détermine, mais relativement au sujet qu'il indique comme son fondement subjectif, pour autant que le fait de la science suppose une fondation subjective, c'est-à-dire une histoire ou genèse idéale (= non empirique) de la science qui a parcouru un certain nombre d'étapes au terme desquelles, gommant spontanément tous les essais et toutes les tentatives avortées ou parcellaires qui l'ont conduite là, l'activité scientifique oublie naturellement sa propre généalogie pour considérer seulement son rapport à l'objet (mouvement d'objectivation).

subjectivation, les divisions les plus notoires qu'on trouve dans les domaines étendus de la configuration objective (à titre de divisions des "mondes" de la science, de la création technique et artistique et de l'organisation sociale). »

On comprend qu'une telle archéologie de la subjectivité ne peut s'effectuer qu'à partir de son terme ou de son résultat. On ne peut, pour atteindre le pur subjectif, que partir des aliénations de ce subjectif dans ses objectivations. On ne peut que partir du fait de la science et plus largement de la culture pour retrouver ensuite, dans un second temps, la subjectivité qui en constitue l'origine subjective.

Cette interrogation est d'une certaine façon présente dans la *Critique de la raison pure*, mais seulement en creux. Car l'éviction de la question de fait au profit de la question de droit a pour conséquence que seule la question logique est légitime. Cela posé, alors que la *Critique* devrait, du coup, gommer toute référence au sujet connaissant, de nombreuses propositions et expressions de Kant ne cessent pourtant de le réintroduire au sein même du traitement de la question logique. Ces références au sujet connaissant doivent être entendues comme l'indice d'une inquiétude, et elles attestent que Kant, s'il n'a toutefois pas distingué et reconnu la légitimité de ces deux types d'interrogation sur la connaissance (la logique doit être doublée par une psychologie non empirique), a toutefois eu une préscience de cette double direction. Davantage, alors que Husserl, dans les *Prolégomènes*, accuse Kant d'avoir sombré dans le psychologisme que pourtant il prétend éviter, Natorp souligne que l'ambiguïté du discours kantien est simplement le signe qu'il ne suffit pas, pour Kant, d'isoler les éléments logiques de la connaissance, mais qu'il faut aussi penser leur réalisation dans le vécu de la *psyché*[1].

1. P. Natorp, ZFLM, p. 280-281.

CHAPITRE III

NATORP ET LA PHÉNOMÉNOLOGIE

IMMÉDIATETÉ ET MÉTHODE : LA RÉDUCTION HUSSERLIENNE

Du point de vue husserlien, la phénoménologie va bien plus loin que le néokantisme, pour autant que la découverte de l'*ego* transcendantal dans sa spécificité est corrélative d'une méthode qui est bien plus qu'une méthode, dans la mesure où elle est avant tout une expérience, à savoir la réduction qui seule me sort de l'attitude naturelle dans laquelle mon Je empirique et naturel s'oppose au monde dont il est une partie, et me permet d'accéder à ce fondement inobjectivable de toute objectivation, la subjectivité transcendantale[1] qui est l'origine de la position du monde naturel et du Je naturel comme tels.

Dans le paragraphe 57 des *Idées directrices*, où il introduit la distinction kantienne entre le Je empirique et le Je transcendantal, citant la fameuse proposition du paragraphe 16 de la *Critique de la raison pure*, selon laquelle « le Je pense doit pouvoir accompagner toutes mes représentations », pour penser la distinction entre les deux *ego* résultant de la réduction phénoménologique, Husserl écrit : « la mise hors circuit du monde et de la subjectivité empirique qui s'y rattache laisse pour résidu un moi pur, différent par principe avec chaque flux de vécu »[2]. Une telle proposition pourrait laisser croire que, du coup, il n'y a pas proprement de « moi pur »

1. E. Husserl, *Idées directrices*, § 76 : « La réduction phénoménologique nous avait livré l'empire de la conscience transcendantale : c'était en un sens déterminé l'empire de l'être "absolu" ».

2. Cette formulation est certes inadéquate, puisque, comme le dit *La Crise*, l'*ego* transcendantal n'est pas le résidu du monde : voir S. Bachelard, *La Logique de Husserl*, *op. cit.*, p. 235.

dans les *Idées directrices*. Ce n'est toutefois pas le cas, et l'on sait que Husserl, sur cette question, franchit un pas qui le mène d'une critique de la thèse soutenue par Natorp dans son *Introduction à la psychologie* à la reconnaissance de la validité de cette thèse. En effet, dans la première édition du deuxième volume des *Recherches logiques*, Husserl explique que, contre ce que prétend le néokantien dans l'ouvrage de 1888, il n'est nullement nécessaire d'en appeler à un « moi pur » qui fonde une unité des différents vécus à titre de « centre subjectif de référence pour tous les contenus dont j'ai conscience »[1]. D'une manière totalement et absolument kantienne, Natorp soutient en effet que, puisque je me pose comme étant le même qu'hier et que demain, alors que mon Je empirique est toujours différent (de sorte que l'unité et l'identité du moi éclatent dans une pure diversité de moi), l'identité et l'unité du moi, que chacun pose pourtant malgré tout effectivement, impliquent alors un Je transcendantal qui seul peut rendre compte de ce fait. Husserl souligne « que je ne puis absolument pas arriver à découvrir ce moi primitif, en tant que centre de référence nécessaire »[2], de sorte qu'il est illégitime d'en appeler à une telle unité qui n'est attestée par rien. Du coup, cette unité, qu'on attribue d'une manière dogmatique à un « moi » métaphysique qui subsiste chez Kant même s'il est promu condition logique, ne relève de rien d'autre que d'une forme de liaison qui est immanente aux vécus, sans qu'il faille chercher plus loin. Ainsi, les cours de 1904-1905 publiés sous le titre *Leçons pour une phénoménologie de la conscience intime du temps* et qui donc se situent après le tournant phénoménologique tentent de rendre compte de « la double intentionnalité de la conscience », puisque, « sous l'intentionnalité "transversale" par laquelle la conscience se dirige vers un objet transcendant, il y a en effet une intentionnalité "longitudinale" par laquelle la conscience se vise elle-même et constitue sa propre unité par rétention et protention »[3].

Toutefois, dans la deuxième édition du deuxième volume des *Recherches logiques* qui paraît la même année que les *Idées directrices*, Husserl ne réécrit pas son texte mais ajoute un supplément dans lequel il

1. P. Natorp, *EP*, p. 11 ; E. Husserl, *Recherches logiques* II, p. 159 ([359]).

2. E. Husserl, *Recherches logiques* II, p. 161 ([361]).

3. F. Dastur, « Edmund Husserl », *La Philosophie allemande de Kant à Heidegger*, sous la dir. de D. Folscheid, Paris, P.U.F., 1993, p. 270. Voir aussi J.-P. Sartre, qui écrit dans *La Transcendance de l'ego*, Paris, Vrin, 1981 : « il est typique que Husserl, qui a étudié dans *La Conscience intime du temps* cette unification subjective des consciences, n'*ait jamais eu recours* à un pouvoir synthétique du Je. C'est la conscience qui s'unifie elle-même et concrètement par un jeu d'intentionnalités "transversales" qui sont des rétentions concrètes et réelles des consciences passées ».

souligne, d'une part, la distance prise vis-à-vis de cette thèse et, d'autre part, le fait que cela n'affecte aucune des analyses des *Recherches logiques*[1]. C'est que les *Idées directrices*, d'une manière absolument kantienne, reconnaissent que toute perception par le moi de lui-même implique, précisément à ce titre, une unité (un moi pur) qui ne peut absolument pas être fondée par un moi empirique toujours variable et différent. Si « seuls les actes de l'*expérience* réflexive nous révèlent que (...) le flux est le champ où s'opèrent librement les *cogitationes* d'un seul et même moi pur, et que tous les vécus du flux sont les siens »[2], c'est parce que la réduction « ne peut abolir la forme du *cogito* et supprimer d'un trait le "pur" sujet de l'acte : le fait "d'être dirigé sur", "d'être occupé à", "de prendre position par rapport à", "de faire l'expérience de", "de souffrir de", enveloppe *nécessairement* dans son essence d'être précisément un rayon qui "émane du moi", ou, en sens inverse, qui se dirige "vers le moi" ; ce moi est le *pur* moi ; aucune réduction n'a prise sur lui »[3].

Aussi tous les vécus se rapportent-ils à un même moi – mais s'ils appartiennent à un même moi, « le moi qui les vit n'est point pourtant quelque chose qui puisse être considéré pour soi comme un objet d'étude »[4]. Le moi n'est donc pas l'objet ou le thème de la phénoménologie, lequel est bien plutôt l'ensemble des purs vécus subjectifs auxquels nous reconduit la réduction et qui renvoient tous au moi pur. Mais la référence à la distinction kantienne entre Je empirique et Je transcendantal ne doit pas induire en erreur. Étant donné que la manière de poser les problèmes n'est pas ici la même, et que la réduction se substitue à la méthode transcendantale, le moi pur est irréductible à une simple condition logique. Dès lors, on pourrait croire qu'il n'est rien d'autre que le tout des vécus, le flux des vécus pris dans sa totalité. Or, puisque cette totalité n'est rien d'autre qu'une Idée au sens kantien du terme, ce serait aussi le cas du moi pur : « c'est dans ce progrès continuel de saisie en saisie que nous saisissons d'une certaine façon, dirai-je, le flux lui-même du vécu en tant qu'unité. Nous ne le saisissons pas comme un vécu singulier, mais à la façon d'une Idée au sens kantien »[5].

1. E. Husserl, *Recherches logiques* II, p. 163-164 ([363]).

2. E. Husserl, *Idées directrices*, § 78.

3. *Ibid.*, § 80.

4. *Ibid.* Natorp soutenait déjà la même thèse dès 1888, on le verra.

5. *Ibid.*, § 83. Husserl écrit quelques lignes plus haut que, « pourtant, d'une certaine façon, ce tout peut être saisi intuitivement, à savoir sous la forme de "l'absence de limite dans le progrès" que présentent les intuitions immanentes, lorsqu'on passe d'un vécu déjà fixé aux nouveaux vécus qui forment son horizon, de la fixation de ceux-ci à la fixation de leur horizon

Cependant, Husserl n'assimile pas l'*ego cogitans* au flux des vécus dans leur totalité, soulignant qu'ils sont corrélatifs du moi. Aussi ce moi, à titre de corrélat, n'est-il pas une simple exigence, mais, exactement comme ce dont il est le corrélat, un donné apodictique livré par l'intuition eidétique.

Le criticisme et le néokantisme s'élèvent jusqu'à une sphère de présuppositions – d'une part, les conditions de possibilité ou éléments logiques qui fondent l'objectivité de l'objet, et, d'autre part, à titre de condition suprême, le Je transcendantal qui fonde la diversité des différents Je empiriques –, mais ils n'en demeurent pas moins grevés par un « caractère mondain » qui tient précisément à la méthode utilisée :

> quoique le criticisme s'élève par-dessus la positivité de l'expérience et élabore une position philosophique qui, contre toute métaphysique dogmatique, "élucide" l'étant par retour au *sens* antérieur à tout étant et le faisant ce qu'il est, sa position du problème demeure fondamentalement sur le sol du monde. Son interprétation du problème du monde reste *immanente au monde* (précisément par le retour à la "forme apriorique du monde") [1].

Dans l'article « La philosophie phénoménologique d'Edmund Husserl face à la critique contemporaine », Fink ne cesse de répéter, à titre de grave critique qui entache le criticisme et sa postérité, et qui doit asseoir la supériorité de l'entreprise husserlienne, que la philosophie critique, qui « ne fait pas de la question de l'origine un problème théorétique » [2], reste prisonnière de l'attitude naturelle. Or, étant donné que le seul moyen d'échapper à l'attitude naturelle se trouve précisément dans la réduction, ce que, somme toute, Fink reproche à Kant et aux néokantiens, c'est de ne pas être husserliens ! Autrement dit, l'unique critique de Fink reste interne à la phénoménologie et ne touche pas le criticisme. D'autant plus que, pour Natorp, ainsi qu'on va le voir, la tentative ou la tentation de faire « de la question de l'origine un problème théorétique » atteste précisément de la perte de l'esprit ou du bon sens critique.

et ainsi de suite. » *Mais comment un tout peut-il être saisi intuitivement ?* Cependant, une telle question, qui présuppose que, à la manière de Kant, on distingue l'intuition et le concept, la sensibilité et la pensée, et qu'on affirme leur complémentarité, est une mésinterprétation de la pensée de Husserl, dans la mesure où elle l'interprète à l'aune d'un réseau conceptuel kantien – l'intuition n'est en effet nullement, pour Husserl, l'apanage de la sensibilité c'est-à-dire de la perception sensible.

1. E. Fink, *De la phénoménologie*, *op. cit.*, p. 119. Certes, dire que le problème husserlien est celui de l'origine, c'est aussi dire que son problème, corrélatif, est celui de la constitution – c'est-à-dire de l'objectivation.

2. *Ibid.*, p. 120.

La réduction phénoménologique, en effet, nous livre « l'empire de la conscience transcendantale : c'était en un sens déterminé l'empire de l'être "absolu" ». La réduction, qui met entre parenthèses l'existence du monde – et donc, puisqu'il est compris dans le monde, celle du Je empirique et naturel –, nous reconduit jusqu'à l'origine, à savoir la sphère des vécus subjectifs qui confèrent son sens, sa valeur et sa validité au monde – donc : la sphère des vécus qui posent et constituent le sens de ce monde comme tel et lui opposent, en face, un Je tout aussi objectivé que ce monde puisqu'il en est une partie. La supériorité de la phénoménologie se trouve, non pas dans le fait qu'elle exhibe la manière dont le Je transcendantal est au fondement de tout Je empirique – ce que Kant nous avait déjà appris –, mais dans le fait que la réduction nous reconduit à un Je transcendantal qui est « conscience absolue »[1], dans la mesure où il est l'instance qui confère son sens à tout étant (le « transcendantal » est précisément défini par Husserl comme ce qui fonde c'est-à-dire constitue le « transcendant » comme tel). C'est précisément en ce sens que la phénoménologie porte, pour reprendre la formule de Fink, sur l'« origine du monde »[2].

Si la réduction peut nous reconduire à l'origine véritable, c'est-à-dire à la conscience transcendantale ou encore, pour le dire autrement, au milieu transcendantal des vécus, fondement ultime de toute position de l'objet comme du sujet, c'est qu'il est possible d'effectuer la conversion phénoménologique, c'est-à-dire, pour le philosophe, d'orienter son regard, non plus sur les objets transcendants, mais sur les actes ou vécus qui les visent – et, surtout, sans que ce dédoublement, par lequel un acte (ou une intention) se rapporte à un autre acte, modifie ou défigure son objet. Comme le commente Natorp dans son compte rendu des *Idées directrices*, le vécu ainsi atteint « n'"apparaît" pas ; il n'est pas donné par "esquisses", à titre d'aspect identique au sein des différents modes d'apparition, mais il est donné *en lui-même*. (...) Quand la saisie réfléchissante se dirige sur mon vécu, j'ai saisi un *absolu en soi*, dont l'existence ne peut pas par principe être niée. (...) *Ma conscience m'est donnée de façon originaire et absolue, non seulement quant à l'essence mais quant à l'existence* »[3]. Natorp

1. *Ibid.*
2. *Ibid.*, p. 119.
3. P. Natorp, HI, p. 27 (trad. fr. J. Servois). Natorp écrit : « Toute position médiatrice de la pensée exige un immédiat ultime. La *conscience* "donatrice de sens" ne peut elle-même dépendre à son tour d'une donation de sens » – mais si « la conscience doit *nécessairement* être *pensée* de cette façon », elle n'est pas *donnée* ainsi (autrement dit : il s'agit d'une exigence et non d'un fait). Voir aussi J.P. Sartre, *La Transcendance de l'ego* : 1) faire du « Je pense » un « fait absolu » (p. 18) se découvrant *via* l'*epoche* relève de la tendance « qui consiste à *réaliser*

poursuit : « Il s'agit là pour Husserl du "point culminant" de l'analyse. Si toute conception du monde s'anéantissait sous le poids de la contradiction, l'être de la conscience ne serait pas atteint. L'être de la conscience est un être absolu au sens strict (…) »[1] – au sens où il ne dépend de rien alors que tout dépend de lui.

Ce qui, en effet, caractérise la phénoménologie et même en fonde la possibilité, c'est l'idée selon laquelle les « actes de l'expérience réflexive »[2], qui seuls peuvent nous « révéler quelque chose du flux du vécu et de sa nécessaire relation au moi pur »[3], ne modifient pas ce sur quoi cette expérience porte. Non seulement « tout vécu qui ne tombe pas sous le regard peut, en vertu d'une possibilité idéale, être à son tour "regardé" »[4], mais Husserl consacre tout le paragraphe 79 à réfuter les raisons du « scepticisme méthodologique » qui soutient que la réflexion altère le vécu sur lequel elle porte, arguant qu'un tel scepticisme présuppose cela même qu'il nie. Voilà une thèse à laquelle s'oppose Natorp lorsqu'il écrit dans la *Psychologie générale* :

> Il est impossible de concevoir un acte, comme la représentation, la connaissance, ou en général la conscience, de telle sorte que le sujet et l'objet de cet acte soient identiques à tout point de vue, numériquement et quant au contenu (…). Lorsque nous affirmons avoir conscience de nous-mêmes, nous redoublons artificiellement ce qui doit être en soi absolument un ; nous faisons artificiellement de nous-mêmes un objet, ce qui signifie que ce dont nous avons conscience dans cet acte n'est plus le moi originaire, celui qui a conscience, car le moi est précisément sujet (c'est-à-dire celui qui a conscience de quelque chose)[5].

C'est bien parce que, pour Natorp, *saisir* est objectiver, c'est bien parce que le saisissement, l'appréhension, sont déjà des déterminations, que le sujet ne peut pas s'atteindre sans s'objectiver. Voilà d'ailleurs la raison pour laquelle Natorp refuse la distinction entre le *contenu* de la conscience

les conditions de possibilité déterminées par la critique » (on remarquera que Sartre, curieusement, range « le néokantisme » dans cette tendance) ; 2) Husserl n'a pas fait tomber « toute transcendance (…) sous l'*epoche* » (p. 34), sans quoi il aurait compris que, précisément, la *réflexion* ne donne ses objets (psychiques), qui sont transcendants au même titre que n'importe quel *objet*, que par profils (exactement comme les objets de la perception) (p. 46-47).

1. E. Fink, *De la phénoménologie*, *op. cit.*, p. 119.
2. E. Husserl, *Idées directrices*, § 78.
3. *Ibid.*
4. *Ibid.*, § 77.
5. P. Natorp, *AP*, p. 30.

et l'*objet* de la conscience, puisque le « contenu », qui ne signifie rien d'autre – on l'a vu – que « ce dont quelqu'un (...) a conscience » est toujours déjà objectivé à un certain degré[1].

Natorp, dans le compte rendu des *Idées directrices*, souligne qu'il est en accord avec Husserl sur de nombreuses questions ponctuelles, mais il ajoute qu'il y a entre sa propre psychologie et la phénoménologie, une « différence radicale constante »[2]. C'est que, « selon Husserl, *la conscience pure est donnée d'une façon absolue* »[3].

On comprend désormais en quel sens Natorp développe une *Psychologie générale selon la méthode critique*. C'est que le bon sens critique interdit qu'on prétende remonter à une conscience *pure*, c'est-à-dire au moi constituant ou encore à l'origine de toute constitution et donc aussi à l'origine du moi constitué. Car « le moi, dans son originarité, ne se laisse pas transformer en objet, puisqu'il est au contraire, face à tout objet, ce pour quoi seulement il y a quelque chose comme un objet. (...) le moi ne peut pas non plus, contrairement à ce qu'on croit, être objet pour lui-même, mais on cesse de le concevoir comme moi dès qu'on le conçoit comme objet »[4].

On a vu que la critique essentielle portée par les phénoménologues à l'égard des représentants du néokantisme est de n'avoir pas accédé à la sphère transcendantale de la subjectivité constituante, donc de n'avoir pas accompli la réduction phénoménologique. Or, si, du point de vue des néokantiens et tout particulièrement pour nous de Natorp, la critique est totalement illégitime, c'est parce que cette réduction est une illusion.

L'argument est strictement kantien et se trouve condensé dans la question bien connue du « donné » sensible. Alors que la lettre de la *Critique de la raison pure* admet *au commencement*[5] un élément qui relève de l'autre de la pensée (passivité ou réceptivité), qui est donné à la

1. *Ibid.*, p. 25.

2. P. Natorp, HI, p. 28.

3. *Ibid.*

4. P. Natorp, *AP*, p. 31. Contre ce qu'affirme W. de Schmidt, ce n'est pas à Natorp que Cohen pense lorsque, dans *Logik der reinen Erkenntnis* (*op. cit.*, p. 611), il critique une psychologie qui prétend partir ou bien retrouver un quelconque immédiat (*Psychologie und Transzendentalphilosophie*, Bonn, Bouvier, 1976). Une telle affirmation, en outre, repose sur une mésinterprétation de la psychologie de Natorp, dont témoigne le fait que, selon de Schmidt, la reconstruction natorpienne consiste à restituer l'immédiat *via* la réflexion, ce qui n'a proprement aucun sens (*ibid.*, p. 139) !

5. Voilà précisément ce à quoi s'oppose Cohen dans sa propre théorie de la connaissance, au début de la *Logique de la connaissance pure* (« Nous commençons avec la pensée ») – et cette opposition est une caractéristique du néokantisme de Marbourg.

pensée *via* la sensibilité, son esprit révèle au contraire le dogmatisme d'une telle affirmation, pour autant que le donné est toujours déjà formé par la pensée et posé par elle dans sa spécificité. On ne dira toutefois pas pour autant qu'il n'y a pas de donné et que la pensée produit – au sens littéral, donc réellement – l'objet, puisqu'elle le produit seulement logiquement. Néanmoins, on dira que le donné n'est, pour nous, que dans la mesure où il est reconnu et identifié comme tel, c'est-à-dire posé par la pensée qui reconnaît ainsi à la fois sa limite et son insuffisance – mais c'est aussi par là que la pensée, en prenant conscience de sa limitation, la dépasse et se trouve donc au-delà de celle-ci. Autrement dit : de même que le donné n'est pas l'autre absolu de la pensée, mais l'autre que la pensée reconnaît comme tel à partir d'elle-même et en elle-même, de même que la chose en soi n'est pas une inconnaissable chose extérieure affectant nos sens et dont, à ce titre, nous ne pourrions rien dire sans prétendre, par impossible, sortir de la sphère de nos représentations, mais qu'elle est l'Idée, nécessairement engendrée par la progression de la connaissance, de son propre achèvement – c'est-à-dire l'Idée d'une détermination exhaustive de l'objet –, l'indéterminé ou phénomène, qui est le fondement de toute pensée (*i.e.* de toute détermination), ne peut pas être isolé et connu en dehors des déterminations par lesquelles la pensée transforme le phénomène en objet – donc le subjectif pur en objectif. (C'est d'ailleurs la raison pour laquelle Natorp substitue systématiquement à l'expression d'« indéterminé » celle de « déterminable = *x* »). Autrement dit : le subjectif pur, le moi pur ne peut pas être saisi en dehors des sédimentations culturelles qui le recouvrent, raison pour laquelle la psychologie est, sinon impossible, du moins extrêmement difficile.

Selon Natorp, la réduction, à titre de réflexion, donc à titre de connaissance, est nécessairement soumise aux réquisits de la connaissance en général. La conscience de soi est une détermination qui suppose, à ce titre, une unité du divers imposée par la pensée au phénomène (ici le phénomène subjectif), de sorte que le contenu de la conscience de soi, s'il est « un contenu déterminé d'une manière quelconque », « est aussi nécessairement déjà objectivé à un quelconque degré » [1]. Or la conscience transcendantale à laquelle conduit la réduction husserlienne est en somme un « en soi », puisque c'est un absolu qui, à ce titre, est atteint d'une manière immédiate (thème husserlien de l'intuition donatrice).

1. P. Natorp, *AP*, p. 210.

Natorp, dès 1888, a cherché et développé les conditions d'une psychologie authentique non empirique – et il a toujours insisté sur les difficultés d'une telle entreprise. En effet notre attitude est spontanément objectivante, de sorte qu'on risque fort, dès qu'on cherche à décrire le sujet, de le transformer en objet et par là même de le manquer. Davantage, comment échapper à une telle objectivation du sujet à partir du moment où l'investigation philosophique ne peut pas ne pas utiliser, dans cette voie ou cette direction qu'est la description d'un sujet qui n'est que sujet, donc au fondement de toute position d'objet, un réseau conceptuel qui a précisément été forgé par et pour cette autre direction qu'est l'objectivation?

Et c'est précisément sur ce point que Natorp et Husserl se séparent. Car, partant d'un tel constat, Natorp en conclut qu'on ne saurait atteindre la subjectivité pure d'une manière directe, donc qu'une connaissance du subjectif pur est impossible, et qu'on ne peut dès lors connaître le subjectif pur qu'en le reconstruisant à partir de ses objectivations fixes et figées, c'est-à-dire de son aliénation dans son autre – aliénation de laquelle on ne peut pas espérer sortir sinon par un impossible miracle.

Natorp cite dans la *Psychologie générale*[1] un texte du deuxième livre des *Recherches logiques* dans lequel Husserl écrit que l'orientation de pensée exigée par la phénoménologie est « contraire à nos habitudes les plus fortes (…). De là le penchant presque indéracinable qui consiste à retomber toujours à nouveau de l'attitude de pensée phénoménologique dans l'attitude strictement objective, à attribuer des déterminations des objets se présentant tout d'abord dans les phénomènes aux phénomènes eux-mêmes »[2]. Et Natorp commente : « Voilà qui s'approche véritablement beaucoup de mes thèses. La différence essentielle, toutefois, se trouve dans le fait que Husserl, pourtant, n'y voit précisément pas du tout une difficulté particulière dans la tâche qu'est la description du psychique – ce qui est en revanche mon cas »[3].

Formulons autrement la difficulté. Natorp et Husserl sont d'accord pour dire qu'on ne peut décrire la subjectivité qu'à travers le langage, à titre de médiation par laquelle cette description passe nécessairement, et tous deux soulignent que ce langage est inadéquat pour une telle description, dans la mesure où il a été forgé pour accomplir la tâche inverse, c'est-à-dire qu'il est spontanément ou naturellement tourné vers l'objectivation. Mais, étrangement, ce paramètre, qui est ce qui, chez Natorp, rend la tâche d'une

1. *Ibid.*, p. 280.
2. E. Husserl, *Recherches logiques*, *op. cit.*, trad. fr., vol. 2, p. 11.
3. P. Natorp, *AP*, p. 281.

saisie du subjectif pur absolument impossible, ne fait chez Husserl que la compliquer.

Il faut s'arrêter sur ce qu'une telle affirmation implique. Non seulement la pensée prédicative fixe et découpe dans le flux continu et changeant qui caractérise le subjectif, non seulement elle arrête le mouvement, mais aussi elle subsume sous des concepts généraux et elle perd donc le « concret ultime » – expression qui, chez Natorp, est synonyme de « subjectif pur ». Ce qu'elle perd, donc, c'est le subjectif[1].

Mais prétendre qu'on peut retrouver le subjectif pur, qu'on peut tordre le langage, qui est constitutivement objectivant, prétendre donc qu'une psychologie ou une phénoménologie, au sens pleinement positif – et non pas seulement au sens natorpien, simplement négatif, d'une psychologie reconstructive – est possible, cela n'implique-t-il pas qu'on en appelle à un accès direct ou immédiat à ce subjectif? Cela ne présuppose-t-il pas qu'on puisse corriger et rectifier la tendance naturelle de la pensée prédicative grâce à un autre type de pensée?

Il y a dans le chapitre 6 de la *Psychologie générale* un long passage où il est question de Husserl. « L'immédiat de la conscience, de la conscience du même et aussi de celle de l'autre, ne se laisse précisément pas (...) saisir d'une manière immédiate, en lui-même, mais il ne peut être saisi que dans son "extériorisation" qui, à titre d'extériorisation, est toujours déjà une aliénation, un échappement à sa propre immédiateté dans la sphère de l'objectivité (...). C'est pourquoi de nombreux psychologues, tels précisément ceux qu'on a nommés [Husserl et Lipps] ont cherché (...) à s'orienter principalement relativement aux concepts de la langue. Ils se rapportent continuellement à celle-ci et en appellent à la conscience commune de ceux qui parlent une langue déterminée. Il est tout à fait certain qu'il y a là un riche matériel de recherche (...), car les langues formées abritent, dans toutes leurs parties constituantes, un trésor qu'on ne peut guère épuiser de connaissances primitives. Néanmoins, ce sont précisément des connaissances, des objectivations qui, certes, dans les limites de leur fin plus étroite, n'équivalent donc guère, en ce qui concerne leur signification, à celles de la science, mais qui, précisément parce que leur rapport à l'objet est, d'une manière plus étroite, limité à la fin vitale (...), sont d'autant plus

1. P. Natorp, HI, p. 237. C'est à propos de cette critique que M. Heidegger écrit, dans *Zur Bestimmung der Philosophie*, *Gesamtausgabe*, vol. 56/57, Frankfurt am Main, V. Klostermann, 1999, p. 101, que Natorp est le seul qui ait, relativement à la phénoménologie husserlienne, produit des objections scientifiquement remarquables, auxquelles Husserl n'a pas répondu.

proches de l'immédiat, du subjectif, *n'en restant toutefois pas moins des objectivations* »[1].

Autrement dit, si l'on s'oriente véritablement par rapport à « la conscience commune de ceux qui parlent une langue déterminée », si donc on soutient que nous ne pouvons saisir le subjectif pur qu'à travers une pensée prédicative qui passe, à ce titre, nécessairement dans des énoncés, lesquels sont constitutivement des objectivations ainsi que le souligne Natorp juste avant le passage cité (« qui donc prétendrait nier que les énoncés sont des jugements, donc des objectivations (...)[2] ? »), alors il est impossible de prétendre atteindre le subjectif pur.

Examinons le contexte. Natorp, ici, renvoie aux « nombreux psychologues, tels précisément ceux qu'on a nommés » – ce qui fait explicitement référence au début du paragraphe 4, dont cet extrait est tiré, et où il est écrit : « En ce qui concerne le premier cas, il suffit de jeter un coup d'œil sur l'œuvre précisément des meilleurs psychologues de la direction indiquée – je nomme comme tels Husserl et Lipps »[3]. Or ce premier cas dont Husserl et Lipps sont des exemples a été examiné dans le paragraphe précédent, le paragraphe 3 intitulé « Approche de la psychologie moderne relativement à un examen de la subjectivité pure ». Natorp y écrit que « les meilleurs psychologues cherchent (...) leur domaine de travail dans ce qui est immédiatement vécu »[4] – le thème de la meilleure psychologie d'aujourd'hui, c'est donc « l'aspect le plus concret du vécu individuel »[5]. Dans l'index soigneusement élaboré par Natorp lui-même, on trouve l'expression de « phénomène de dernière instance chez Husserl », soit l'expression de l'article de 1887[6], qui renvoie précisément à ces pages-là. Néanmoins, puisqu'« on aspire (...) à saisir le subjectif dans toute sa spécificité (...), on le laisse s'exprimer et on fait alors d'une telle situation subjective dans son entier l'objet d'investigation d'une science qui, précisément à titre de science du subjectif, est assurément à raison appelée psychologie »[7]. Le seul problème, c'est que ce qu'on étudie – c'est-à-dire un subjectif absolument indissociable de son expression, donc de la pensée prédicative dans laquelle il se donne –, est peut-être très près du subjectif, mais n'est toutefois déjà plus du subjectif ! Et, à partir de là, Natorp

1. P. Natorp, *AP*, p. 99 (c'est nous qui soulignons).
2. *Ibid.*, p. 98.
3. *Ibid.*
4. *Ibid.*, p. 95.
5. *Ibid.*
6. P. Natorp, BE, p. 165.
7. P. Natorp, *AP*, p. 96.

distingue deux voies. La première est des deux la moins critiquable, parce qu'elle ne procède pas naïvement mais se définit par sa méfiance, et tente d'éviter l'objectivation même si elle n'y parvient pas. Lui correspond le « premier cas » dont il est question au commencement du paragraphe 4, dans lequel Natorp écrit au tout début : dans ce premier cas (donc Husserl et Lipps), « ce qu'on examine (...) n'est nullement le subjectif de dernière instance, mais ne renferme déjà que des objectivations d'étapes différentes »[1].

On voit qu'il y a pour Natorp lecteur de Husserl une contradiction, dans l'entreprise phénoménologique, entre l'objet d'investigation (donc le subjectif pur ou « phénomène de dernière instance ») et la méthode ou même plus simplement les moyens qui permettent de l'atteindre, à savoir l'énoncé, la pensée prédicative qui, par définition, objective.

Nous en revenons toujours au même point : dès qu'on maintient cette prétention de pouvoir atteindre le subjectif pur, donc une *immédiateté*, cela n'implique-t-il pas une négation des moyens propres à la connaissance humaine, c'est-à-dire du caractère prédicatif et donc *médiat* de la pensée ?

Natorp cite un poète (« quand l'âme parle, – ah ! ce n'est déjà plus l'âme qui parle ») et ajoute : « C'est l'énoncé (...) qui fournit son matériel au psychologue et qui seul peut en effet lui fournir. Le détour par l'énoncé ne peut donc absolument pas être évité »[2]. Mais cela ne signifie-t-il pas, que, malgré son intention et ses déclarations explicites, Husserl, malgré tout, en appelle à autre chose qu'à ce *détour* – puisque ce *détour*, si on l'admet comme point de départ inévitable, ne rend possible qu'une *connaissance indirecte* du subjectif pur, donc une psychologie reconstructive telle que Natorp l'entend, mais en aucun cas une phénoménologie telle que Husserl la conçoit ?

LA QUESTION DE L'ORIGINE

Si la spécificité de la phénoménologie husserlienne, du moins dans les *Idées directrices*, se trouve dans la réduction, celle de la psychologie natorpienne *selon la méthode critique* consiste dans la reconstruction. Pour Natorp, la phénoménologie husserlienne est de droit une entreprise illégitime, puisqu'elle croit possible quelque chose qui précisément ne l'est pas : le bon sens critique interdit qu'on puisse prétendre retrouver un subjectif qui serait à l'origine de toute constitution et ne serait pas déjà constitué.

1. P. Natorp, *AP*, p. 98.
2. *Ibid.*, p. 98.

Sur cette question, remarquons que la position de Natorp ne change absolument pas. L'article de 1887 affirmait déjà que « la subjectivité, comme telle, ne se laisse pas saisir dans son immédiateté » et ajoutait que « la subjectivité est toujours déjà objectivée d'une manière ou d'une autre. Le niveau de la pure subjectivité serait ainsi celui de l'absolue indétermination. On peut certes remonter à une telle subjectivité comme au chaos originaire, mais on ne peut l'appréhender en soi »[1]. Et Natorp y parle déjà d'une « reconstruction »[2] de la subjectivité à partir des couches d'objectivation qui la recouvrent et la masquent, et il soutient que cette reconstruction est objectivation.

Iso Kern, dans *Husserl et Kant*, affirme qu'il n'y a, au fond, pas de différence principielle entre Husserl et Natorp, pour autant que, pour le phénoménologue, les sciences objectives sont premières par rapport à la science subjective, étant donné que ce sont celles-là qui conduisent à celle-ci et que la réduction ne peut s'effectuer qu'à partir d'une attitude naturelle qui équivaut à ce que Natorp appelle objectivation[3]. Si une telle affirmation, telle quelle, est effectivement légitime, elle reste à la surface des deux projets et son approfondissement permet seul, en la précisant, de comprendre en quel sens il y a tout de même une différence principielle entre l'entreprise du phénoménologue et celle du néokantien.

Il n'y a donc, pour Natorp, aucun accès immédiat à la sphère de la subjectivité, aucun moyen pour accéder directement au subjectif pur ou bien au subjectif ultime. La recherche de ce subjectif part de l'aliénation du subjectif dans l'objectif et semble condamnée à y demeurer. L'opposition entre Natorp et Husserl est très nette. Ou bien on se donne le subjectif, de sorte qu'on n'a pas à le conquérir, parce qu'un moyen – magique, pour Natorp – nous précipite dedans, ou bien on cherche le subjectif duquel on est séparé, mais le fait même qu'on en soit séparé dès le départ a pour conséquence qu'on pourra peut-être s'en rapprocher, mais sans jamais pouvoir l'atteindre. A cela est lié le fait que, pour l'un, la psychologie est une discipline secondaire et tardive, alors que la phénoménologie est pour l'autre la science ou philosophie première, parce qu'originaire.

Cette inversion de la méthode et du mouvement entre les deux auteurs apparaît d'ailleurs dans une lettre de Husserl à Natorp datée du 18 mars 1909 :

1. P. Natorp, BE, p. 165.
2. *Ibid.*
3. I. Kern, *Husserl und Kant*, *op. cit.*, p. 333.

> Ce qui est très caractéristique, c'est la différence de place de votre psychologie et de ma phénoménologie relativement à la philosophie transcendantale. Je pense aussi que ces deux "psychologies" sont nécessairement, d'une manière profonde, apparentées l'une à l'autre (...). Néanmoins, la phénoménologie n'a nullement besoin d'une philosophie transcendantale qui la précéderait, alors que votre psychologie doit suivre la philosophie transcendantale – comme vous-même l'avez remarqué. Il est vrai que ce que nous nommons tous deux "philosophie transcendantale" et ce que nous pensons être ses problèmes et méthodes essentiels doivent être très différents. Et pourtant tout se passe pour moi comme si nous étions proches l'un de l'autre, et comme si une seule et même philosophie nous liait, nous présentait ses différents aspects et nous avait réparti des groupes de problèmes qui sont différents, mais liés les uns aux autres. Mais je pense que les problèmes fondamentaux se trouvent dans la base phénoménologique, à partir de laquelle les progrès naturels conduisent nécessairement jusqu'aux problèmes qui sont au sommet [1].

Si la phénoménologie est la science première, pour autant qu'elle ne suppose rien en dehors d'elle-même (voir ce qu'on a dit plus haut sur la réduction), qu'elle *est* la philosophie dans sa configuration véritable à laquelle mène nécessairement l'histoire de la philosophie – comme on le voit dans le premier tome de *Philosophie première* qui montre une histoire de la philosophie téléologiquement orientée, dont l'entreprise husserlienne constitue l'aboutissement –, la psychologie générale, selon Natorp, présuppose une philosophie transcendantale qui n'est rien d'autre qu'une logique, et à partir de laquelle seule elle peut se construire : « donner à la *psyché* le *logos*, à l'âme un langage, ce n'est pas la première mais l'ultime tâche de la philosophie ». La raison ne se trouve pas uniquement dans le fait que « ce qu'il y a d'immédiat dans le vécu de l'esprit ne se laisse pas immédiatement appréhender et ne peut l'être que dans le mouvement de ses objectivations » [2]. Car elle se trouve aussi et surtout dans le fait que la psychologie ne peut pas, par définition, traiter et résoudre la question de droit. Or, si la psychologie ne peut s'établir qu'à partir des objectivations de la conscience dans le fait de la culture dont le fait de la science est une partie privilégiée, la psychologie ne peut advenir que pour autant que la question des prétentions de la science a été réglée – et donc que la question de la vérité, qui reste *la* question essentielle, a trouvé sa résolution. Autrement dit, les objectivations du subjectif « doivent déjà être garanties par une fondation purement

1. *Hua*, Dokumente, III, p. 111.
2. P. Natorp, KM, p. 6.

objective de la philosophie »[1] : « la fondation objective ne présuppose pas la fondation subjective, mais au contraire en constitue la condition indispensable »[2]. Si l'on rabat la question logique sur la question psychologique ou phénoménologique, on perd précisément la spécificité de la question de droit, c'est-à-dire qu'on reste incapable de rendre compte du fait que, s'il y a des actes objectivants, c'est bien qu'il y a certains actes – mais pas tous – qui visent la vérité. Ou, si l'on préfère, on reste incapable de rendre compte du fait que, parmi tous les jugements, il y en a uniquement certains auxquels nous accordons la valeur de la vérité, parce qu'eux seuls possèdent une validité objective[3].

En revanche, pour Husserl, on ne peut pas en rester à la position de Kant et des néokantiens. Dans la logique telle que la conçoit la tradition kantienne et donc dans la position de la question de droit, l'analyse s'appuie sur un fait, le fait de la science dont il s'agit de dégager les éléments logiques qui en garantissent la validité, « avant d'avoir soumis la connaissance comme telle, la sphère totale des actes dans lesquels se réalisent l'objectivation prélogique et la pensée logique, à l'élucidation de l'analyse d'essence et d'une critique, et avant d'avoir ramené les concepts et les lois logiques primitifs à leur origine phénoménologique »[4].

On soulignera à cet égard la spécificité de l'article de 1887. Il s'agit moins, ici, de fonder d'une manière positive une psychologie que d'assurer, d'une manière négative, sa place, en justifiant l'exclusion des actes subjectifs de la logique – de sorte que, ensuite, une psychologie devient nécessaire à titre de complément de cette logique, psychologie qui, elle, exclut absolument de sa sphère la question du rapport à l'objet. Par contrecoup, la question psychologique n'est du coup nullement celle de savoir comment nos représentations subjectives peuvent avoir une validité objective (ce qui serait un entremêlement de la question logique et de la question psychologique), mais elle devient celle de savoir ce qu'est, dans la connaissance, le subjectif pur ou « subjectif ultime »[5]. Le thème de l'article

1. *Ibid.*

2. P. Natorp, BE, p. 168.

3. Que cette critique soit typiquement néokantienne, nous en voulons pour preuve qu'on la trouve également chez H. Rickert.

4. M. Ferrari, « Cent ans après. Husserl, Natorp et la logique pure », *Philosophie*, n° 74 (2002), trad. fr. T. Loisel, p. 49.

5. *Ibid.*, p. 155.

de Natorp est donc celui de la délimitation précise des deux sphères de la théorie de la connaissance dans leur spécificité[1].

Mais, du point de vue de Natorp, comment la phénoménologie peut-elle être plus et autre chose qu'une fondation subjective? Certes, Husserl affirme que la phénoménologie dépasse l'opposition entre psychologie et logique, de laquelle Natorp resterait encore tributaire, dans la mesure où elle seule permet de fixer «les conditions qui permettent de déterminer ensuite les distinctions fondamentales et évidences intellectuelles de la logique pure»[2]. La phénoménologie ne supprime pas la logique, mais lui fournit un complément qui n'est autre qu'une fondation, pour autant qu'elle met à jour, par son orientation subjective, les actes originaires qui sont au fondement de l'orientation logique qui prend exclusivement en compte ce qui est pensé[3].

Nous ne voulons pas dire que le problème de l'origine n'est pas celui de Natorp – et il est aussi tout autant celui de Cohen, puisque la *Logique de la connaissance pure* n'est rien d'autre qu'une logique de l'origine. Mais le concept ne recouvre pas, dans le néokantisme de Marbourg, ce que Husserl entend par là. En premier lieu, l'origine est d'abord une question *logique*, qui n'est rien d'autre que la question du rapport de la connaissance à son objet – mais qui devient, d'une manière qui dépasse la problématique kantienne, la question de la légitimité du dualisme qui grève la *Critique de la raison pure*, à savoir la question du rapport, dans la connaissance, entre l'activité de la pensée et la passivité d'un prétendu donné sensible. Comme l'écrit Cohen : « la pensée est pensée de l'origine. Rien ne saurait être donné à l'origine. Le principe est fondation au sens littéral du terme. Le fondement doit devenir origine. Si, d'autre part, la pensée doit découvrir l'être dans l'origine, cet être ne peut légitimement avoir d'autre fondement que celui qu'y dépose en lui la pensée. La pensée pure ne devient vraiment telle qu'à condition d'être pensée de l'origine »[4]. Le problème logique de l'origine est traité par Natorp dans les *Fondements logiques des sciences exactes* où il s'oppose à son maître Cohen[5].

1. C'est bien parce que la psychologie y apparaît d'une manière seulement négative que la subjectivité (on le verra) y est définie d'une manière seulement négative, à savoir comme indétermination.

2. E. Husserl, *RL* II-1, p. 7.

3. *Ibid.*, p. 5 (où Husserl parle d'une «fondation de la logique pure (…) sur la phénoménologie») et p. 20.

4. H. Cohen, *Logik der reinen Erkenntnis*, *op. cit.*, p. 36.

5. Nous ne revenons pas sur cette question que nous avons déjà longuement traitée dans *Les Néokantiens*, *op. cit.*, p. 97-125. Rappelons seulement que, lorsque Cohen écrit qu'« il

Cependant l'origine est aussi, en second lieu et cette fois uniquement pour Natorp, un problème psychologique traité dans la *Psychologie générale*. Il ne s'agit plus ici de l'origine objective, mais de l'origine subjective de la connaissance au sens que Husserl donnera lui aussi à ce terme : car la fondation subjective qui reconduit les objectivations à la subjectivité est un « retour à l'origine »[1]. Mais nous savons en quoi Natorp s'oppose à Husserl et comprenons, à l'aune des développements que nous avons donnés ailleurs du statut de l'origine logique dans les *Fondements logiques*, que ce qui oppose Natorp à Husserl relativement au statut de l'origine subjective est très exactement ce qui oppose Natorp à Cohen relativement au statut de l'origine objective. De même que, dans la phénoménologie husserlienne, on peut revenir à l'origine pour ensuite décrire les actes transcendantaux par lesquels le sujet se pose comme tel en s'opposant un monde transcendant, pour Cohen, on peut, à partir du fait de la science, remonter jusqu'au principe ultime de toute connaissance et, au moyen d'un progrès qui va du plus simple au plus complexe, découvrir tous les différents éléments de la connaissance pure – rappelons que cette thèse est, chez Cohen, corrélative d'une absorption du donné sensible dans la pensée productive (la pensée produit le donné[2]). Alors que la démarche cohénienne est synthétique, la démarche natorpienne est analytique. Il n'y a pas non plus ici de saut miraculeux qui permettrait de nous détacher de l'extériorisation et de l'aliénation de la pensée, de sorte qu'on est condamné à partir des résultats de la science, dans laquelle cette pensée s'objective, pour penser l'origine comme étant, non pas *derrière* (le point zéro de Cohen, origine de la pensée dans son rapport à l'être et donc de l'être lui-même, pour autant qu'il n'y a pas d'être en dehors de la pensée qui le pose comme tel), mais *devant*. Les *Fondements logiques des sciences exactes* défendent, à la manière de la *Psychologie*, une méthode de reconstruction qui va de la périphérie (la

faut, par conséquent, que la logique soit logique de l'origine » (*Logik der reinen Erkenntnis*, *op. cit.*, p. 36), Natorp écrit que « la question logique est la question de l'origine » (*LGEW*, p. 22).

1. P. Natorp, *AP*, p. 71.

2. K.H. Lembeck écrit dans « Begründungsphilosophische Perspektiven : Husserl und Natorp über Anschaunng », *Phänomenologische Forschungen*, édité par E.W. Orth et K.H. Lembeck, Hamburg, F. Meiner, 2002, p. 106 : « La psychologie reconstructive de Natorp est, comme on le sait, très proche de la réduction husserlienne, mais avec cette différence décisive : à savoir qu'elle prétend seulement *conclure* cette donnéité originaire (*Ursprungsgegebenheit*) de l'objectif (*Gegenständlichen*), mais sans la connaître immédiatement. Natorp conteste même toute possibilité d'une telle immédiateté, étant donné que tout donné est toujours déjà objectivé ».

science) au centre, de sorte que la pensée, privée dès le début de l'origine à laquelle elle s'est arrachée, ne peut plus la rejoindre[1].

Nous n'approfondissons pas davantage le sens de l'origine logique chez Natorp, puisqu'il est lié, comme on peut déjà s'en douter, au sens de l'origine subjective dont traite la *Psychologie générale*. Une question, à laquelle nous n'avons pas encore les moyens de répondre, se pose toutefois : quel est le rapport entre l'origine logique et l'origine psychologique. Y aurait-il, chez Natorp, deux origines ? Mais comment alors comprendre leur rapport et comment peut-il y avoir deux origines sans que l'une soit destituée de son statut, pour autant qu'elle apparaîtrait nécessairement moins originaire que l'autre ?

ACTES ET CONTENUS DE LA CONSCIENCE

Si, pour Natorp, la réduction phénoménologique husserlienne est une illusion, c'est parce qu'il est impossible, pour le sujet constituant, de sortir de ses propres objectivations et de coïncider d'une manière immédiate avec lui-même. Mais il ne suffit pas de dire cela, pour la bonne raison que la réduction husserlienne, telle la création continuée selon Descartes, n'est pas un acte accompli une fois pour toute, mais, pour reprendre une expression caractéristique des marbourgeois, une *unendliche Aufgabe* qui reste toujours à faire, pour autant qu'il y a toujours, sous l'origine qu'on a atteinte, une autre origine encore plus originaire indiquée par celle-ci. Cependant, si une telle entreprise est pour Natorp impossible, c'est tout simplement parce que la subjectivité ne peut saisir ses propres actes que dans leurs objectivations, de sorte qu'elle est un peu comme le lapin d'*Alice au pays des merveilles*, qui arrive toujours trop tard ou trop tôt, mais en tout cas jamais au bon moment.

Natorp écrit : « Dans toute conscience concrète, dans la sensation, la représentation, la pensée, le sentiment, le désir, le vouloir, brièvement dans toute modification de la conscience, nous avons – ou du moins nous croyons pouvoir trouver –, outre la conscience *de ce qui est* senti, représenté, pensé, ressenti, voulu, encore une conscience *du* sentir, du penser, du

1. De là, selon le compte rendu de Reinach, l'échec quasi *a priori* de la psychologie natorpienne : puisque Natorp nie toute donation d'une immédiateté équivalant à la sphère psychique dans son irréductibilité et qu'on ne peut partir que des objectivations du psychique : 1) comment est-il seulement possible de sortir de la sphère objective et de fonder une psychologie qui ne fasse pas de la psyché un objet ? 2) que reste-t-il à la psychologie comme objet et comme méthode (*op. cit.*, p. 206, 214) ?

ressentir, du désirer, du vouloir, à titre d'*actes* qui sont nôtres »[1]. Il est remarquable que cette distinction soit précisément ce qui fonde la *possibilité même* d'une psychologie, dans la mesure où la différence entre l'acte et son contenu (*Inhalt*[2]) permet de penser la subjectivité dans sa spécificité, donc sans l'objectiver. Aussi cette distinction fait-elle droit, semble-il, à la subjectivité. « Si la subjectivité ne doit pas se dissoudre dans l'objectivité et y disparaître, il est nécessaire (conclut-on) de la saisir dans quelque chose d'autre que le *phénomène* (donc le contenu). Et c'est ce quelque chose d'autre qu'on croit ensuite trouver dans les *activités* de la conscience »[3]. Si l'on ne reconnaît pas cette distinction pour légitime, toute psychologie non empirique, faute d'un domaine spécifique d'investigation, disparaît dans les sciences positives ou sciences de la nature, et donc dans ce que le XIXe siècle entend par psychologie. Car le contenu de l'acte subjectif tombe complètement dans leur domaine, comme par exemple le son ou la lumière, qui sont réductibles à un ensemble de vibrations. Aussi l'affirmation répétée depuis Hobbes[4], qui le premier souligne que l'apparaître (*Erscheinen*) est irréductible au phénomène (*Erscheinung*), ne signifie-t-elle rien d'autre que l'irréductibilité de l'acte au contenu.

C'est bien sur cette distinction qu'est fondée la possibilité de la phénoménologie, telle qu'elle apparaît dès le deuxième tome des *Recherches logiques*, avec l'introduction des « actes dans lesquels s'accomplissent les opérations de représentation, de jugement, de connaissance », et qu'il s'agit d'« étudier au moyen d'une analyse descriptive »[5]. Husserl affirme, dans les *Idées directrices*, que « le type d'être propre au vécu implique que le regard d'une perception intuitive peut se diriger sur tout vécu réel et vivant en tant que présence originaire »[6] – de sorte que la subjectivité constituante, que le moi dans son unité, n'est rien d'autre, on le comprend, que l'enchaînement continu de la multiplicité des vécus, et que l'attitude phénoménologique ne consiste pas en autre chose qu'en cette conversion (certes difficile) du regard par lequel tout vécu, qui est (spontanément) *vécu*[7] par le

1. P. Natorp, *AP*, p. 41.

2. *Ibid.*

3. *Ibid.*, p. 43.

4. P. Natorp, BE, p. 155.

5. E. Husserl, *Recherches logiques* II-1, p. 4.

6. E. Husserl, *Idées directrices*, § 45. Voir aussi tous les développements de M. Heidegger dans *Zur Bestimmung*, *op. cit.*, p. 99.

7. Rappelons que Husserl écrivait dans la cinquième *Recherche logique* (p. 385) que, par opposition aux objets qui sont *perçus*, les sensations ainsi que les actes qui les « appréhendent », n'apparaissant pas objectivement, sont *vécus* (je *perçois* la table, mais je *vis* la perception de la table).

moi, peut être, au seul moyen de la réduction, (réflexivement) « regardé »[1] par celui-ci. Ces actes réflexifs « à leur tour appartiennent eux-mêmes au flux du vécu » et « peuvent donc et même doivent devenir l'objet de nouvelles analyses phénoménologiques, à la faveur d'une réflexion correspondante de degré supérieur »[2]. On a déjà souligné le refus natorpien de l'intuition husserlienne, qui seule garantit l'immédiateté d'une telle réflexion, donc son caractère non déformant et, par suite, l'absence de toute régression infinie[3] (ce refus, bien évidemment, réintroduit les difficultés exclues par Husserl). Mais il faut désormais développer le corrélat d'une telle thèse, c'est-à-dire l'impossibilité d'une saisie par la subjectivité de ses propres actes.

Il est certes vrai que tout contenu de conscience renvoie à un Je, « sans quoi le contenu n'existerait pas pour lui et ne serait pas un contenu pour sa conscience »[4]. Mais il s'agit d'un simple renvoi et non d'un fait. La psychologie de Natorp, dès l'ouvrage de 1888, est tout entière construite sur une triple distinction : « 1) le quelque chose dont il y a conscience (*Bewusstsein*); 2) celui qui a conscience ou qui prend conscience de quelque chose; 3) la relation entre les deux, c'est-à-dire le fait que quelqu'un a conscience de quelque chose. Pour abréger la désignation, je nomme le premier terme le *contenu*, le deuxième le *moi*, le troisième la *consciosité* (*Bewusstheit*) »[5]. Dès 1888, Natorp souligne que ce n'est pas le moi qui constitue le problème de la psychologie, car il est simplement le fondement du problème, pour autant qu'on ne peut pas l'atteindre comme tel, c'est-à-dire en dehors des contenus de la conscience qui y renvoient, l'indiquent ou encore s'y rapportent. De plus, le contenu n'est pas non plus, considéré isolément, le problème de la psychologie, car ce contenu, *considéré en lui-même*, donc sans rapport au sujet, n'est rien d'autre que l'objet, qui sert de point de départ à la logique pour découvrir les idéalités logiques. Dans les *Fondements logiques des sciences exactes*, Natorp ne parle pas de contenu de conscience, mais d'objet. L'objet, c'est le contenu, mais examiné isolément, c'est-à-dire dès qu'on fait abstraction de l'événement subjectif qu'est la pensée pour se concentrer sur les lois pures de *ce qui est pensé*. Quant au contenu, qui est ce sur quoi porte la psychologie,

1. E. Husserl, *Idées directrices*, § 77.

2. *Ibid.*

3. P. Natorp, *AP*, p. 45 : « Il est seulement nécessaire d'indiquer brièvement que celui qui affirme un être-conscient de l'être-conscient devrait conséquemment affirmer un être-conscient de l'être-conscient de l'être-conscient ».

4. P. Natorp, *AP*, p. 43-44.

5. *Ibid.*, p. 24.

c'est l'objet, mais *pour autant qu'il est le contenu d'une conscience*. C'est, en somme, la réalisation des idéalités logiques dans l'événement psychique – ce que Natorp appelle *consciosité* : la *Bewusstheit* par opposition à la *Bewusstsein*, qui désigne chez Natorp la subjectivité indépendamment de tout contenu, donc le moi.

Ainsi, « nous avons une sensation (ou bien une consciosité), non pas de notre sentir, mais seulement du contenu de la sensation, par exemple la couleur rouge ou le son sol dièse »[1] : « quant à celui qui, outre le fait d'entendre, entend le fait d'entendre, ou bien sent d'une manière qui serait différente et ne serait pas donnée, ou bien est conscient de lui-même, je pourrais peut-être l'envier (...), mais je ne pourrais pas rivaliser avec lui »[2], écrit Natorp avec un humour très kantien. Dès lors, pour lui, la réduction husserlienne par laquelle le moi porte son regard sur l'acte lui-même est réservée à quelques privilégiés possédant des facultés ou dotés de dispositions dont est démuni l'homme ordinaire.

C'est que le contenu et l'acte sont « absolument inséparables, et ils sont donnés ensemble d'une manière indissociable »[3] : « ma conscience, par exemple dans le fait d'entendre, n'existe ou ne surgit que dans la mesure où le contenu, par exemple le son, existe pour moi; son existence pour moi, voilà la conscience que j'en ai »[4]. Dans la *Propédeutique philosophique*, Natorp, reprenant l'idée selon laquelle on ne peut saisir les actes de la conscience en dehors de leurs objectivations dans des contenus, souligne que, si ce n'était pas le cas, il faudrait parler, bien qu'il n'y ait qu'un fait de conscience, de deux faits de conscience : d'une part, le fait qu'est le son que j'entends et, d'autre part, le fait d'entendre le son »[5] (et, du coup, celui qui prétendrait vouloir saisir cet acte *lui-même* entrerait dans une régression à l'infini). Or ce ne sont là que deux manières différentes de considérer le même fait, comme le développe à l'envie la *Psychologie générale* :

> il n'y a toutefois aucun de ces deux moments qu'on pourrait séparer de l'autre; ils sont, dans l'acte de la conscience effective, absolument inséparables et ils sont donnés d'une manière indissociable. Je peux bien exprimer leur relation, comme toute relation entre deux choses, d'une manière double, à partir de l'un ou de l'autre : je peux dire, la première fois, à propos du contenu, par exemple du son entendu, qu'il entretient une relation avec

1. *Ibid.*, p. 43-44.
2. *Ibid.*, p. 44.
3. *Ibid.*
4. *Ibid.*, p. 45.
5. P. Natorp, *PhPr*, § 41.

> moi telle qu'il résonne en moi, et je peux dire, la deuxième fois, à propos de moi, que j'ai une relation telle au son que je l'entends. Cependant, il s'agit de faits aussi peu différents que quand je dis que *a* est en face de *b* et que *b* est en face de *a* [1].

Husserl lui-même souligne, dans les *Recherches logiques*, que « ce n'est absolument pas possible de décrire les actes intentionnels sans recourir, en ce qui concerne la formulation, aux choses qui sont intuitionnées » [2]. Natorp, qui cite cette proposition [3], souligne du coup la proximité entre sa position et celle de Husserl. Il écrit qu'il y a, au-delà de la différence terminologique, une identité complète entre les thèses qu'il défend et celles de Husserl [4]. De plus, Natorp souligne que, si Husserl admet certes la différence suspecte entre acte et contenu ou objet, il conçoit toutefois les actes non pas comme des « donnéités immédiates » mais comme de simples « présupposés théoriques » [5].

Cependant, que cette distinction entre des « donnéités immédiates » et des « présupposés théoriques » n'aille pas de soi, c'est ce qui apparaît dans la partie du chapitre XI consacrée à Husserl, puisqu'on y lit tout autre chose. Natorp y affirme désormais que « Husserl (...) se refuse toutefois à reconnaître cet acte secondaire (...) comme totalement dépendant de l'acte primaire d'objectivation (...). Au contraire, selon lui, la réflexion sur le subjectif est seulement rendue plus difficile par une habitude enracinée consistant à n'accomplir simplement que les actes primaires objectivants » [6]. Natorp rappelle que les objectivations des actes primaires menacent de falsifier les actes secondaires tournés vers le subjectif pur et ajoute : « Il faut un effort particulier pour éviter de telles falsifications. Mais voilà ce qui est pourtant possible en soi, pense Husserl » [7]. Autrement dit : l'autonomisation de l'acte par rapport au contenu (et donc de l'acte secondaire par rapport à l'acte primaire) trouve son origine dans le maintien même de

1. P. Natorp, *AP*, p. 44. On remarquera que l'exemple du son, déjà développé dans EP (§ 5, p. 15-23), est une critique explicite de Brentano, qui prend précisément cet exemple pour souligner la distinction entre acte et contenu (voir *Psychologie du point de vue empirique*, trad. fr. M. de Gandillac, Paris, Aubier, 1944, p. 132-133). Dans son compte rendu, Reinach fait fond sur cet exemple pour prétendre qu'il y a une conscience du fait d'entendre le son (*op. cit.*, p. 201).
2. E. Husserl, *Recherches logiques*, *op. cit.*, II-1, p. 11.
3. P. Natorp, *AP*, p. 281.
4. *Ibid.*, p. 34.
5. *Ibid.*, p. 42.
6. *Ibid.*, p. 282.
7. *Ibid.*

la distinction entre acte et contenu, distinction qui perd tout sens dès qu'on affirme que le subjectif peut seulement être saisi dans ses objectivations.

En posant l'irréductibilité de l'acte au contenu, des actes secondaires aux actes primaires et donc, en langage natorpien, du subjectif à ses objectivations, Husserl a fait de la subjectivité « une deuxième objectivité de même nature que la première objectivité, que l'objectivité à laquelle on pense habituellement et [qui] lui est coordonnée »[1]. Non seulement les activités ne sont rien de donné, mais « si l'on voulait même renoncer à leur donation et les introduire simplement à titre de présupposés théoriques » (Husserl est ici clairement visé), « je crains qu'on ne puisse pas, par là, échapper au danger qu'on voulait éviter : celui d'une objectivation fausse de la subjectivité comme telle. On fait alors précisément du fait même d'être conscient quelque chose d'objectif en soi, une deuxième "nature" qu'on entreprend de présenter c'est-à-dire de *construire* d'après le modèle de la première »[2].

LE MOI PUR : ÉTANT OU POINT DE VUE ?

Tout ce qui précède permet de comprendre la raison pour laquelle Natorp critique la distinction husserlienne entre noème et noèse. Cette distinction, qui est l'une des distinctions les plus importantes introduites par les *Idées directrices*, est d'abord une manière de penser le rapport entre la question logique et la question psychologique. Si la noèse est, avec la *hyle*, une composante réelle du vécu, elle possède toutefois cette caractéristique de donner un « sens »[3] au vécu, en animant la matière et en lui conférant un rapport à un objet qui est contenu dans le vécu, non pas *réellement* mais *intentionnellement*. Il faut opposer à la diversité des vécus noétiques l'unité de l'objet qu'ils esquissent et auquel ils renvoient, c'est-à-dire le noème. Si la perception, par exemple, est un vécu noétique et plus exactement une multiplicité de vécus, le « ce qui est perçu »[4] est en revanche le noème transcendant auquel ceux-ci réfèrent.

On comprend en quoi cette distinction est ensuite une façon, comme l'écrit Husserl, de résoudre les « problèmes les plus profonds de la théorie de la connaissance concernant l'essence et la possibilité d'une

1. *Ibid.*, p. 281.
2. *Ibid.*, p. 45.
3. E. Husserl, *Idées directrices*, § 90.
4. *Ibid.*, § 88.

connaissance objectivement valable du transcendant »[1]. Car elle a la même fonction que le « changement de méthode dans la manière de penser », dans la *Critique de la raison pure* (B, p. XVI; Ak. III, p. 11), que les néokantiens désignent par l'expression de « révolution copernicienne »[2]. Celle-ci, en considérant que c'est l'objet qui se règle sur la connaissance et non l'inverse, a en effet pour conséquence d'évacuer définitivement la chose en soi de l'investigation philosophique : puisque l'objet n'est rien d'autre que la connaissance qu'on en a, ce qu'on appelle improprement « chose en soi » n'est rien d'autre que l'Idée d'une détermination totale de l'objet, nécessairement suscitée en nous par le progrès de la connaissance. De même, la distinction husserlienne a pour conséquence l'éviction de la chose en soi, puisque celle-ci devient le pôle objectif transcendant et unitaire, contenu intentionnellement par le vécu, qui est susceptible d'une rectification constante en vertu du progrès des esquisses qu'en fournissent les vécus.

Toute la question est alors « de départager purement ce qui doit revenir dans l'ordre des composantes réelles au vécu lui-même et ce qui doit revenir au noème pour lui être attribué en propre »[3]. Husserl écrit que le noème, cet « élément "*transcendantalement constitué*" "sur le fondement" des vécus matériels "par le moyen" des fonctions noétiques, est certes un "donné"; c'est même un donné évident, si, nous plaçant sur le plan de l'intuition pure, nous décrivons fidèlement le vécu et ce qui accède à la conscience à titre de noème »[4]. Autrement dit, l'intuition est le moyen qui nous permet d'accéder immédiatement à la noèse, puisque « chaque vécu est tel qu'il est possible par principe de diriger le regard sur lui et sur ses composantes réelles »[5]. Le deuxième tome des *Recherches logiques*, d'ailleurs, n'est constitué que d'analyses qu'on peut qualifier de noétiques, pour autant que la spécificité du noème n'y est pas encore découverte. Cependant, Husserl souligne dans les *Idées directrices*, face à la tentation de réduire l'analyse du vécu à celle de ses composantes réelles, que c'est d'ailleurs « encore le point de vue des *Recherches logiques*. Si, à un degré important, la nature des choses contraint, même dans cet ouvrage, à entreprendre des analyses noématiques, celles-ci néanmoins sont plutôt considérées comme des indices révélateurs des structures noétiques parallèles »[6]. Davantage, « toutes ces composantes noétiques ne peuvent même

1. E. Husserl, *Idées directrices*, § 97.
2. Sur cette expression, voir *Les Néokantiens*, *op. cit.*, p. 10; sur son sens, voir p. 26-30.
3. E. Husserl, *Idées directrices*, § 96.
4. *Ibid.*, § 97.
5. *Ibid.*, § 98.
6. *Ibid.*, § 128.

être caractérisées qu'en recourant à l'objet noématique et à ses divers moments »[1], souligne Husserl à propos de son analyse de la perception sensible. En somme, si le sens noétique et le sens noématique sont toujours en corrélation, c'est seulement à partir de la considération du noème qu'on peut conclure aux fonctions noétiques qui le fondent transcendantalement : « l'*eidos* du noème renvoie à l'*eidos* de la conscience noétique ».

Il n'en demeure pas moins que le discours de Husserl reste ambigu sur cette question, puisque l'intuition pure fonde la possibilité d'un accès direct aux vécus et donc aux fonctions noétiques qui le caractérisent (les fonctions noétiques, de droit, ne sont pas des conclusions auxquelles on parviendrait *via* l'analyse des noèmes), et que l'analyse de la perception sensible commence par celle du « vécu noétique », avant qu'aux « composantes réelles et noétiques » – qui sont donc mises en évidence *auparavant* – soient opposées les composantes noématiques[2]. L'affirmation même selon laquelle il s'agit « de départager purement ce qui doit revenir au vécu lui-même et ce qui doit revenir au noème » ne présuppose-t-elle pas la possibilité de distinguer les deux plans et donc d'accéder d'une manière immédiate aux fonctions noétiques ? Husserl écrit d'ailleurs au paragraphe 80 : « Les méditations que nous avons l'intention de poursuivre dans cette section porteront de préférence sur la face du vécu orientée objectivement ; c'est elle qui se présente la première, en partant de l'attitude naturelle ». Autrement dit, la préférence accordée au noème sur la noèse est simplement pédagogique. Si, certes, l'analyse phénoménologique est spontanément noématique, dans la mesure où, après tout, la noèse renvoie nécessairement à la noème et, d'une certaine façon, ne peut pas être considérée séparément, puisque le sens noétique du vécu n'est autre que son sens noématique (la perception est toujours par exemple perception de cet arbre ou de ce chat), le rapport est tel qu'on peut partir de *a* pour aller à *b* ou bien de *b* pour aller à *a* (*a priori* corrélationnel) : si on peut porter son « regard sur l'objet noématique », « il apparaît au contraire, si l'on considère la situation par le côté noétique, que certaines noèses sont conditionnées soit d'une façon nécessaire, soit en fonction de possibilités déterminées dans leur nature, par des modes de l'attention et en particulier par l'attention positive au sens tout à fait spécial du terme »[3].

Natorp, conformément à la critique de l'immédiateté développée plus haut, ne peut que critiquer la prétention à atteindre directement les vécus,

1. *Ibid.*, § 97.
2. *Ibid.*
3. *Ibid.*, § 92.

dans la mesure où l'impossibilité de tout accès immédiat au subjectif pur a pour conséquence que les fonctions subjectives de la connaissance ne peuvent être connues en dehors de ce que Husserl appelle le noème. Autrement dit, les processus cognitifs (la connaissance de l'objet) peuvent seulement être inférés ou conclus de l'analyse de l'objet intentionnel, de sorte que « ce qu'on a pris pour une analyse d'acte, pour une analyse noétique, est devenu en vérité une description des structures noématiques »[1].

Pour Natorp, il y a certes un progrès radical entre les *Recherches logiques* et les *Idées directrices*. Les investigations phénoménologiques des *Recherches logiques* relèvent encore de la description d'un existant, Husserl atteignant avec *La Philosophie comme science rigoureuse* un « nouveau point de vue », à savoir « *l'exigence* d'une psychologie qui s'élève au-dessus de tout ce qui est simplement factuel – et qui, du coup, n'est pas proprement une théorie de l'existence »[2] – et l'on peut se demander si toutes les corrections apportées par Husserl dans la deuxième édition des *Recherches logiques*, où il est désormais clairement affirmé que la phénoménologie n'est pas une théorie d'un existant, n'ont pas été ajoutées à cause de la critique natorpienne. Cela posé, Husserl n'atteint ici que « le platonisme dans sa première phase », c'est-à-dire qu'il ne découvre pas la psychologie dans son effectivité, car si, pour lui, « l'objectivité tend à se dissoudre dans un procès d'objectivation » (...), le subjectif apparaît figé et absolu, d'une manière analogue aux Idées platoniciennes dans la première phase, "se tenant dans ce qu'il est" et, partant, pouvant être saisi d'un seul coup dans une "intuition" immédiate »[3].

1. P. Natorp, HI, p. 245. Voir aussi p. 137 : « Il est en effet presque impossible de caractériser en propre les "actes" si chaque distinction ne s'exprimait pas dans une caractérisation semblable de leur corrélat et ne se présentait pas primairement dans cette caractérisation ».

2. P. Natorp, *AP*, p. 288 (c'est nous qui soulignons).

3. *Ibid.*, p. 289. M. Ferrari écrit dans « Cent ans après » (*op. cit.*, p. 52) que Natorp n'a jamais fait le compte rendu de la suite des *Recherches logiques* pourtant annoncé dans le compte rendu des *Prolégomènes*. Nous ne partageons pas cette opinion. Ce compte rendu, en définitive, a été fait et n'est rien d'autre que l'ensemble des analyses qu'on trouve dans l'*AP* et qui portent, non sur les analyses ponctuelles, mais sur les présupposés méthodologiques sur lesquels se construisent celles-ci. On remarquera que le long passage consacré à Husserl dans le chapitre XI poursuit explicitement ZFLM. Alors que ZFLM se concluait en soulignant l'absence d'une psychologie portant sur la cognoscibilité des idéalités logiques, le passage du chapitre XI commence par une critique du revirement soudain de Husserl qui, passant sans transition d'une logique à une phénoménologie, n'a pas véritablement fondé une logique au sens véritable du terme.

C'est donc avec les *Idées directrices* que Husserl parvient, semble-t-il, à une psychologie véritable qui ne reste plus une simple « exigence ». Natorp écrit dans le compte rendu qu'il fait de cet ouvrage : « il est à peine besoin de signaler que ces thèses s'accordent en grande partie avec ma position, en particulier parce que je n'admets par une double objectivité »[1]. Mais il ajoute : « il semble qu'une différence radicale continue – pour l'instant – de nous opposer : selon Husserl, la conscience pure est *donnée* de façon absolue »[2], résultant « de la simple *omission* de l'acte de position objective ; je soutiens pour ma part que la "reconstruction" de la conscience pure est l'objet d'une tâche spécifique et délicate qui exige une méthode appropriée »[3]. Il ajoute à propos de la réduction phénoménologique : « Il est surtout peu plausible que la pureté de la conscience doive être mise en évidence par une simple mise hors circuit, un refus de prendre en compte l'acte objectivant, (...), bref, par une attitude simplement négative »[4].

Natorp souligne que cette prétention à saisir d'une manière immédiate le subjectif, pourtant revendiquée par Husserl, est contrebalancée par une autre direction, qu'on pourra dire plus « critique » au sens kantien du terme. Cette direction apparaît lorsque Husserl écrit que « l'"absolu" que nous nous sommes ménagés par les diverses réductions n'est pas en vérité le dernier mot ; c'est quelque chose qui, en un certain sens profond et absolument unique, se constitue soi-même, *et qui prend sa source originaire dans un absolu définitif et véritable* »[5]. Voilà ce qui permet à Natorp de conclure la chose suivante : si Husserl, au début des *Idées directrices*, prétendait atteindre un moi pur, « cette différence [entre nous] a presque été annulée par les considérations suivantes : la tâche de la "subjectivation" (...) nous apparaît à tous deux aussi "infinie" que la tâche d'"objectivation" »[6].

Cette double tendance de la phénoménologie apparaît dans l'expression husserlienne d'« intuition donatrice originaire »[7]. Natorp en souligne

1. P. Natorp, HI, p. 236.
2. *Ibid.*
3. *Ibid.*
4. *Ibid.*
5. E. Husserl, *Idées directrices*, § 81 (c'est nous qui soulignons).
6. P. Natorp, HI, p. 246.
7. *Ibid.*, p. 227-228, où Natorp renvoie au § 24 des *Idées directrices*. Voir aussi sur ce point E. Fink, *De la phénoménologie*, *op. cit.*, p. 98. Pour les néokantiens, 1) l'intuitionnisme « a pour effet une méconnaissance de la différence de principe entre sensibilité et entendement », de sorte qu'il donne raison à l'empirisme en déclarant que « c'est la vision qui est décisive » : « toute vue intellectuelle dans le jugement rentre sous le concept d'"intuition donatrice" et est l'objet d'une "évidence" qui n'est pas un simple sentiment mais un mode de vision » ; 2) cet intuitionnisme, dont le corrélat est donc l'évidence, a pour conséquence « le

l'ambiguïté, puisque toute la question est de savoir si la pensée est position ou « production », ou bien si elle est révélation d'un donné originaire. Il n'y pas que les analogies husserliennes empruntées à la sphère perceptive qui font pencher en faveur du second membre de l'alternative – comme le souligne Natorp[1] –, mais aussi deux points importants. Le premier, c'est lorsque, après avoir souligné que « l'"absolu" que nous nous sommes ménagés (…) n'est pas le dernier mot », Husserl ajoute que tout n'est pas perdu et, qu'en cherchant bien, on doit pouvoir trouver « sa source originaire dans un absolu définitif et véritable »[2] ! Autrement dit, l'échec, de fait, de la tentative initiale pour rejoindre l'origine, ne fonde pas l'impossibilité de droit d'une telle tentative. Le deuxième, c'est que, même si l'*a priori* corrélationnel mis en place par les *Idées directrices* est certes un pas accompli en direction de Natorp et une reconnaissance de la légitimité des critiques de celui-ci (les présupposés qui font de la phénoménologie une théorie de l'existant), reste que la distinction entre noèse et noème n'a de sens que pour autant qu'on maintient l'irréductibilité de l'acte au contenu ou objet. Le concept d'acte est certes épuré, minimisé, mais il subsiste. En outre, la distinction entre par exemple un noème perceptif et un noème imaginatif n'a de sens que dans la mesure où, afin de les différencier, on présuppose des actes comme leur origine – et on présuppose par là l'irréductibilité du subjectif à titre d'étant (objet d'une révélation immédiate)[3].

Nous pouvons maintenant comprendre la raison pour laquelle Natorp accuse Husserl d'avoir considéré la subjectivité comme un étant. Dès l'article de 1887, Natorp voit la psychologie et la logique comme deux disciplines qui partent de la même chose et portent sur la même chose. Elles sont donc deux points de vue différents sur une seule et unique réalité. Partant du fait de la science (ou du fait de la culture), il s'agit, dans un cas, de faire abstraction des actes subjectifs et d'examiner le rapport de la science (ou de la culture) à son objet pour en mettre à jour les éléments *a priori*. Il s'agit, dans l'autre cas, de faire abstraction du rapport à l'objet pour ne considérer ce fait que dans son rapport avec la subjectivité qui l'a

rejet de toute pensée constructive, l'exigence que dans le champ de la connaissance philosophique seule l'auto-donation évidente représente le principe fondamental ».

1. *Ibid.*, p. 228.

2. E. Husserl, *Idées directrices*, § 81.

3. On verra que, lorsque Natorp substitue à la distinction husserlienne entre noème perceptif et noème imaginatif la distinction entre présentation et représentation, c'est afin de produire une analyse qui distingue deux types de contenu sans en appeler à de quelconques actes.

constitué. L'objet et le sujet sont exactement la même chose, ils renvoient strictement à la même réalité et ne sont que deux perspectives différentes et complémentaires sur celle-ci.

Natorp écrit :

> Tout rapport objectif doit nécessairement s'exprimer dans un rapport subjectif et inversement (...). *Par conséquent*, il semble alors, plus on suit conséquemment l'une ou l'autre direction de la connaissance jusqu'à sa fin, que c'est tantôt l'objectivité qui absorbe complètement en elle la subjectivité, tantôt l'inverse – se présente tantôt l'apparaître (de l'objet) à titre d'effet de la représentation (du sujet), tantôt la représentation (du sujet) à titre d'effet de l'apparaître (de l'objet) [1].

Il est donc possible de réduire *absolument tout* à l'un ou à l'autre des deux points de vue, sans aucun résidu. Ce qui signifie du coup que les deux points de vue ont exactement la même légitimité et la même pertinence. Voilà ce qui distingue Natorp de Husserl. Car, pour Husserl, il n'y a qu'un point de vue authentiquement philosophique – l'autre, celui que Natorp nomme logique, ne l'étant pas (dépassement de l'opposition entre logique et psychologie dans la phénoménologie qui réincorpore en elle la question logique).

Si l'on admet avec Natorp que la non-réification des points de vue (ou directions) exige qu'on leur accorde précisément la même validité, on conclura du fait que Husserl a privilégié un point de vue et qu'il a même complètement discrédité l'autre, qu'il a réifié ou substantialisé ce qui n'est qu'une méthode : il a fait de la *méthode* qu'est la subjectivation, laquelle n'est qu'un processus, c'est-à-dire une manière de considérer la science ou la culture, donc une manière de relier *a* et *b*, une chose qui est *la* subjectivité. Ce n'est d'ailleurs pas par hasard si le terme de « subjectivation », propre à Natorp, n'équivaut pas à celui qu'emploie Husserl, la « subjectivité ».

On pourra toujours dire que Husserl ne substantialise pas la subjectivité, puisqu'il critique précisément, comme le font d'ailleurs à cette époque tous les philosophes qui se réclament de Kant (Rickert, Lask, etc.), ceux qui l'ont substantialisée. Ne la conçoit-il pas comme un flux et justement lui aussi comme un processus ? Mais il demeure que, pour Husserl, la subjectivité est l'*objet* de l'investigation, alors que la subjectivation est pour Natorp *la manière* dont se déroule l'investigation – ce qui n'est pas du

1. P. Natorp, *AP*, p. 211 (c'est nous qui soulignons).

tout la même chose[1]. C'est en ce sens que, pour Natorp, le sujet est une méthode ou une orientation du discours, et *précisément n'est pas transformé en étant* (quel que soit le sens spécifique qu'on confère à cet étant[2]) – mais c'est aussi en ce sens qu'il est, chez Husserl, ontologisé et transformé en un étant particulier. On comprend que, pour Natorp, Husserl a manqué la subjectivité dans sa spécificité et l'a transformée en nature[3] (même si c'est une autre nature et s'il s'en défend, puisque c'est précisément le reproche qu'il fait à Locke et Hume dans *Philosophie première*[4]).

Si, conformément à la critique que les néokantiens de Heidelberg adressent à Husserl, l'abandon de la position critique (et donc du bon sens kantien) consiste dans un déplacement par lequel on substitue à la question « des conditions transcendantales de possibilité de l'objet de la connaissance » « le domaine d'être de l'expérience interne », substitution qui n'est possible qu'au moyen d'une intuition immédiate comme accès à la nouvelle « sphère fondatrice »[5], si le caractère indubitable du vécu, chez Husserl, repose en définitive sur « l'être du vécu comme existence

1. Cette distinction recoupe les deux manières distinguées par Sartre d'appréhender la conscience dans *La Transcendance de l'ego*, *op. cit.*, p. 30 : « Cette conscience, il ne faut pas la poser comme objet de ma réflexion, il faut au contraire que je dirige mon attention sur les objets ressuscités, mais *sans la perdre de vue*, en gardant avec elle une sorte de complicité et en inventoriant son contenu d'une manière non-positionnelle. Le résultat n'est pas douteux : tandis que je lisais, il y avait conscience *du* livre, *des* héros du roman, mais le *Je* n'habitait pas cette conscience, elle était seulement conscience de l'objet et conscience non-positionnelle d'elle-même ». C'est exactement la raison pour laquelle on verra plus loin que, décrire la conscience, pour Natorp, ce n'est rien d'autre que décrire une certaine manière qu'a cette conscience d'appréhender le monde extérieur (autrement dit : la conscience ne peut parler d'elle qu'en parlant d'*autre chose* que d'elle).

2. Du point de vue de Natorp, élucider la spécificité ontologique de la conscience n'est donc nullement la solution permettant de distinguer véritablement la conscience de la nature et a nécessairement pour conséquence une duplication du monde (la conscience d'un côté et la nature de l'autre).

3. P. Natorp, *AP*, p. 108 : « Contre la thèse qui soutient que la distinction entre le subjectif et l'objectif est une simple manière de voir les choses (…), Husserl a, dans les *Recherches logiques* (II, p. 328), objecté la chose suivante : cette distinction engendre une équivocité en assimilant le "phénomène", aussi bien au "vécu dans lequel consiste l'apparaître de l'objet", qu'à l'objet apparaissant ». A quoi Natorp répond qu'il n'est pas tombé dans une « équivocité déjà familière aux sceptiques grecs » (p. 109) et qu'il entend par « phénomène » « non pas le vécu selon lequel quelque chose m'apparaît (…) ni l'objet qui apparaît, tel qu'il doit "être" et "exister" indépendamment de ce phénomène, mais précisément la manière dont l'objet se présente à chaque sujet, le contenu phénoménal, le phénomène de l'objet précisément par opposition à son être pensé comme en soi ».

4. E. Husserl, *Philosophie première*, trad. fr. A.L. Kelkel, Paris, P.U.F., 1970, première partie.

5. E. Fink, *De la phénoménologie*, *op. cit.*, p. 116.

immanente, présence à soi »[1], si « le monde de donation du vécu (…) recouvre un mode d'exister »[2], le sol d'une telle problématique se trouve dans une présupposition qui constitue le fondement de la phénoménologie, et qui revient à considérer qu'il y a ou qu'il existe des « faits de conscience ». Or, pour Natorp, on ne saurait parler de tels « faits de la conscience » pour faire valoir la spécificité du moi, parce que, par là, on introduit la conscience dans le domaine de l'être, au sein duquel on distingue deux domaines (la nature et la conscience)[3].

C'est exactement pour cette raison que, malgré tout, Husserl réintroduit la distinction brentanienne entre expérience interne et expérience externe, et retombe en définitive sur le problème de la transcendance (ce qui n'est pas le cas de Natorp). Car non seulement l'intuitionnisme de la phénoménologie isole les faits de conscience à titre de domaine irréductible à la nature (il fait de la conscience « une autre nature »), mais les outils conceptuels introduits par Husserl, par exemple la distinction entre l'intentionnel et le réel, entre l'inclusion intentionnelle du noème et l'inclusion réelle de la *hyle* et de la noèse, présupposent le dualisme, comme le souligne Denis Seron dans « La méthode de la psychologie selon Husserl et Natorp »[4]. D'après Husserl, « il ne faudrait pas dire avec Natorp que tout phénomène est en même temps physique et psychique au sens où tout phénomène est à la fois phénomène *d'un objet* et phénomène *dans la conscience*, mais il faudrait dire, avec Brentano, qu'il y a des phénomènes physiques qui sont aussi "dans" la conscience sans y être inclus réellement. A l'inverse, le dépassement de la distinction entre acte et contenu est présenté par Natorp comme une étape nécessaire de son dépassement du dualisme ».

Seron cite cette affirmation effectivement remarquable de la *Psychologie générale*, pour autant que Natorp y met le doigt sur ce qui le sépare de Husserl : « La seule différence scientifique sérieuse entre nous concerne la question (…) de la relation entre le *contenu* "descriptif" et l'*objet* "intentionnel" de la connaissance – une distinction qui, pour Husserl, n'est à vrai dire rien de moins que le fondement de la théorie de la

1. R. Barbaras, *Introduction à la phénoménologie de Husserl*, *op. cit.*, p. 118.

2. *Ibid.*

3. P. Natorp, *AP*, p. 29.

4. Conférence à l'Université du Luxembourg dans le séminaire de phénoménologie de R. Brisart, 22 janvier 2005. En revanche, nous ne comprenons pas comment, fort de cette compréhension de Natorp, Seron puisse assimiler le sujet natorpien à un *objet* d'investigation, puisqu'il l'identifie au chaos originaire des sensations, à l'indéterminé – ce qui, comme on le verra, n'est la thèse de Natorp qu'en 1887.

connaissance et de la psychologie scientifiques »[1]. Alors que, chez Husserl, la réduction fait apparaître le monde des vécus dans leur spécificité ontologique, et que la distinction entre le contenu réel *et* l'objet intentionnel opère une duplication du monde (phénomènes physiques *et* phénomènes psychiques), chez Natorp, il n'y a qu'un monde, qu'on peut examiner de deux manières – le même et unique fait relevant de l'expérience peut être considéré comme *objet*, c'est-à-dire comme un réseau de connexions objectives indépendantes de toute appréhension subjective, ou bien comme un *phénomène* (*Erscheinung*) ou un *apparaître* (*Erscheinen*) subjectifs (c'est la raison pour laquelle il n'y a pas proprement de « fait de la conscience » à côté du « fait de la science »).

Comme l'enseignait déjà Cohen dans *La Théorie kantienne de l'expérience*, il n'y a qu'une seule et unique expérience, à savoir l'expérience scientifique dans laquelle l'objet *se donne* à travers les déterminations de la science mathématique de la nature – c'est-à-dire, dans le langage de Natorp, l'expérience culturellement déterminée dans laquelle l'objet se donne à travers les objectivations qui relèvent de la connaissance scientifique (et de la connaissance préscientifique sur laquelle celle-ci se fonde), de l'éthique et de l'art[2]. Mais là où il n'y a, pour Cohen, qu'une voie légitime pour appréhender cette expérience, à savoir la voie logique, Natorp soutient qu'elle peut être appréhendée de deux manières différentes et complémentaires. Natorp pointe ici une insuffisance du projet cohénien, dans la mesure où celui-ci reste incapable de rendre compte, non pas d'un donné *immédiat* (le fait de la science), mais du moins d'une *direction* constitutive de ce fait, à savoir que s'impose à nous « le vécu immédiat du sujet »[3] qui, s'il n'est pas rien, n'en est pas pour autant *quelque chose* (*i.e.* un *objet*) – car s'il est vrai que la conscience, dans sa spécificité, s'impose ou se découvre à nous, c'est uniquement à titre de direction des objectivations qui constituent le seul et unique donné.

S'interdire de penser deux voies, comme Cohen, c'est non seulement s'interdire de rendre compte d'une des deux directions du fait culturel, mais aussi la reléguer dans le domaine de l'investigation positive des sciences de la nature. Cependant, il ne s'agit surtout pas de reconnaître le vécu comme un fait *absolument* immédiat, comme un domaine d'expérience

1. P. Natorp, *AP*, p. 282.

2. *Ibid.*, p. 92 : « C'est à partir de l'expérience – ce qui veut dire, en dernière instance, à partir du contenu du vécu – qu'est construite toute connaissance objectivante (…). Il est donc manifeste qu'elle prend certes son point de départ dans le subjectif, dans le vécu, mais elle n'y reste pas (…) ». Voir aussi p. 114.

3. P. Natorp, *AP*, p. 23. Voir aussi *PhPr*, § 41 et *Sp*, p. 13.

distinct de l'expérience culturelle en général. Il faut souligner comment Natorp lui-même n'est arrivé à formuler d'une manière absolument rigoureuse cette thèse que progressivement. Si, en effet et ainsi qu'on l'a dit, cette thèse est exprimée, dans sa généralité, dès l'article de 1887, le livre de 1888 a du mal à la déployer. Natorp y oppose l'orientation objective et l'orientation subjective, à titre de points de vue sur une même expérience, comme l'identité et l'unité de l'objet culturellement déterminé (*i.e.* le contenu de la conscience, considéré indépendamment de celle-ci), d'un côté, et, de l'autre, la diversité ou multiplicité des présentations de ce contenu dans une conscience qui est toujours différente. Or, une telle détermination du subjectif reconduit, exactement comme la détermination husserlienne, à la détermination kantienne dans laquelle l'objectif et le subjectif sont opposés *dans un contexte objectif*, donc comme deux territoires de l'être, à titre de puissance active et de puissance passive – conformément à l'autocritique qu'on trouve dans la *Psychologie générale*[1].

En ce sens, on ne chercherait pas la conscience, le subjectif, si, tel Dieu chez Saint Augustin, on ne les avait pas déjà trouvés – si, en langage natorpien, on ne les possédait pas d'emblée. Le subjectif est toujours déjà là, mais, d'une manière *impure*, au sein des objectivations renvoyant à un subjectif *pur* qui en constitue le fondement dès qu'on convertit son regard, dès qu'on change d'attitude, c'est-à-dire dès qu'on considère, non plus *l'objet de la connaissance*, mais *la connaissance de l'objet*. D'une certaine manière, cette conversion est constitutive du progrès du processus d'objectivation. C'est que l'objet n'est jamais définitif, figé, mais que ses déterminations changent, non pas absolument, mais relativement, pour autant qu'elles se corrigent et se rectifient. Dès lors, c'est le processus d'objectivation, orienté sur une détermination toujours plus adéquate de l'objet, qui suscite la prise en considération de l'évolution de cette détermination, et donc la substitution du point de vue par lequel on se désintéresse de l'objet pour s'intéresser à la progression de cette détermination, c'est-à-dire à la connaissance de l'objet, à l'histoire ou au processus de constitution de cet objet, et donc à la subjectivité. En d'autres termes : c'est le progrès *naturel* du mouvement d'objectivation qui conduit la subjectivité à faire d'elle-même un problème. Car la rectification des déterminations attribuées à l'objet, qui se révèlent fausses pour autant qu'elles sont démenties par le progrès de l'expérience, tout autant du point de vue collectif (passage d'un paradigme scientifique à un autre) qu'individuel (l'illusion perceptive), conduisent la subjectivité, naturellement oublieuse d'elle-même et de son

1. P. Natorp, *AP*, p. 62-63.

propre statut, à *revenir* sur elle-même pour se poser la question de son rôle fondateur[1].

L'objectivation est donc une direction empruntée par la connaissance. Cependant, étant donné qu'elle n'est qu'une direction, elle implique une direction inverse, de sorte qu'elle est corrélative de la subjectivation. Objectivation et subjectivation sont donc « la direction positive et la direction négative d'une seule et même droite »[2]. Les deux directions ne peuvent toutefois être mises sur un pied d'égalité, dans la mesure où l'une des deux possède une priorité que l'autre n'a pas.

Aussi comprend-on que la question posée plus haut de la double origine chez Natorp était mal posée, pour autant qu'elle reposait sur la présupposition naïve selon laquelle deux discours sur l'origine impliqueraient qu'il y ait deux origines distinctes et différentes – alors qu'il s'agit de la même origine qu'on peut appréhender à partir de deux points de vue.

Puisque la logique et la psychologie sont deux disciplines qui n'ont pas un objet spécifique, étant donné qu'elles sont deux directions et méthodes pour caractériser, d'une manière différente, complémentaire et corrélative, le même objet (l'« expérience »), la question devient celle de leur rapport. Ce qui est certain, c'est qu'il n'y a pas de discours unificateur qui serait en dehors de l'une des deux sphères et qui pourrait expliquer leur spécificité c'est-à-dire la division du domaine d'investigation en deux disciplines. La raison en est la suivante. Penser, c'est déterminer, et déterminer, c'est, pour parler avec Kant, unifier le divers, ou, pour parler avec Natorp qui ne cesse de recourir à des analogies mathématiques, relier *a* et *b*, donc établir une direction. Dès qu'on pense, on a déjà emprunté une direction, que ce soit celle de l'objectivation ou bien celle de la subjectivation. Mais l'une des deux aurait-elle un privilège que l'autre ne possèderait pas ?

Il est vrai que l'objectivation possède un privilège qu'on a déjà remarqué. Elle est première et naturelle, de sorte d'ailleurs que, puisque nous sommes toujours dans un monde déjà objectivé, la psychologie ne peut jamais se construire qu'à partir d'une logique qui est première. Natorp souligne que « c'est la connaissance objectivante qui est fondatrice pour la connaissance subjectivante »[3], raison pour laquelle la logique est irréductible à toute psychologie ou phénoménologie et les précède nécessairement. Cela posé, cette spécificité fonde le privilège de la psychologie, qui « embrasse proprement toutes les autres sciences, ou du moins en pose

1. P. Natorp, *AP*, p. 194.
2. *Ibid.*, p. 199.
3. *Ibid.*

le fondement »[1]. Étant donné qu'on commence par la logique et que la psychologie ne peut advenir qu'en second lieu, c'est *seulement* dans la psychologie que Natorp donne un statut aux deux directions et donc à son propre discours. La psychologie, en effet, inclut des considérations sur le sens et le statut de l'objectivation, alors que la logique, elle, n'inclut aucune considération sur le sens et la spécificité de la subjectivation.

1. *Ibid.*

CHAPITRE IV

LA *PSYCHOLOGIE GÉNÉRALE* DE 1912

OBJET DE LA PSYCHOLOGIE NATORPIENNE

L'objet de la psychologie natorpienne est la *consciosité*, c'est-à-dire la relation entre le contenu ou objet de la connaissance et le Je ou encore « le fait que quelqu'un a conscience de quelque chose ». A la question de savoir comment cet élément subjectif de la connaissance est possible, Natorp répond : « J'ai affirmé dans l'*Introduction à la psychologie* que la "liaison", c'est-à-dire l'unité dans laquelle le contenu se présente en chaque acte de conscience, est l'expression exacte de la consciosité elle-même, et que c'est dans cette liaison que la consciosité reçoit sa valeur déterminée, positive »[1].

Si c'est donc dans l'unité du contenu que se trouve le subjectif, cela ne veut-il pas dire que celui-ci est, non pas l'indéterminé (le divers pur au fondement de l'objet), mais au contraire la détermination (donc l'unité du divers) ? Nous avons néanmoins laissé entendre jusqu'ici que le subjectif est au contraire l'indéterminé sur lequel se fonde toute détermination. C'est d'ailleurs ce que Natorp affirme explicitement, dans l'article de 1887, lorsqu'il assimile la distinction entre objectif et subjectif à la distinction entre loi et phénomène[2], et écrit que la « pure subjectivité » serait « l'absolue indétermination » c'est-à-dire le « chaos »[3]. On a souligné que, selon Natorp, la subjectivité ne peut pas être trouvée ni saisie ailleurs que dans ses objectivations. Or toute objectivation est unification du divers. Dès lors, si

1. P. Natorp, *AP*, p. 33-34.
2. P. Natorp, BE, p. 155.
3. *Ibid.*, p. 165.

la reconstruction est bien retour vers l'apparaître originaire, celui-ci devrait être compris comme la pure diversité qui précède toute unification – le subjectif pur serait alors analogue à l'*Erscheinung* (phénomène) au sens que Kant donne, au début de l'Esthétique transcendantale, à ce terme. Puisque *construire* c'est toujours construire un objet, c'est-à-dire aller du phénomène à l'objet (*i.e.* à la loi) en considérant que le phénomène est « donné », *reconstruire* c'est toujours, inversement, reconstruire le phénomène subjectif et, du coup, déconstruire l'objet, donc retourner de l'objet considéré comme « donné » jusqu'au phénomène subjectif[1].

L'assimilation de la subjectivité à la détermination est d'autant moins compréhensible que la détermination est précisément l'objet de la logique : celle-ci, en effet, n'est-elle pas la mise en évidence des éléments logiques unificateurs qui fondent l'objectivité de l'objet? Conséquemment, la psychologie, qui se rapporte à la logique comme le subjectif se rapporte à l'objectif, devrait alors conférer un statut au *donné* qui est au fondement de toute objectivation logique. Mais la chose n'est pas aussi simple, puisque la logique confère déjà un statut à un tel donné – et conférer un statut à ce donné sur lequel se fonde toute connaissance est le thème essentiel d'une *logique* de la connaissance qui prétend dépasser la *critique* de la connaissance[2], c'est-à-dire précisément éliminer la dualité kantienne et résorber le donné dans la pensée[3].

Natorp écrit dans la *Psychologie générale* :

> Si la psychologie doit être la connaissance du subjectif comme tel, on peut facilement croire qu'elle devrait donc abandonner la détermination atteinte par la connaissance objectivante et revenir à l'indéterminité surmontée par l'objectivation, au chaos dont procède le cosmos du monde objectif. Le travail de la psychologie ne s'apparenterait alors qu'au travail négatif de Pénélope, qui la nuit défait la toile qu'elle a tissée dans la journée. Je reconnais certes que ma présentation antérieure [*i.e.* l'*Introduction à la psychologie*] pouvait, à cause de quelques expressions qui n'étaient pas assez prudentes, se rapprocher de cette représentation absurde – comme si ce qui est absolument exempt de détermination, antérieur à toute détermination, devait précisément, dans cette indéterminité qui est sienne, former le problème de la psychologie[4].

1. P. Natorp, BE, p. 193.

2. Voir H. Cohen, *Logik der reinen Erkenntnis*, *op. cit.*, p. 37, et dans *Les Néokantiens*, *op. cit.*, p. 97.

3. Nous avons développé cette question dans *Les Néokantiens*, *op. cit.*, p. 109-116.

4. P. Natorp, *AP*, p. 80-81. Aussi est-il faux d'affirmer : « Sans doute la psychologie entendue au sens de Natorp semble-t-elle se réduire, ou peu s'en faut, à un simple travail de

Voilà qui nous conduit à la question de savoir ce qu'est, chez Natorp, le « subjectif pur », c'est-à-dire de comprendre la corrélation entre subjectif et objectif.

Le subjectif n'est pas le divers pur, mais l'unité du divers. Plus exactement, le subjectif n'est pas l'autre de l'unité, mais il implique déjà une unité présupposée dans les termes mêmes de « moi » ou de « conscience », c'est-à-dire supposée par le fait que les vécus sont toujours attribués à un seul et même pôle subjectif (c'est pourquoi le moi, dans son identité, est « une supposition qu'il est absolument nécessaire de faire s'il doit y avoir une conscience en général »[1]). Il y a une unité proprement subjective, mais il nous faut la distinguer de l'unité objective c'est-à-dire logique. L'unité subjective n'est pas l'unité de l'objet ni donc à proprement parler l'unité du contenu : « même la liaison des représentations qui, dans la mesure où elle est conforme à la règle de l'unité de la conscience, peut bien être appelée le phénomène de cette unité, quand bien même elle est de la même espèce dans de nombreuses représentations singulières, n'est pas l'unité de la pensée elle-même, mais pour ainsi dire seulement son reflet dans la représentation »[2]. Aussi semble-t-il que nous ne pouvons en parler que d'une manière négative, car « c'est précisément relativement à elle qu'il devient clair que l'unité de la conscience elle-même ne peut pas être représentée, donc qu'elle est aussi en elle-même indescriptible, et qu'elle ne peut être décrite qu'en opposition à la représentation »[3].

L'unité de la conscience ou du moi, c'est précisément cette conscience ou ce moi – c'est-à-dire cette conscience ou ce moi dans son unité. Or on a souligné plus haut que le moi n'est pas l'objet de la psychologie, mais simplement son fondement, de sorte qu'on comprend que l'unité subjective

Pénélope : à redéfaire la toile aux mille entrelacs tissée avec art qu'avaient ourdie les diverses formes d'"objectivation" » (E. Cassirer, *La Philosophie des formes symboliques*, trad. fr. O. Hansen-Love, J. Lacoste et C. Fronty, Paris, Minuit, 1972, vol. 3, p. 68). Rappelons que Reinach, qui pourtant écrit au début de son compte rendu que l'*AP* éclaircit certains points restés obscurs dans *EP* (*op. cit.*, p. 194), prétend que l'*AP* définit le subjectif originaire comme « ce qui est en soi absolument exempt de détermination » (p. 214; *et alors que Natorp, s'il utilise bien cette formule p. 191, au sens où c'est ainsi qu'on désigne* habituellement *l'élément subjectif c'est-à-dire le concret, souligne tout de suite après que*, pour lui, *ce subjectif ou concret = la déterminité = détermination totale, p. 192*). Il remarque judicieusement qu'il est donc contradictoire de vouloir le déterminer et conclut avec perspicacité que les deux autres volumes promis par Natorp apporteront sans doute une clarté là-dessus (*ibid.*).

1. *Ibid.*, p. 38.

2. *Ibid.*

3. *Ibid.*

puisse être, du coup, qualifiée de « limite la plus externe »[1] de la psychologie.

Arrêtons-nous un instant sur le statut de ce moi, pour autant qu'on pourrait penser qu'il est caractérisé dans son unité, conformément aux présupposés d'une psychologie « selon la méthode critique », comme *condition de possibilité* ultime de celle-ci. Ce n'est toutefois pas le cas, puisque Natorp souligne qu'il est, non pas un « concept générique » ou un « fondement conceptuel », mais un « fondement d'être (*Seinsgrund*) »[2]. Cette affirmation devient compréhensible si l'on se souvient, d'une part, que la question psychologique n'est pas la question de droit, de sorte qu'il serait précisément incompréhensible que le moi soit une condition de possibilité, c'est-à-dire un élément logique, et que, d'autre part, ce moi n'est pas un « fait de conscience » : il n'est, écrit Natorp, « ni un fait, ni un existant, ni un phénomène »[3]. Il est néanmoins ce qu'indique l'expérience c'est-à-dire ce à quoi elle renvoie, de sorte que l'unité du moi est, subjectivement, le fondement de l'être (l'être n'étant pas autre chose que l'expérience culturellement déterminée).

Il faut ici faire deux remarques. La première, c'est que l'unité du moi n'est pas assimilable à l'unité de la consciosité, car le moi *qui nous est accessible* est toujours « le moi *de* la consciosité »[4]. La consciosité possède une unité qui est à proprement parler l'unité subjective et qui n'est pas l'unité du moi à laquelle renvoie l'unité subjective ou unité de la consciosité. C'est-à-dire encore : le moi est le pôle inaccessible indiqué par une consciosité qui, certes, possède une unité, mais une unité qui est toujours différente et qui n'est autre que l'unité du contenu de conscience – le rapport entre le moi dans son unité et les unifications de la consciosité est donc analogue à celui du centre du cercle et des points qui en forment la périphérie, ou bien au rapport entre « l'Idée platonicienne et ses participants »[5]. Aussi Natorp peut-il écrire, d'une manière certes ambiguë – mais comment pourrait-il en être autrement si l'on veut éviter les deux écueils relevés plus haut ? – que le moi est « présupposé » comme « *l'*unité, l'ultime

1. *Ibid.* (l'unité subjective est « non pas tant une tâche spécifique de la psychologie que, plutôt, uniquement sa limite la plus externe »).

2. *Ibid.*, p. 32.

3. *Ibid.* Pour cette raison, il n'est pas un « fondement réel », puisqu'il n'apparaît pas, et bien que Natorp, *mais pour distinguer ce fondement d'un fondement simplement conceptuel (une condition de possibilité)*, le désigne toutefois une fois *presque* ainsi, lorsqu'il le qualifie de *Sachgrund* (*ibid.*, p. 39).

4. *Ibid.*, p. 32 (c'est nous qui soulignons).

5. *Ibid.*, p. 36.

fondement d'être de l'unification, comme possibilité d'unité, bref, comme *fondement* de l'unité en général »[1]. Par conséquent, le moi qui a conscience du contenu « ne peut pas coïncider avec "l'unité de connexion du contenu" », même si c'est seulement là « que le moi peut être saisi conceptuellement »[2]. Cependant, si l'unité de la consciosité n'est, elle, rien d'autre que l'unité du contenu de la conscience, en quoi l'unité de la consciosité se distingue-t-elle alors de l'unité logique[3] ?

En premier lieu, celle-là ne coïncide pas avec celle-ci, parce que si l'unité logique n'est découverte qu'à partir des types d'unifications qu'on trouve dans les processus scientifiques d'objectivation, l'unité de la consciosité est mise en évidence à partir de tous les types culturels d'objectivation. Elle ne se limite donc pas aux objectivations scientifiques, même si celles-ci constituent un domaine privilégié[4], puisqu'elle s'étend, outre aux objectivations éthiques, esthétiques et religieuses, également et surtout aux objectivations qui relèvent de la connaissance ordinaire (ou « connaissance naturelle »[5]), sur le fondement desquelles se construisent les différentes sciences au sein d'une action réciproque telle que celles-ci modifient en retour les objectivations de celle-là[6]. En second lieu et conformément à ce qui a été dit plus haut, l'unité de la consciosité renvoie au même état de choses que l'unité objective, puisqu'« il n'y a pas deux types de phénomènes », et elle s'en distingue uniquement dans la mesure où elle est une perspective différente et nouvelle sur le même état de choses.

La deuxième remarque, c'est que, du coup, Natorp n'a jamais soutenu, dans la *Psychologie générale*, que la conscience était une et ne se manifestait pas dans une pluralité de modes ou d'« actes » :

> Par ailleurs, la relation du moi au contenu de conscience n'est nullement indistincte, car il est certain que les manières dont les contenus s'insèrent

1. *Ibid.*

2. *Ibid.*

3. Remarquons que la question est exactement posée en ces termes par J. Stolzenberg, *Ursprung und System*, *op. cit.*, p. 229.

4. Natorp souligne tout de même que, puisque l'objectivation s'accomplit dans la science « d'une manière plus consciente et prudente », « la psychologie trouve son problème le plus déterminé, en même temps que sa base la plus assurée pour son propre apport, dans les objectivations les plus spécifiques, les plus pures et les plus conscientes, celles de la science » (*AP*, p. 195).

5. *PhPr*, § 2 (« La connaissance naturelle et son origine ») et § 5 (« Caractère de la connaissance scientifique »).

6. « Il y a toute une partie non négligeable de nos concepts généraux, tels qu'ils sont pour ainsi dire consignés dans les mots de la langue et leurs diverses significations, qui s'enracine dans la science » (*AP*, p. 196).

> dans l'unité du vécu (...) diffèrent les unes des autres. Cette thèse qui porte sur la relation au moi dans sa signification concrète, "phénoménologique" au sens de Husserl, je ne l'ai nullement contestée (je l'ai même soulignée); cela vaut par conséquent aussi pour les "actes", si l'on entend par ce terme (en suivant Husserl) les unifications concrètes (ou insertions dans l'unité du vécu) – unifications que j'ai moi-même, à l'occasion, caractérisées comme "actes" [1].

Natorp écrit encore :

> ce qu'on ne conteste nullement, c'est qu'il y ait des espèces différentes et il est vrai fondamentalement différentes d'insertion des parties du contenu, à chaque fois différentes, dans l'unité du vécu; ce qu'on affirme, c'est seulement que cette différence des espèces d'insertion, étant donné qu'elle concerne pourtant précisément le contenu et rien d'autre, doit toujours pouvoir être exhibée relativement au contenu et seulement relativement à lui [2].

Ainsi, le texte sur la religion distingue-t-il la connaissance et la volonté, donc deux manières différentes pour le moi de poser un objet. Mais l'auteur souligne que c'est seulement le contenu (l'objet) qui permet d'inférer deux attitudes subjectives différentes [3].

La *Psychologie générale* se confronte au problème de savoir ce qui distingue par exemple la perception de l'imagination, c'est-à-dire deux types de contenu ou d'objectivation à partir desquels on peut seulement inférer deux types d'« actes » ou d'« attitudes » subjectives spécifiques [4]. Si

1. P. Natorp, *AP*, p. 33-34. Natorp fait ici allusion à la critique explicite de Husserl : « Je ne puis pas non plus concevoir comment l'on peut prétendre que la relation du moi au contenu de conscience n'admet pas de modes différents » (*Recherches logiques*, II-2, p. 162; voir sur ce point I. Kern, *Husserl und Kant*, *op. cit.*, p. 358).

2. *Ibid.*, p. 47. Aussi Heidegger (*Les Problèmes fondamentaux de la phénoménologie*, trad. fr. J.-F. Courtine, Paris, Gallimard, 1985, p. 221) a t-il tort d'affirmer que, pour Natorp, il n'y a pas différentes modalités de la conscience, arguant que, pour celui-ci, toute différence est une différence de ce dont il y a conscience – car Natorp dit qu'on peut seulement inférer les différentes modalités de la conscience des différences des contenus de conscience (il y a une connaissance médiate et non immédiate c'est-à-dire intuitive des actes ou des modalités de la conscience). De même, R. Brisart et J. Stolzenberg affirment à tort que, *dans l'œuvre de Natorp en général*, la relation au moi est une et identique (voir R. Brisart, « La logique de Husserl en 1900 à l'épreuve du néokantisme marbourgeois : la recension de Natorp », *Phänomenologische Forschungen*, édité par E.W. Orth et K.H. Lembeck, 2002, p. 203, où il est question du « présupposé que la relation de la conscience à ses contenus est uniforme et partout la même »; voir pour J. Stolzenberg le chapitre, dans *Ursprung und System*, consacré à la « Révision de la théorie de la subjectivité »).

3. P. Natorp, *Rel*, p. 28.

4. P. Natorp, *AP*, p. 53-54.

la perception se donne comme une *présentation*, c'est parce que son objet se donne comme *immédiatement présent*, en chair et en os, donc dans une présence spatio-temporelle qu'exclut l'imagination, qui est *représentation*, pour autant que son objet se donne comme *représenté*, donc comme n'étant pas présent spatio-temporellement :

> le présenté et le représenté (...) sont en un sens élargi des contenus de conscience. Il faut avant tout que dans la représentation, le représentant soit en tout cas présent. Néanmoins, même le rapport du représentant (disons A) à ce qui est "pensé", c'est-à-dire représenté (disons B), doit être présent à la conscience; car il n'est pas à son tour représenté par quelque chose d'autre, mais on en a immédiatement conscience, à titre de rapport même [1].

De plus, il n'y a jamais de présentation pure, car tout contenu présenté inclut des éléments qui sont, non pas présentatifs mais représentatifs. Ainsi, la perception est représentation pour autant qu'en elle se profile un objet = *x* qui n'est jamais présenté, mais représenté (la présentation est construction d'un objet qui n'est nullement donné d'une manière immédiate)[2].

Soit par exemple une figure géométrique quelconque que je place devant moi et que j'ai donc entière sous les yeux. Dès que je réfléchis, je m'aperçois que ma perception de cette figure trouve son fondement dans un point : « et je rapporte à celui-ci tous les autres points, comme se trouvant hors de lui, donc comme n'étant pas présents pour moi au même sens »[3]. Bref, la figure se révèle, comme tout objet, être un ensemble de rapports (l'objet = « la diversité totale bien qu'illimitée de ces rapports mêmes »[4]) : et, lorsque je perçois l'objet, « de même que je peux aller de *a* jusqu'à *b*, je peux par exemple aller aussi de *b* à *a*, ou de *b* à *c*, ou de *c* à *d*, etc., je peut changer continuellement le point de départ, la direction, l'étendue du rapport, de sorte que continuellement ce qui était présent devient du simple représenté et ce qui était représenté devient à nouveau du présent »[5]. C'est précisément en ce sens que la perception est visée et activité, comme le dit Husserl – mais sans qu'on ait besoin d'admettre une visée ou un acte ailleurs que dans le perçu même.

Présentation et représentation sont donc impliquées l'une par l'autre dans la position de l'objet (l'objet est rapport, mais le rapport présuppose

1. *Ibid.*, p. 53.
2. *Ibid.*
3. *Ibid.*, p. 55.
4. *Ibid.*, p. 56.
5. *Ibid.*, p. 55.

toujours qu'on parte d'un point présent auquel on rapporte d'autres points non présents). C'est pourquoi il est erroné de distinguer une conscience présentative d'une conscience représentative (c'est-à-dire de distinguer une conscience perceptive d'une conscience imaginative), car on peut (et on doit) seulement distinguer des moments présentatifs et des moments représentatifs de la conscience[1].

On comprend en quoi la thèse de Natorp diffère de celle de Husserl. La distinction entre le moi ou conscience et la consciosité fonde l'affirmation selon laquelle le moi est au contraire susceptible de différentes « attitudes » qui constituent autant de « modalités » dans lesquelles il s'actualise, mais qu'on ne peut saisir, pour reprendre les termes phénoménologiques, qu'au sein d'une analyse noématique et en aucun cas au moyen d'une analyse noétique. C'est d'ailleurs la raison pour laquelle Natorp refuse de parler d'« attitudes » ou d'« actes », dans la mesure où, par exemple, la perception « n'est pas une "attitude" propre, distinctive, du Je par rapport au contenu qui lui est "donné" »[2].

Il est certes possible que nous ne soyons plus très loin d'une compréhension véritable de la reconstruction, et qu'il faille seulement rectifier une expression malheureuse qui induit en erreur. C'est que la subjectivité n'est pas indétermination, mais, à la manière du « donné » tel qu'il est conçu dans les *Fondements logiques des sciences exactes*, puissance de détermination c'est-à-dire *déterminabilité*[3]. Une telle présentation a au moins pour avantage de proposer une expression, non plus négative, mais positive de la subjectivité, à titre de *x* déterminable – par opposition à la détermination, qui serait le propre du processus d'objectivation. Mais comment alors concevoir plus précisément la subjectivité comme pouvoir de détermination ?

On pourrait penser, puisque la détermination est constitutivement fixation, isolation et donc abstraction, que la déterminabilité serait, derrière et avant la détermination qui en résulte, l'acte ou le processus dont procède cette détermination. L'inverse de la détermination objective, donc la subjectivité à proprement parler, ce serait donc le mouvement à l'origine des déterminations qui sont comme autant de positions fixes. En ce sens, dire que la subjectivité ne peut pas être saisie ailleurs que dans ses objectivations, c'est dire que le sujet ne peut pas saisir le flux ou le mouvement qui

1. P. Natorp, *AP*, p. 56.
2. *Ibid.*, p. 57.
3. Voir *Les Néokantiens*, *op. cit.*, p. 105.

le constitue en propre sans, justement, s'aliéner dans ses propres productions en immobilisant ce mouvement, exactement à la manière dont l'expression ou la formulation d'une pensée, chez Maine de Biran ou Nietzsche, une fois qu'elle est accomplie, signifie la mort de celle-ci, pour autant qu'elle ne conserve rien de l'activité qui constitue proprement la pensée et qui a conduit à son expression[1].

Cela posé, une telle rectification ne nous conduit pas plus loin. En premier lieu, elle n'est qu'une formule, pour autant que le déterminable n'est qu'un autre mot pour exprimer ce qui exclut toute détermination (*i.e.* toute objectivation), à la manière du Je transcendantal de Kant. En second lieu, elle oppose à la fixation objective le mouvement subjectif – alors que, comme on le verra plus loin, il y a un procès d'objectivation et donc un mouvement proprement objectif, déjà simplement attesté par le fait que Natorp, dans la logique, substitue à l'expression cohénienne de « fait de la science » celle de *fieri*. En troisième lieu, elle nous reconduit aux mêmes présupposés que ceux, précisément dénoncés par Natorp dans la phénoménologie husserlienne, à savoir le fait de réintroduire la distinction et l'opposition entre l'*acte* et le *contenu*, et donc de penser *le* sujet et *l'*objet, non pas comme deux méthodes, mais comme deux domaines distincts de la réalité qui s'opposent.

Puisque penser la subjectivité comme un indéterminé, c'est la vider de toute sa teneur propre[2], puisque le retour à la subjectivité, donc la reconstruction, ne se fait pas par soustraction (le travail de Pénélope), ce retour, au contraire, s'accomplit « au moyen d'une détermination toujours plus riche »[3]. Car atteindre la conscience, ce n'est pas faire table rase de toutes les déterminations pour atteindre un élément qui serait le plus abstrait, et qu'on poserait comme le fondement subjectif de la connaissance, mais c'est atteindre l'élément le plus concret c'est-à-dire le plus déterminé. Natorp, en effet, ne cesse de définir la subjectivité comme le singulier absolu et véritable : comme le *concret ultime*. La subjectivité,

1. Voir F. Nietzsche, *Par delà bien et mal*, § 196 : « Hélas ! qu'êtes-vous devenues, une fois écrites et peintes, ô mes pensées ? (…) Quelles sont les seules choses que nous puissions fixer ? Hélas ! Celles seulement qui sont sur le point de se flétrir et d'exhaler leurs derniers parfums ». Voir aussi G. Romeyer-Dherbey, Introduction à Maine de Biran, *Œuvres*, tome II, Paris, Vrin, 1987, p. XII et XV : « La vérité écrite, pour lui, ne se conserve pas ; seule peut la faire resurgir une rédaction à l'état naissant. (…) Le texte une fois rédigé tombe au passif parce que l'auteur, le relisant, n'exerce plus d'effort actif : il se laisse mécaniquement guider par la trace d'un "effort" ».

2. P. Natorp, *AP*, p. 81-82.

3. *Ibid.*, p. 82.

c'est « le moi vivant »[1], c'est ce qui est donné *ici et maintenant*[2], dans sa singularité absolue – et, puisque ce qui est donné ici et maintenant s'inscrit dans un flux absolument continu au sein duquel les vécus apparaissent, se distinguent progressivement des autres avec lesquels ils s'enchevêtrent, puis se dissolvent pour donner naissance à d'autres vécus, le moi vivant n'est autre que la singularité de ce flux continu dans lequel tout vécu ne prend son sens qu'à partir d'un horizon de vécus sur le fond duquel il se détache. A la « conception première, incomplète de la subjectivité », qui la conçoit comme l'élément le plus abstrait de la connaissance (le moi comme indéterminé absolu ou bien – et c'est la même chose – comme déterminable), Natorp oppose le sens plein ou complet de la subjectivité, reconnue dans « la totalité concrète du vécu »[3].

Objectivité et subjectivité s'opposent au sens où l'unité de la loi, qui est « au plus haut point abstraite », s'oppose au « vécu [qui] est absolument concret, le plus concret, le concret *originaire* »[4]. C'est en ce sens que Natorp souligne la chose suivante : à savoir que la reconstruction passe nécessairement par l'abstraction, puisqu'elle passe par la pensée langagière et donc par l'abstraction des concepts généraux, mais son but est le concret. Natorp écrit que « l'abstraction est en vérité l'unique voie qui permette en général de parvenir d'une quelconque manière au concept de l'élément concret propre à la vie de la conscience ou du moins de s'en approcher. Néanmoins, elle n'est pas elle-même le but, mais précisément seulement le moyen. Ce n'est donc pas l'abstraction qui qualifie le procédé propre à la psychologie, car c'est précisément la concrétisation, qui à vrai dire a l'abstraction pour présupposé »[5]. Comment alors accomplir une telle concrétisation ?

On sait que le subjectif ne peut être saisi que dans ses objectivations, l'unité du « moi de la consciosité » qu'au sein des unifications de la consciosité, lesquelles ne sont rien d'autre que les unités du contenu de la conscience, c'est-à-dire en définitive les unités légales de l'objet. Dès lors, la concrétisation qui permet d'atteindre la conscience ne correspond-elle pas au mouvement par lequel l'objectivation transcende l'abstraction de la

1. P. Natorp, *AP*, p. 38.
2. P. Natorp, BE, p. 277.
3. P. Natorp, *AP*, p. 70.
4. *Ibid.*, p. 38.
5. *Ibid.*, p. 192. Heidegger, qui souligne l'importance de ce texte dans sa présentation de la psychologie natorpienne (*Zur Bestimmung*, *op. cit.*, p. 104), en donne toutefois une interprétation *intentionnellement* erronée en l'expliquant à l'aune du compte rendu du *Kantbuch* de Bauch, donc d'un texte de 1918.

légalité qu'elle utilise pour se rapprocher de la concrétude de l'objet qu'elle détermine toujours davantage? Et qu'on ne dise pas qu'un tel mouvement serait impossible pour autant que la loi et le concret s'excluraient l'un l'autre. Car « dans la loi tout isolement des positions singulières est également supprimé, [étant donné que] celles-ci sont à nouveau insérées dans la continuité originaire de laquelle elles ont été détachées par l'abstraction, pour la réflexion progressant sans relâche de point fixe en point fixe. Cela veut dire que la loi prétend signifier le concret ultime, même si ce concret ne trouve en elle qu'une expression abstraite. La loi signifie le concret au sens où elle exige la concrétion »[1]. L'universalité de la loi, bien comprise, est donc, non pas ce qui s'oppose à la singularité de l'objet et exclut même par avance qu'on puisse l'atteindre, mais au contraire ce qui seul mène à cette singularité (qui n'est donc pas première) et permet qu'on la pose[2].

Mais voilà qui nous conduit à reprendre à nouveaux frais ce qui a été dit plus haut. Car, dès que la subjectivité est définie comme l'élément le plus concret, il apparaît que le mouvement pour la rejoindre ne peut être un appauvrissement de la détermination, mais qu'il sera au contraire l'accroissement le plus grand de celle-ci. Puisque la subjectivité n'est dès lors plus derrière, à titre de fondement ultime le plus indéterminé sur le sol duquel surgiraient et s'entremêleraient progressivement toutes les différentes déterminations, il semble qu'elle est devant, coïncidant avec le stade le plus haut de l'objectivation, soit la limite idéale visée par le processus objectivant et dans lequel on parviendrait à une détermination exhaustive de l'objet – de sorte que la connaissance rejoindrait et coïnciderait avec son objet sans qu'il n'existe plus la moindre distance c'est-à-dire la moindre insuffisance. C'est donc le mouvement d'objectivation qui, poussé à bout, conduit à sa limite, se dissout pour se transformer en subjectivité suprême. Aussi ne faut-il pas opposer objectivité et subjectivité, puisqu'il suffit au contraire de prolonger le mouvement avant de l'objectivation pour trouver la subjectivité: la fin du processus d'objectivation coïncide avec son origine absolue, c'est-à-dire la subjectivité pure. N'est-ce pas d'ailleurs ce que dit explicitement Natorp lorsqu'il souligne que « l'unité de la conscience désigne la même chose que l'unité objective au sein d'une expression subjective »[3]?

1. *Ibid.*, p. 38.

2. Sur cette thèse néokantienne – explicitement inscrite dans la philosophie kantienne même – liée à ce que Cassirer appelle la conception fonctionnelle du concept, voir *Les Néokantiens*, *op. cit.*, p. 110-113.

3. P. Natorp, *AP*, p. 210.

Mais une telle interprétation du sens de la psychologie natorpienne est nécessairement erronée, puisque, comme le révèle la moindre réflexion sur ses présupposés, elle transgresse les présupposés fondamentaux sur le sol desquels se construit la fondation subjective. Si cette interprétation est une mésinterprétation, c'est parce qu'elle rabat la direction subjective sur la direction objective (« logicisation de la psychologie »), le rétro-mouvement qui caractérise l'explication subjective sur le mouvement avant de l'explication objective, de sorte qu'on n'a plus un double mouvement dans la théorie de la connaissance, mais un seul et uniquement mouvement, exactement comme dans la phénoménologie husserlienne – et même s'il s'agit ici du mouvement inverse de celui de la phénoménologie, puisque celle-ci ramène le mouvement de la logique au mouvement arrière qui caractérise le problème de l'origine subjective[1]. Autrement dit : étant donné qu'il n'y a plus deux directions pour rendre compte d'un même fait, on aboutit, comme chez Husserl, à une transformation de la méthode en objet[2]. Or les deux voies s'opposent « diamétralement relativement à la direction »[3], de sorte que, si la reconstruction est une « méthode (…) fondamentalement différente de celle de la science de la nature »[4], elle ne peut absolument pas se trouver dans le même mouvement – Natorp ne cessant de répéter qu'elle se trouve dans le mouvement inverse de celui propre à l'objectivation.

Davantage, s'il est vrai que les deux points extrêmes coïncident, c'est-à-dire que le subjectif pur n'est rien d'autre que l'objectif pur, Natorp souligne que « l'unité de la conscience désigne la même chose que l'unité objective *au sein d'une expression subjective* ». La mésinterprétation, encore une fois, ne peut surgir que si l'on confond « l'expression subjec-

1. Qu'il ne faille pas assimiler la subjectivité avec l'accomplissement du mouvement d'objectivation, en témoigne ce passage : « Si l'on pensait qu'est accompli cet apport de la connaissance objective, n'aurait-on pas réalisé l'exigence qui consiste à présenter scientifiquement tout le contenu (*Gehalt*) de la conscience, du moins au sens où on peut comprendre cette tâche. Si c'était le cas, la psychologie n'aurait en général plus aucune spécificité face au tout de la connaissance objectivante, elle ne pourrait à la rigueur que signifier l'ultime synthèse (*Zusammenfassung*) de tout son apport. *Le résultat serait alors une pure logicisation de la psychologie dans une forme nouvelle, peut-être la plus haute possible.* La philosophie transcendantale ne risquerait certes pas de sombrer dans la psychologie, mais ce serait la psychologie qui risquerait de sombrer totalement dans la philosophie transcendantale » (*AP*, p. 61-62 ; c'est nous qui soulignons).

2. Heidegger (*Zur Bestimmung*, *op. cit.*, p. 104) a donc tort d'assimiler la subjectivation avec un mouvement avant.

3. P. Natorp, *AP*, p. 199.

4. *Ibid.*, p. 192.

tive » avec un fait, c'est-à-dire la méthode avec un objet. Unité subjective et unité objective ne sont pas des points qu'on pourrait et qu'on devrait atteindre, mais des directions, de sorte qu'elles sont deux *limites idéales* de deux directions différentes qui renvoient certes, comme on l'a dit, à la même réalité, laquelle ne peut proprement être qualifiée ni d'unité objective ni d'unité subjective.

LA MÉTHODE DE RECONSTRUCTION

Tout ce qui précède nous donne les moyens de comprendre en quoi consiste la concrétisation, dès qu'on saisit qu'elle n'est pas, tout comme le « donné » (on l'a vu plus haut), le propre de la psychologie (auquel cas on en fait des objets), mais qu'il y a une concrétisation proprement subjective, qui consiste dans le mouvement inverse de la concrétisation objective (s'élever de légalités en légalités toujours plus hautes pour se rapprocher de l'objet dans sa concrétude).

En quoi consiste alors, par opposition au mouvement avant qui conduit à s'approcher toujours davantage du pur objet (= objet concret), le mouvement inverse qui consiste à s'approcher toujours davantage du moi pur?

Par opposition à la fondation objective, « rechercher une explication subjective (...), c'est (...) parcourir en arrière toutes les étapes du procès d'objectivation jusqu'à ce qui était, avant toute objectivation, l'élément vivant (*das Lebendige*) dans la conscience »[1]. On comprend que cet élément vivant ne doit pas être compris comme un but ou un terme de l'explication subjective, mais comme sa direction. Autrement dit : l'objet de cette analyse n'est nullement un terme caché, originaire, un point ultime (« le vivant dans la conscience »), qu'il faudrait par impossible rejoindre à la fin d'une analyse infinie, puisqu'il est au contraire la direction de l'examen subjectif, de sorte qu'il est *tout entier et tout le temps là*.

La méthode de reconstruction, nous dit Natorp, consiste à détruire les objectivations – à faire comme si les objectivations « n'avaient pas existé »[2]. Cela ne signifie pas qu'il faudrait revenir à une indétermination originaire, mais qu'il faut gommer la position d'existence[3] – ce qui, pour

1. *Ibid.*, p. 202.

2. *Ibid.*, p. 193.

3. Voilà donc l'équivalent natorpien de la réduction phénoménologique husserlienne. Voir *AP*, p. 114. S'il n'y a qu'une seule et unique expérience, le subjectif consiste à rattacher le phénomène au « contexte formé par le vécu du sujet singulier – alors que l'objectif consiste à le rattacher au « contexte formé par *l'existence et les modifications des objets* » (c'est nous qui soulignons).

Natorp, n'est pas autre chose que faire table rase de la question de la validité objective – et réintroduire ces objectivations au sein d'un parcours ou d'un mouvement subjectif qui fait sauter leur fixité et leur immobilité, de sorte que, en procédant ainsi, « on redonne du mouvement aux concepts figés, on s'approche ainsi à nouveau du flux vital » [1]. Faire abstraction de la position d'existence, c'est dissoudre l'objet dans la multiplicité des visages qu'il a pris pour en arriver jusqu'à celui qu'il a pour nous (pour moi) aujourd'hui – et son visage d'aujourd'hui, dès lors, ne possède plus aucun privilège (la validité objective) sur les autres. La subjectivation, c'est donc le flux, le flux c'est l'apparaître, et l'apparaître, c'est la série des phénomènes ou visages dans lesquels se fond l'objet.

Soit une étape quelconque du processus d'objectivation scientifique, par exemple le moment où l'on attribue, avant d'avoir réduit l'objet à sa détermination mathématique (l'étendue cartésienne), les qualités sensibles à cet objet lui-même [2]. Il est clair que c'est lorsque ce stade est dépassé dans un nouveau moment, celui de la réduction de l'objet à la légalité mathématique, que le moment précédent perd toute validité objective et tombe du côté du processus de subjectivation. Cette idée est valable pour toute étape de la connaissance, une fois qu'elle est dépassée au sein d'une nouvelle étape qui, du point de vue du processus d'objectivation, la gomme complètement au sens où elle apparaît comme un échafaudage qu'il a bien fallu emprunter pour en arriver là, mais qui ne possède désormais plus aucune vérité. Néanmoins, ce que le processus d'objectivation ignore, gomme et fait apparaître comme un *moyen* inessentiel pour arriver au vrai, le processus de subjectivation, lui, le récupère et lui accorde non pas une « validité » mais du moins une légitimité, puisque cela apparaît comme un moment qui, subjectivement, était absolument nécessaire pour qu'on en arrive au stade actuel.

Natorp écrit : « ainsi l'étape inférieure de la connaissance de l'objet, en comparaison des étapes plus hautes, apparaît toujours en un certain sens subjective » [3] – pour autant que, dans son caractère partiel et limité, elle apparaît inadéquate, c'est-à-dire, comme on le voit pour les qualités sensibles attribuées à l'objet, trop dépendante des conditions subjectives de la connaissance.

On comprend mieux ce qui distingue l'objectivation de la subjectivation. Alors que celle-là consiste à gommer tout ce qui est passé et

1. P. Natorp, *AP*, p. 193.
2. *Ibid.*, p. 67.
3. *Ibid.*, p. 69.

antérieur, pour ne reconnaître que l'étape proprement présente comme *objet de la connaissance*, oubliant toutes les déterminations antérieures pour autant qu'elles tombent du côté de la *connaissance de l'objet*, celle-ci consiste au contraire à réintroduire tout ce qui relève de l'objectivité au sein d'un processus de constitution qui en gomme nécessairement la validité – même celle de l'étape proprement présente –, afin de le réinsérer dans une histoire, une genèse ou encore une généalogie. Le retour (*Rückgang*) dont il est question dans la psychologie ne consiste donc pas à ramener une étape de l'objectivation à son origine subjective absolue, mais à l'étape antérieure qu'il faut derechef ramener à l'étape encore antérieure – le subjectif pur, c'est-à-dire l'origine absolue constituant la limite idéale ou encore le centre invisible de la périphérie formée par les étapes de l'objectivation. *La question, désormais, est alors de savoir s'il s'agit d'une généalogie simplement historique, c'est-à-dire empirique, donc d'une simple description d'une succession de faits qui constituent l'histoire de la connaissance.*

Si, comme on l'a déjà souligné, le thème de la psychologie est absolument identique à celui de la logique – si donc la psychologie prend pour « objet » exactement « la même chose » que la logique, c'est parce que toute étape déterminée d'objectivation « peut être aussi considérée, si on inverse [la direction], comme une étape déterminée de la subjectivation »[1]. La subjectivation ne doit pas (et ne peut pas) être trouvée ailleurs que dans l'objectivation, mais considérée *à l'envers*, c'est-à-dire comme une histoire de l'objectivation. La subjectivité, ce n'est rien d'autre, en fin de compte, que la succession des étapes franchies par l'objectivation.

On comprend le sens de la distinction parfois introduite par la *Psychologie générale* entre l'« apparaître » et le « phénomène ». Si « le même phénomène peut être examiné (...) dans un contexte subjectif et (...) dans un contexte objectif »[2], s'il y a une « appréhension du phénomène dans le contexte objectif ou bien subjectif »[3], c'est dans la mesure où le phénomène, lorsqu'on suit strictement la définition qu'en donne la *Critique de la raison pure*, ne relève ni de l'objectif ni du subjectif : il est l'entre-deux indéterminé, le milieu mixte, l'expérience ou le « fait » unique qui peut être lu et donc déterminé dans deux sens différents (sens à partir desquels il peut seulement être posé dans son caractère originaire), à savoir comme *objet* ou bien comme *apparaître*. Alors que l'objectivation transforme le phénomène en objet, la subjectivation le transforme en

1. P. Natorp, *AP*, p. 210.
2. *Ibid.*, p. 108 ; voir aussi p. 109.
3. *Ibid.*, p. 212 ; voir aussi p. 210-211.

apparaître[1] – l'apparaître, donc, est subjectif et il n'apparaît pas, puisqu'il est précisément le fondement inobjectivable de toute objectivation.

La psychologie, dit Natorp, est au fondement des autres sciences parce qu'elle porte sur l'apparaître qui est le sol de toute objectivation[2]. Si l'apparaître est certes un fondement, comme l'écrit explicitement le philosophe, il faut entendre ce fondement d'une manière méthodologique. Autrement dit : l'apparaître n'est pas un « étant », un « quelque chose » qui serait caché derrière le phénomène, mais il n'est rien d'autre que l'objet pour autant qu'il apparaît à un moi, c'est-à-dire qu'il est rapporté à un itinéraire de constitution au sein duquel il n'est qu'un visage, qu'une figure ou encore qu'une esquisse d'un objet qui n'est jamais *véritablement donné par et dans la connaissance*, parce qu'il se transforme sans cesse dès qu'on le considère (fondation subjective) comme le résultat d'un procès subjectif. L'apparaître, c'est donc la conversion qui nous fait passer de l'objet à la constitution de l'objet.

C'est en ce sens qu'il faut reprendre ce qui a été dit plus haut. La subjectivité n'est pas indétermination, dit Natorp, mais le déterminable = *x*. De même, la subjectivité n'est pas le résultat du processus de constitution – à savoir la fixité et l'immobilité d'une quelconque détermination objective[3] –, mais le processus ou le mouvement de détermination, donc l'envers d'un endroit – et surtout un envers qui ne se donne jamais. Ou encore : la subjectivité n'est pas l'abstraction de la légalité objective, mais la concrétion du flux subjectif et vivant. Toutes ces expressions sont exactes et justes, mais pour autant qu'on les entende, non *métaphysiquement*, mais *méthodologiquement*. Car la concrétion, le flux et la vitalité (*das Lebendige*) qui caractérisent proprement la subjectivité ne sont rien d'autre qu'un type d'examen, relevant d'un changement du point de vue (inversion de la direction), qui réinscrit toute détermination dans la continuité d'un processus éliminé par l'objectivation – car celle-ci, conformément à tout processus *constructif*, détruit systématiquement les échafaudages qui l'ont menée au stade qu'elle a atteint, de sorte que l'oubli généalogique, c'est-à-dire l'oubli par la subjectivité d'elle-même, est constitutif de son propre fonctionnement.

Redonner la *vie* aux concepts figés et aux objets fixes qu'ils déterminent, c'est reconstruire les béquilles, les tentatives avortées, les

1. P. Natorp, *AP*, p. 194, 203 ; voir aussi p. 40, 41, 43, 107.
2. *Ibid.*, p. 195.
3. *Ibid.*, p. 82 (*die Starrheit der Objektsbestimmung*).

essais et les hasards heureux qui ont mené jusqu'au stade atteint. C'est ainsi, non seulement que l'unité logique (celle des concepts et des objets) apparaît être l'unité des vécus, mais aussi et surtout que l'unité d'un quelconque vécu est mise en rapport avec les unités des autres vécus et, partant, réinsérée au sein d'un flux de vécus indissociablement entrelacés les uns avec les autres.

Iso Kern, dans *Husserl et Kant*, souligne bien ce qui distingue l'entreprise des *Idées directrices* de celle de la *Psychologie générale*, mais aussi et surtout comment Husserl, *par la suite*, va corriger sa détermination de l'investigation phénoménologique pour *lui donner exactement le même sens que celui de la reconstruction natorpienne* – mais, malheureusement, doit-on ajouter, sans jamais ne serait-ce qu'*indiquer* cette influence plus que décisive et reconnaître, sur ce point, la moindre dette envers Natorp.

C'est que, non seulement « Husserl, dans l'ouvrage de 1913, ne parle que très rarement de genèse »[1] (« Husserl emploie cette expression une fois, pour opposer les types d'investigation phénoménologique et ontologique »[2]), mais « la phénoménologie, dans ce texte, n'est qualifiée de "génétique" (…) que parce qu'elle retourne, à partir des objets fixes, jusqu'au flux des vécus considéré comme un système mouvant réglé téléologiquement de divers actes intentionnels à partir desquels l'objet intentionnel se constitue originairement (…). Le retour génétique ne consiste nullement dans le retour à des unités objectives "plus primitives", à partir desquelles les unités supérieures se développeraient »[3]. Aussi est-on encore loin de la conception génétique proposée par les textes plus tardifs de Husserl, de *Logique formelle et transcendantale* à *La Crise des sciences européennes et la phénoménologie*, dans lesquels, comme l'écrit Suzanne Bachelard, « retourner à l'originel, à l'expérience pure, ce sera dépouiller le monde de ces idéalisations dont l'avait surchargé la science. (…) Il faudra donc poursuivre jusqu'au bout le retour à l'originel en suivant toute l'histoire sédimentée des activités de connaissance »[4]. Davantage, c'est « dans le sens objectif [qu']est donc impliquée une "histoire sédimentée", et l'analyse intentionnelle devient une analyse *génétique* »[5]. Iso Kern écrit :

1. I. Kern, *Husserl und Kant*, *op. cit.*, p. 347.
2. *Ibid.*
3. *Ibid.*
4. S. Bachelard, *La Logique de Husserl*, *op. cit.*, p. 216.
5. *Ibid.*, p. 251 (S. Bachelard ne mentionne pas une seule fois dans son livre le nom de Natorp). Voir E. Husserl, *Logique formelle et logique transcendantale*, *op. cit.*, p. 334-335.

> La phénoménologie génétique de Husserl doit donc retrouver elle aussi cette construction étagée des objectivités, c'est-à-dire cette construction étagée des monades jusqu'à ce qui est originaire d'une manière ultime, et elle doit, dans ce développement de l'histoire (*Sinnesgeschichte*) sédimentée du monde, exhiber la vie de la conscience dans ses apports cachés. Elle fournit la "généalogie de la logique" que Natorp avait déjà exigée dans sa critique des *Idées directrices*[1]. La caractérisation de la phénoménologie génétique comme "régressive" ou "réductrice" *rappelle* la "reconstruction" de Natorp. Et Husserl lui-même, dans certains textes, utilise ce terme natorpien. (...) *L'idée natorpienne du retour à des étapes plus profondes d'objectivation devient, chez Husserl, le point de départ de sa phénoménologie transcendantale*[2].

Ce point doit être mis en rapport avec un autre, que nous avons souligné plus haut à la suite d'Iso Kern : à savoir le glissement par lequel l'analyse noétique de Husserl devient toujours davantage une analyse noématique *reconnue comme telle*, de sorte que l'idée d'une subjectivité qu'on pourrait atteindre en dehors de ses objectivations et, partant, des différentes étapes d'objectivation par lesquelles elle passe *et dans lesquelles seules se trouve la constitution proprement subjective*, est abandonnée, absolument conformément à la thèse que Natorp défend et développe depuis 1888.

Il apparaît donc que le subjectif *pur*, à titre de limite de la direction, n'existe pas ailleurs que dans cette direction, de sorte qu'il se trouve dans le subjectif *relatif* formé par les étapes de l'objectivation. C'est précisément dans le passage d'une étape à l'autre, dans le mouvement qui conduit d'un stade à un stade supérieur, que se trouve en définitive le subjectif pur. Le sujet a donc un statut analogue à l'objet, puisque tous deux sont corrélatifs. L'objet, en effet, ne consiste que dans le procès d'objectivation – de sorte que, si l'objet = la connaissance de l'objet, on préserve en même temps la transcendance de l'objet promu *limite* de ce processus d'objectivation (l'excédent de sens de l'objet par rapport à la connaissance étant reconnu et posé de l'intérieur de la connaissance).

Nous avons souligné que Natorp oppose au statisme de l'objectivité la dynamique de la subjectivité. Du coup, penser la subjectivité, c'est penser le mouvement, puisque la subjectivité réintroduit la « fixité de la détermination de l'objet »[3] dans un procès continu qui décrit la manière dont celle-ci transforme et surmonte une détermination antérieure. C'est en ce sens

1. Voir P. Natorp, HI, p. 340.
2. I. Kern, *Husserl und Kant*, *op. cit.*, p. 353-354 (nous soulignons).
3. P. Natorp, *AP*, p. 82.

qu'on peut opposer l'objectivité et la subjectivité comme l'unité de l'objet et la pluralité des présentations de l'objet dans la succession d'étapes – et, comme le fait Natorp dans l'article *Philosophie et psychologie*, opposer à la fixité du monde objectif la vie mouvante et changeante de la conscience.

La subjectivité, c'est donc le procès. On pourrait penser que ce procès s'effectue dans le temps, pour plusieurs raisons.

La première est la suivante. Natorp écrit :

> A la liaison externe appartient avant tout la liaison temporelle et spatiale – ce qui veut dire : la liaison est peut-être toujours (question ici sans intérêt) temporelle et spatiale. Il y a certainement une différence si je suis conscient ou non d'une succession dans la donation de deux éléments du contenu ; une différence, si je me représente un contenu qui est un et le même (à savoir semblable dans tout autre rapport) comme donné dans un moment temporel ou un autre, et, d'une manière correspondante, dans un lieu ou un autre, dans un rapport spatial ou un autre – on peut également dire que c'est une différence dans la manière dont j'ai conscience d'un contenu. Mais aussi certainement que *l'ordre temporel et spatial en général appartient au contenu et n'est rien d'autre qu'un ordre ou une connexion des parties constituantes du contenu*, la différence dans la manière dont procède la conscience et dans la façon dont le contenu se présente dans la conscience, voilà qui forme *une* différence et n'en constitue pas deux [1].

Étant donné que le procès subjectif est une reconstruction effectuée à partir des objectivations du subjectif, donc des contenus, et que ces contenus sont temporels, étant donné donc que « l'ordre temporel et spatial en général appartient au contenu », on imagine mal comment la reconstruction, qui n'est autre que celle des différentes étapes de l'objectivation et qui part d'un contenu dont Natorp souligne bien qu'il est spatial et temporel, pourrait avoir lieu ailleurs que dans le temps. En témoignent encore les exemples de Natorp, puisque le surmontement de l'étape dans laquelle les couleurs et qualités sensibles sont attribuées à l'objet, au sein d'une étape dans laquelle elles tombent dans le domaine subjectif, pour autant que l'objet n'est plus qu'une détermination mathématique, relève bien d'une histoire de la science physique au sens fort de ce terme, et donc d'un moment qui se donne empiriquement et qu'on peut déterminer historiquement dans la constitution de la science.

La deuxième raison se trouve dans l'idée selon laquelle on ne peut pas identifier subjectivité et procès, d'un côté, et, de l'autre, fixité et objet – ce que pourtant nous avons fait jusqu'ici implicitement, ne serait-ce qu'en

1. P. Natorp, *AP*, p. 49-50 (nous soulignons).

opposant l'unité et la fixité de l'objet, c'est-à-dire de la détermination objective, à la pluralité des présentations subjectives de l'objet (l'histoire ou la constitution). Néanmoins, il faut rappeler qu'il y a un procès proprement logique, comme en témoigne ne serait-ce que le terme d'« objectivation », qui signifie que l'objet, dans son unité et sa fixité, se dissout et se révèle lui aussi n'être qu'une direction c'est-à-dire un processus. La question devient de savoir comment on peut distinguer le procès logique du procès psychologique – et le temps pourrait bien être le critère qui caractérise celui-ci.

La troisième raison se trouve dans le fait qu'une telle thèse semble trouver sa confirmation dans la *Critique de la raison pure*. Kant y distingue en effet la déduction transcendantale de la dérivation empirique de Locke (B, p. 127; Ak. III, p. 105), c'est-à-dire de la généalogie empiriste qui précisément se situe dans le temps. Ce que conteste la critique kantienne, ce n'est ni l'assimilation de la genèse à la temporalité ni la légitimité d'une telle genèse, mais simplement la prétention d'une telle généalogie à se substituer à la question de la légitimité. Dès lors, puisque les deux mouvements de la théorie de la connaissance (objectivation et subjectivation) sont anticipés par la *Critique de la raison pure*, même si, comme on l'a vu, ils n'y sont pas suffisamment distingués, il semble qu'on puisse opposer au procès intemporel de la logique le procès temporel de la psychologie.

Dans le paragraphe 12 du chapitre IV (« La subjectivité comme subjectivation »), Natorp distingue trois stades de la connaissance[1]. Cette tripartition peut toutefois nous induire en erreur si on la comprend mal. Le premier stade, celui de la puissance, correspond au subjectif originaire relativement auquel toute objectivation s'accomplit. Le deuxième stade est celui de son actualisation et de l'émergence de la distinction entre subjectif et objectif. Enfin, le troisième stade correspond, comme le premier, à la suppression de cette distinction, car il signifie la connaissance actualisée de « la pleine teneur du vécu, qui déjà était présupposée dans le premier stade, mais uniquement précisément pour notre connaissance simplement à titre de puissance, et ne pouvait pas y être connue »[2]. Natorp écrit :

> Par conséquent, à un premier stade, toutes les objectivations qu'on peut réaliser dans le subjectif doivent être conçues comme données en puissance. En quoi consiste cette donnéité ? Quelle est la teneur de cette potentialité ? Cela ne peut être dit que lorsque, dans un deuxième stade, la

1. P. Natorp, *AP*, p. 84-85.
2. *Ibid.*, p. 85.

puissance est actualisée et dans la mesure même où cette actualisation est accomplie. Cette actualisation signifie tout d'abord un éloignement par rapport au subjectif, la contre-position de l'objectif face au subjectif. Dans un troisième et dernier stade de la connaissance, cette séparation conflictuelle est à nouveau surmontée. L'objectif est à nouveau réduit à l'élément subjectif du vécu, ce qui rendrait alors possible de porter à la connaissance la teneur totale du vécu, en tant qu'elle est l'actuel et même l'actuel ultime – teneur qui était déjà présupposée au premier stade, simplement à titre de puissance pour notre connaissance, et qui n'était pas connaissable en elle-même. Dans le cas idéal par conséquent, le premier et le troisième stades coïncident, mais avec la seule différence essentielle suivante : le contenu de conscience, par ailleurs identique, est pensé comme non actualisé au premier stade et comme pleinement actualisé au troisième. Mais le stade initial et le stade final ne désignent, comme nous l'avons dit, que des limites idéales[1].

Ce qu'on peut résumer dans le schéma suivant :

premier stade		*deuxième stade*		*troisième stade*
la puissance	→	*l'actualisation*	→	*l'actuel*

mouvement logique →

← *mouvement psychologique*

Étant donné que, comme on l'a développé plus haut, c'est la psychologie qui donne le sens de la théorie de la connaissance et donc de la logique, on pourrait croire, conformément à ce schéma, que la psychologie et la logique peuvent être opposées à la manière dont on l'a schématisée.

Du coup, logique et psychologie relèvent exactement du même mouvement, mais, comme le souligne Natorp, avec une direction inversée. Néanmoins, dans ce cas, la logique consisterait à aller de la puissance à l'actuel, alors que la psychologie consiste à aller de l'actuel à la puissance. Du coup, la puissance (concept psychologique), qui signifie le sujet pur, correspondrait exactement à l'actuel qui signifie l'objet complètement déterminé (concept logique). Néanmoins, nous savons que l'identification de l'« objet » de la psychologie, donc du subjectif pur, avec l'apport de la connaissance objectivante dans sa complétude, est « une logicisation de la psychologie »[2]. Que l'actuel natorpien ne soit pas identique à l'objet logique dans sa détermination exhaustive, c'est en outre ce qui apparaît

1. *Ibid.*
2. *Ibid.*, p. 62.

dans les textes cités plus haut (où l'actuel est, tout autant que la puissance, identifié avec le subjectif, de sorte qu'il relève bien exclusivement du psychologique et en aucun cas du logique).

Si donc cette interprétation du double mouvement est irrecevable, c'est parce que le mouvement qu'on a nommé, dans le schéma, « mouvement logique », n'est autre que celui d'une subjectivation, celle-ci ne consistant, comme on l'a dit qu'à revenir à des étapes d'objectivation antérieures pour exhiber leur dépassement dans des étapes supérieures : ce qui constitue justement leur résorption dans la subjectivité. De plus, l'inversion du mouvement dans le passage de la logique à la psychologie a pour conséquence que le mouvement ne reste pas le même et subit un changement qualitatif. C'est que l'inversion du mouvement logique implique l'introduction de la subjectivité, nommée ici puissance (ce qui signifie simplement la déterminabilité, le déterminable = *x*), dont il n'était absolument pas question dans le mouvement logique[1].

L'erreur serait de croire qu'un schéma ou plus largement qu'une interprétation pourrait nous présenter le rapport entre le mouvement logique et le mouvement psychologique – ce qui supposerait que le discours puisse se situer au-delà des points de vue logique et psychologique, ce qui n'est pas le cas, ainsi qu'on l'a vu. La tripartition, donc, se situe à l'intérieur du point de vue psychologie – et si la psychologie constitue la vérité de la logique, c'est uniquement au sens où elle se pose à titre de direction, et révèle rétroactivement que celle-ci était *une* direction, la direction première ou naturelle.

On sait que, pour Natorp, il n'y a pas d'opposition entre psychique et physique, entre des phénomènes psychiques et des phénomènes physiques. On ne peut pas opposer ceux-là à ceux-ci, par exemple la détermination qualitative de l'objet (c'est-à-dire l'objet entendu comme ensemble de qualités sensibles) à sa détermination mathématique (l'objet entendu comme un processus physico-chimique).

Il est certes vrai que la détermination qualitative, par exemple

> la couleur (...) n'a pas d'existence objective – mais qu'elle apparaisse d'une manière précise ainsi et pas autrement, voilà qui est nécessaire sous

1. On remarquera à ce propos que l'opposition entre logique et psychologie n'équivaut pas à l'opposition entre objectivation et subjectivation – pour autant que le concept d'« objectivation », qui est *totalement absent* des *Fondements logiques des sciences exactes*, est la désignation *proprement psychologique* du problème logique. Penser l'objet logique comme *objectivation*, c'est donc le penser comme résultat d'un processus de constitution proprement subjectif – de sorte qu'on est dans la *subjectivation*.

telles et telles conditions définies du point de vue objectif (physique et physiologique), voilà qui est fondé dans la nécessité objective des lois (de l'optique physique et physiologique). Si jamais le phénomène ne résultait pas, dans toute sa déterminité admise et avec une nécessité objective, de la représentation des rapports objectifs posée au fondement, ce n'est pas le phénomène qu'il faudrait nier, mais la théorie qu'il faudrait corriger [1].

Cependant, ce qui importe, ce n'est pas seulement que la science peut *rendre compte* des qualités sensibles, c'est-à-dire de ce qu'on considère d'une manière erronée comme de l'« objectif », mais surtout que l'opposition en question correspond, en vérité, à deux types de conscience. Le passage qui, dans l'histoire de la science, mène de la détermination qualitative de l'objet à sa détermination mathématique, est l'émergence d'une « conscience qui est précisément la conscience scientifique » [2] : « par conséquent, l'objet de la science (ici de la science de la nature) n'est pas absolument opposé à ce qui est "psychique", puisqu'il est lui-même à son tour de l'ordre du "psychique" – si l'on entend par "psychique" le fait d'être conscient à quelqu'un. Il s'agit seulement d'une autre conscience, d'un autre "point de vue" de celui qui accueille cet objet et auquel celui-ci se présente autrement qu'avant » [3].

Il n'y a pas un seul et unique « Je », car, étant donné que le sujet n'est, comme l'objet, rien d'autre qu'une direction, il y a plusieurs visages du sujet comme il n'y a plusieurs visages de l'objet. Ce qu'on retrouve et qu'on doit retrouver, dans la psychologie, c'est un équivalent du fait que, dans le processus d'objectivation, l'objet est d'abord cela avant d'être ceci, par exemple l'objet nature est d'abord l'ensemble des qualités sensibles avant de devenir, avec l'avènement de la physique moderne, une simple détermination mathématique.

Voilà qui implique, en outre, la thèse, corrélative de la constitution du monde de l'objectivité, d'une constitution par la subjectivité d'elle-même. Le sujet, comme l'objet, n'est pas donné mais construit, et, surtout, il résulte d'un travail d'auto-constitution au terme duquel le Je peut se poser, face au monde qu'il s'oppose, dans sa spécificité.

Ainsi, Natorp souligne que la détermination du « Je pense » au sens que Kant donne à cette expression (*i.e.* l'unité originairement synthétique des déterminations catégorielles, ou encore un sujet *qui n'est pas personnel*) est le corrélat subjectif de l'unité de l'objet scientifique : le « Je pense » kantien

1. P. Natorp, *AP*, p. 117.
2. *Ibid.*, p. 115.
3. *Ibid.*

est le sujet logique qui correspond à l'objet scientifique – ce qui veut dire qu'il est l'ensemble des processus cognitifs qui adviennent dans la réalisation des objets scientifiques (par exemple les processus cognitifs par lesquels le mathématicien « réalise » l'objet mathématique)[1].

Dès lors, il ne faut pas envisager le « Je pense » kantien (et contrairement à ce que fait Kant) d'une manière statique, mais au contraire d'une manière dynamique. On ne doit pas le concevoir comme une condition qui serait valide *sub specie aeternitatis*, pour autant que, s'il correspond à un objet qui résulte du processus d'objectivation (l'objet scientifique), donc à un stade précis, qui plus est dérivé et non originaire, la subjectivité qui le caractérise est de même une conquête tardive et donc une étape dans le processus de subjectivation.

Un tel « Je pense » qui est, non pas individuel, mais universel, est donc lié au développement du processus d'objectivation. Il n'est donc pas un fondement qui serait déjà là, mais au contraire un but ou une Idée vers lesquels on tend – et qui sont suscités par le développement de la science elle-même. C'est-à-dire : de même que la science, par exemple, fournit toujours davantage une détermination d'un objet qui, certes, si elle n'épuise pas celui-ci, permet toutefois de le poser dans son identité, son unité et sa transcendance, le mouvement subjectif correspondant implique que le sujet puisse toujours davantage s'épurer de sa singularité pour, dans la détermination de l'objet scientifique, opérer selon des procédures qui prétendent, non pas seulement à un certain degré de généralité entachée d'une inéliminable singularité, mais, de droit, à une absolue universalité.

En ce sens, Natorp souligne que la psychologie porte seulement sur la subjectivité singulière, car la subjectivité universelle, dans la mesure où elle est précisément celle de la science, où elle est le sujet de la science (comme dit Cohen à propos du « sujet » de la *Critique de la raison pure*), n'existe pas ailleurs que dans les procédures de détermination scientifique de l'objet. Cette subjectivité, qui est le corrélat subjectif nécessaire de l'objet scientifique, est une subjectivité qui s'est vidée de toute teneur proprement singulière et concrète pour devenir une subjectivité universelle et abstraite.

La subjectivité universelle, qui n'est donc que la limite idéale supérieure visée par la subjectivité (c'est en effet l'aspect fondamental de la subjectivité cognitive), est liée à l'intersubjectivité (voir son universalité). Mais c'est aussi le cas de la subjectivité singulière, pour autant que le processus de constitution de la subjectivité, donc le processus au terme

1. P. Natorp, *AP*, p. 224.

duquel la subjectivité peut se poser dans sa singularité, est indissociablement lié au rapport à l'autre.

Le « Je pense » universel ne correspond, dans son « unité abstraite »[1], qu'au troisième stade de développement (la limite supérieure extrême) évoqué plus haut. De même que le Je, dans le troisième stade, se dissout en somme dans l'objet, de sorte que l'opposition entre le sujet et l'objet disparaît dans un moment qui est moins un terme effectif qu'une limite idéale, le premier stade, mais cette fois pour la raison inverse, exclut lui aussi l'opposition entre le sujet et l'objet, pour autant que, dans cette limite idéale inférieure extrême, toutes les déterminations de l'objet sont encore renfermées dans un sujet entendu comme pure puissance, pouvoir de détermination.

Étant donné que l'opposition sujet-objet n'existe proprement que dans la deuxième étape, c'est-à-dire dans le mouvement ou le procès effectif de la connaissance, le sujet dont traite la psychologie est le sujet tel qu'il apparaît, face à l'objet qu'il s'oppose, dans le stade intermédiaire – c'est-à-dire, du point de vue de l'analyse du contenu, dans le stade de la représentation par opposition aux stades de la sensation (premier stade) et de la pensée (troisième stade) : « A titre de je spécifique, le Je consiste au fond seulement dans l'étape de la représentation »[2].

Ce qui est premier, ce n'est pas la subjectivité, mais l'intersubjectivité : « il n'y a pas et il ne peut pas y avoir de conscience de soi sans opposition et en même temps un rapport positif à une autre conscience »[3]. L'homme ne devient homme que par et dans la *communauté* humaine, raison pour laquelle il n'y a de pédagogie que *sociale* : « (...) d'après ma thèse, il y a entre l'individu et la communauté un rapport réciproque si étroit qu'une coupure externe, entre une pédagogie individuelle et une pédagogie sociale, est en général dénuée de sens »[4].

De plus, l'émergence du Je dépend du rapport à un Tu, de sorte que c'est le rapport qui est premier et qui engendre ses termes (Natorp penseur de la relation), permettant à la puissance de s'actualiser et au Je de prendre conscience de lui-même : « Je ne deviens pourtant conscient de mon Je, à titre de Je qui est mien et celui d'aucun autre, que lorsqu'il se distingue d'un Tu. Dans cette opposition duelle de deux Je se trouve toujours aussi une union aussi bien qu'une séparation. Le Tu est mon Tu, et Je suis aussi

1. *Ibid.*, p. 244.
2. *Ibid.*, p. 245.
3. P. Natorp, *Sp*, p. 90.
4. *Ibid.*, p. 95. Voir aussi *VPP*, p. 486.

derechef pour lui un Tu »[1]. Le rapport à l'autre est donc d'abord de l'ordre du langage, puisque c'est la parole, à titre d'allocution, qui permet l'émergence d'un moi qui ne se pose comme tel que pour autant qu'il se réapproprie les places énonciatives en se situant correctement dans la parole[2].

Si l'individu ne peut exister qu'au sein d'une communauté, c'est parce que l'individu est individualisation, que cette individualisation est évidemment conçue par Natorp comme concentration ou unification au sens mathématique du terme, et que cette unification ou concentration est la direction d'un mouvement qui implique une direction corrélative, opposée, à savoir l'extension ou encore l'élargissement[3]. Cet élargissement signifie l'émergence de la communauté sociale comme telle[4]. Aussi le problème du solipsisme ne peut-il pas se poser chez Natorp[5].

LA SUBJECTIVITÉ COMME HISTOIRE DES OBJECTIVATIONS

Sujet et objet ne sont rien d'autre que des procès, et l'on comprend désormais la différence entre le procès subjectif et le procès objectif. Dès qu'on réincorpore l'objet dans sa détermination au sein d'une histoire des déterminations de l'objet, on perd la question de droit, on sort de la logique et on entre dans la question psychologique. C'est en ce sens que, du point de vue subjectif (point de vue à partir duquel nous parlions et raison pour laquelle nous avons admis implicitement un tel présupposé), la logique est statique et il n'y a pas de procès logique – puisque la psychologie admet un procès génétique, là où la logique, elle, ne conserve que l'objet, c'est-à-dire les déterminations valides qui, dans leur fixité, déterminent précisément l'objet comme ce qu'il est (question de droit). Ainsi comprend-on mieux en quel sens tout l'effort de Natorp consiste précisément à penser un *procès logique* c'est-à-dire non génétique.

Il y a un isomorphisme entre le procès subjectif et le procès objectif. C'est que le procès objectif, atemporel, n'est autre que le progrès (logique) dans la détermination de l'objet, mais pour autant qu'il est indiqué, d'une

1. P. Natorp, *AP*, p. 246.

2. P. Natorp, *APaL*, § 15. Sur ce point, voir E. Ortigues, *Le Discours et le symbole*, Paris, Aubier, 1962, chapitre VIII, et « Subjectivité et modalité », Actes du IXe Congrès International sur Kant, *Kant Studien*, 1974, p. 605-608.

3. C'est pourquoi, dans *IG*, individu et communauté sont pensés, non comme donnés, mais comme des « Idées » – car « ils ne sont pas achevés, mais deviennent éternellement » (p. 5-6).

4. P. Natorp, *AP*, p. 249-250. Voir aussi *IG*, p. 15.

5. *Ibid.*, p. 247.

manière interne, par les déterminations fixes constituant la vérité relative de l'objet (oubli des étapes antérieures), comme sa limite idéale, c'est-à-dire la coïncidence, impossible à atteindre de fait, entre l'objet et sa détermination. Cependant, puisque ce stade est une limite au sens mathématique, cela signifie qu'il n'est pas ailleurs que dans le procès logique qui pousse la détermination actuelle à se rectifier toujours davantage et à se poser dans son insuffisance, qu'il n'est pas un terme qu'on atteindrait ni même qu'on pourrait atteindre, au sein d'un mouvement avant, à la fin du parcours, mais le procès lui-même, renvoyant donc à un au-delà qui est toujours déjà là (la détermination nouvelle précise et corrige la détermination antérieure et, à son tour, se trouve surmontée dans une nouvelle détermination qui, etc.). Il en va de même pour le procès psychologique, qui exprime exactement le même état de choses, mais à l'envers, c'est-à-dire avec une direction inversée[1]. Ici, le fait de rattacher la détermination de l'objet, à titre de présentation actuelle de l'objet, aux présentations c'est-à-dire aux déterminations antérieures de cet objet, relève cette fois d'un rétro-mouvement, renvoyant à un subjectif ultime qui, à titre de limite, se dissout lui aussi dans la série des figures qu'on peut toujours et encore déployer sans jamais pouvoir atteindre une première figure originaire (le subjectif pur), exactement à la manière dont l'œuvre de Marcel Proust, *A la recherche du temps perdu*, qui illustre exactement la conception natorpienne de l'origine subjective, s'inaugure avec un commencement qui ne coïncide pas avec l'origine (« Longtemps, je me suis couché de bonne heure. Parfois, à peine ma bougie éteinte, mes yeux se fermaient si vite que je n'avais pas le temps de me dire, etc. »[2].)

L'isomorphisme parfait de la logique et de la psychologie consiste dans le fait que toutes deux présentent, comme on l'a dit, les deux figures d'une seule et même origine, laquelle ne se trouve pas ailleurs que dans les deux

1. Ici, une fois de plus, on trouve une métaphore mathématique. La conception natorpienne du rapport numérique +/– est paradigmatique, de même que l'est la limite pour penser l'*x* de la connaissance. En effet, ce ne sont pas les nombres qui sont positifs ou négatifs, mais les signes + et – qui ont une signification purement directionnelle : voir *LGEW*, chap. v. Au passage, rappelons que la critique rapide et illégitime de R. Hönigswald, dans « Prinzipienfragen der Denkpsychologie » (*Kant Studien*, n° 18, 1913), consiste à écrire : étant donné que la psychologie se conquiert par une simple modification de la direction, cette modification, puisqu'elle n'est pas fondée sur une *conversion totale liée à une quelconque révélation* et donc à une quelconque immédiateté, relève d'une réflexion qui était déjà à l'œuvre avant la modification et qui, dès lors, relève de l'objectivation (p. 208). Hönigswald, comme Reinach, pose *a priori* l'échec de la psychologie natorpienne, sous prétexte qu'elle n'admet pas d'immédiateté (= le subjectif pur) : comment dès lors sortir de l'objectivation ?

2. M. Proust, *A la recherche du temps perdu*, Paris, Gallimard, 1954, 3 vol., vol. 1, p. 3.

procès qu'on instaure. De même que l'origine logique se trouve dans la légalité qui ordonne le passage d'une loi inférieure déterminant l'objet à une loi supérieure, l'origine psychologique consiste dans le passage d'une figure de la conscience (de l'objectivité) à une autre.

C'est pourquoi on retrouve dans la psychologie une autre caractérisation de la logique. Rappelons que l'origine, au sens logique[1], est la loi qui permet de passer d'une manière continue à des lois d'intégration toujours supérieures. En ce sens, elle n'est rien autre que la méthode en vertu de laquelle on passe de point en point et de loi en loi : elle ne constitue nullement un terme du parcours, puisqu'elle est au contraire la loi de ce parcours lui-même. Elle est la loi qui intègre les points discrets dans des unités qualitatives (les lois de la série) et ces lois à leur tour dans des unités qualitatives supérieures. C'est en ce sens que, comme l'écrit Natorp dans le texte de 1911 sur la philosophie, le parcours (ou la méthode) est tout, alors que le but n'est rien[2]. L'origine, donc, est bien atteinte à chaque instant, puisque, dès que la pensée se développe, elle peut prendre conscience de la loi qui conditionne sa mobilité infinie.

Il en va de même pour la psychologie. Natorp distingue le *vivre* du *vécu* et souligne que le rapport entre celui-ci et celui-là est le même que le rapport entre l'apparaître ou phénomène et l'objet[3]. Si, d'une part, il y a une *immédiateté du moi*, mais que, d'autre part, *on ne peut pas la connaître immédiatement*, c'est-à-dire si, pour synthétiser ces deux propositions, on ne peut connaître directement le moi sans le transformer en objet, Natorp ajoute : « tout cela confirme finalement l'absolue originarité du vivre »[4]. Le Je dans son immédiateté, c'est la vie, car c'est un flux continu. Il est toutefois possible de parler d'une manière médiate d'une telle immédiateté – ce qui signifie que cette immédiateté peut, d'une certaine manière, être connue *comme telle*, donc dans son caractère immédiat. Elle n'est pas saisie ailleurs que dans le passage d'une médiation à l'autre. Car la pensée, souligne Natorp, fonctionne comme la marche : « le fait d'être sur un pied est nécessaire si l'on veut marcher, mais précisément pour autant qu'on abandonne toujours cet état si l'on veut parvenir à marcher »[5]. Voilà une comparaison fondamentale. Car, de même que la continuité de la marche passe par des poses immobiles (un pied, puis l'autre) qui sont détruites par

1. Nous reprenons ici le résultat de nos analyses dans *Les Néokantiens*, *op. cit.*, p. 124-125.

2. C'est, dit-il dans *PPP*, p. 14, la formule des socialistes kantiens.

3. P. Natorp, *AP*, p. 36-37.

4. *Ibid.*, p. 32.

5. *Ibid.*, p. 111.

le processus continu qui les fait passer de l'une à l'autre, l'immédiateté de la pensée à elle-même ne se trouve pas ailleurs que dans le mouvement analogue qui la fait détruire toute médiation pour passer à une autre médiation. Ce passage, ce mouvement, c'est précisément ce que Natorp appelle *vivre* (ou le *vivre*), et qu'il oppose aux vécus (poses immobiles) dans lesquels seul ce vivre peut être saisi – mais si le vivre peut être, d'une certaine manière, atteint, c'est parce qu'il *déborde* ou *excède* toutes ces poses, pour autant qu'il est le mouvement qui mène de l'une à l'autre. Si le vivre est d'une certaine manière *donné* et s'il est donné avec chaque vécu, c'est parce que, ce qui est donné avec la médiation, c'est l'infinité de la médiation – c'est-à-dire : avec la médiation, on sort déjà de la médiation, étant donné qu'apparaît une ouverture illimitée par laquelle toute médiation implique son dépassement dans une autre médiation.

Il faut désormais reprendre la question de savoir si la genèse psychologique est temporelle. Sur cette question essentielle, il y a une différence notable entre l'ouvrage de 1888 et celui de 1912. Certes, Natorp souligne, dans la *Psychologie générale*, la validité de la proposition énoncée dans l'*Introduction* : à savoir que « c'est le temps qui est donné dans la conscience et non pas la conscience qui est donnée dans le temps »[1]. Autrement dit : on ne peut pas présupposer que la conscience est dans le temps – on ne peut pas l'insérer, lorsqu'on la pense, dans le temps, sans la ravaler au rang d'un phénomène naturel et, à nouveau, la manquer dans sa spécificité. Car le temps, au même titre que l'espace, fait partie des structures qui concourent dans l'objectivation – structures dont le fondement ultime, du point de vue psychologique, est la subjectivité, de sorte que celle-ci, loin d'être *originairement* dans le temps, est au contraire ce qui la produit ou l'engendre, et que cette subjectivité ne se pose elle-même dans le temps que d'une manière *secondaire* et en s'aliénant elle-même. Voilà la thèse qui demeure inchangée dans les deux ouvrages.

Néanmoins, relativement au problème de savoir si le temps est une forme *originaire* de liaison, les réponses opposées des deux ouvrages correspondent rigoureusement aux deux directions qu'on trouvait déjà dans la *Critique de la raison pure*. En effet, l'*Introduction à la psychologie* fait du temps une forme originaire de liaison au sens où, dans la critique kantienne, l'Esthétique transcendantale assure à l'espace et au temps, à titre de formes *a priori* de la sensibilité, une autonomie qui fonde leur spécificité

1. *Ibid.*, p. 252. Voir aussi *PhPr*, § 41.

et leur originarité[1]. Autrement dit, dans les deux cas, le temps doit être présupposé, mis au fondement de toute activité (objectivation) de la conscience, sans qu'on puisse le dériver d'autre chose.

Or, si telle est bien la *lettre* de la *Critique de la raison pure*, l'*esprit* en est tout autre, affirment, dans leur lecture de Kant, les néokantiens de l'école de Marbourg et au premier chef Cohen dans *La Théorie kantienne de l'expérience*, dans la mesure où la progression du texte de Kant, par laquelle celui-ci se développe et s'éclaircit, fait apparaître un approfondissement des thèses énoncées dans une Esthétique qui n'en constitue que le commencement encore imprécis et imparfait. Car, dans le texte sur les trois synthèses, c'est-à-dire la Déduction transcendantale dans la première édition, Kant fait dépendre les rapports spatiaux et temporels de rapports logiques « qui ne sont ni temporels ni spatiaux »[2]. Nous avons traité ailleurs de la question de savoir si, conformément à la *lettre* du texte, le temps dans son unité est bien fondé par et dans l'Esthétique transcendantale, ce qui seul assure le caractère originaire de la liaison temporelle, ou bien si, conformément à l'*esprit* du texte et comme cela apparaît d'une manière particulièrement explicite dans la note du paragraphe 26 de l'Analytique transcendantale, l'unité du temps, simplement encore présupposée dans l'*Esthétique*, ne relèverait pas plutôt de la Logique – de sorte que la liaison temporelle, loin d'être originaire, serait dérivée de rapports non temporels[3].

Telle est exactement la thèse de Natorp dans la *Psychologie générale* : « Temps et espace sont des manières de lier dans la conscience et en aucune façon les plus radicales – il est donc faux de faire du temps comme de l'espace le présupposé de l'être conscient »[4].

On comprend que la négation d'une liaison temporelle originaire dans l'ouvrage de 1912 est le signe d'un abandon de la thèse littérale de la *Critique de la raison pure*, dont il apparaît en revanche que Natorp la soutenait encore en 1888, à savoir l'irréductibilité de l'ordre temporel (et de l'ordre spatial) à tout autre ordre[5].

1. P. Natorp, *AP*, p. 251.

2. *Ibid.*, p. 252.

3. Voir « Remarques sur la note du paragraphe 26 de l'Analytique transcendantale. Les interprétations de Cohen et de Heidegger », *Kant Studien*, n° 94 (2003). Ce texte a donné naissance à une « suite », écrite en collaboration avec J. Servois, « Le statut de l'espace esthétique dans la philosophie kantienne », *Kant Studien*, n° 96 (2005).

4. P. Natorp, *AP*, p. 58.

5. On retrouvera ensuite toujours cette thèse chez Natorp. Ainsi écrit-il dans LG, p. 192 : « La subjectivité ne consiste que dans le devenir, mais dans une genèse supratemporelle. (...)

La négation d'une liaison temporelle originaire, pour Natorp, est corrélative de l'esprit critique qui dépasse tout dogmatisme, car une telle liaison supposerait que la pensée reconnaisse la « sensibilité » ou l'« intuition sensible », non pas seulement comme son autre, mais surtout comme son autre absolu.

De plus, d'une manière absolument kantienne, Natorp assimile la temporalité et la contingence – une généalogie empirique ne peut jamais s'élever qu'à des lois générales (et non universelles) et contingentes (et non nécessaires). Étant donné qu'il n'y a de philosophie scientifique – comme l'écrit Kant au début de la *Critique de la raison pure* – que pour autant qu'elle met à jour des éléments universels et nécessaires (l'*a priori* kantien qui devient le *pur* chez Cohen ou le *transcendantal* dans les *Idées directrices* de Husserl), la psychologie n'est possible, à titre de science philosophique (et non pas à titre de science expérimentale), que pour autant qu'elle relève d'une genèse non empirique qui met en somme à jour les lois d'essence de la conscience. Du coup, « ce qui est purement psychologique, ce n'est pas la présentation de la conscience dans le cours temporel, mais sa présentation à titre d'élargissement et de différenciation 1) du contenu de la conscience, 2) de l'étendue de la conscience, c'est-à-dire de l'extension du rapport du Je »[1].

Natorp écrit :

> dans cette gradation étagée, le temps comme l'espace n'adviennent en général, à partir des rapports de dépendance du logique qui ne sont ni temporels ni spatiaux, que lorsque les points de ces rapports logiques d'abord surgissent pour la conscience dans leur séparation et seulement ensuite se lient à nouveau, afin d'atteindre enfin, dans la conscience englobante, intemporelle de la "recognition" (qui qualifie le "concept" et, partant, l'"objet" dans la direction subjective), leur réunion ultime[2].

Soyons attentifs à la manière dont Natorp s'engage dans la question du temps – pour autant que ce commencement permet d'exhiber les présupposés essentiels du philosophe.

le temps n'est pas la forme originaire de la liaison dans la conscience subjective. Le temps n'est pas dans cette conscience d'une manière plus originaire que l'espace, mais il naît aussi bien que celui-ci à un moment déterminé du développement en lui-même a-temporel et a-spatial de la conscience. Il n'est pas le fondement du caractère génético-dynamique de la subjectivité, mais sa conséquence, (…) ».

1. P. Natorp, *AP*, p. 254.
2. *Ibid.*, p. 252-253.

Car le temps est constitutivement, pour Natorp, lié à la discrétion et à l'objectivation. En langage bergsonien, on dirait que le temps, pour Natorp, c'est le temps de la science. Il peut effectivement difficilement en être autrement pour un auteur qui considère que le subjectif pur ne peut être saisi que dans ses objectivations, et pour lequel il n'y a pas d'accès immédiat au subjectif, et donc pas de temps psychique à proprement parler, par exemple une durée vécue qu'on pourrait opposer au temps objectif pensé par la science.

Natorp souligne qu'on ne saurait accorder au temps une quelconque priorité ou indépendance par rapport à l'espace – d'abord contre la dualité kantienne qui conduit Kant à admettre un sens interne et des phénomènes internes[1], ensuite contre l'irréductibilité bergsonienne de la durée pure à la (dé)figuration scientifique qui spatialise le temps. On soulignera combien la position natorpienne est bien plus proche de la science de son temps que la position bergsonienne, pour autant qu'elle s'accorde avec la thèse einsteinienne qui, d'une part, fait de l'espace-temps une unité absolue, et, d'autre part, rejette le critère de l'irréversibilité qui sert ordinairement à distinguer le temps de l'espace.

Temps et espace apparaissent là « où il s'agit d'ordre causal de ce qui arrive »[2], car ils ne sont rien d'autre eux aussi que des fonctions d'objectivation. Dès lors, imaginer que la genèse psychologique est une genèse temporelle, c'est encore et à nouveau objectiver ce qui, au contraire, est la condition de toute objectivation[3].

Il est vrai que ce qui semble premier, ce qui semble « donné », c'est le temps, dans la mesure où il est bien *ce par quoi l'on commence*. Le mouvement initial et spontané de la conscience est l'objectivation : il apparaît pour la conscience que tout ce qu'elle objective occupe une place dans le temps et dans l'espace – que, donc, l'ordre spatio-temporel est au fondement. C'est seulement ensuite que la conscience, du coup, passe du « vécu de l'ordre temporel » à l'« ordre temporel des vécus »[4], parce que, objectivant

1. En même temps, rappelons que, chez Kant, on ne peut pas penser l'espace indépendamment du temps et inversement : on ne peut penser la ligne qu'en la tirant dans l'espace et on ne peut penser le temps qu'en faisant attention à l'acte de tirer la ligne (*i.e.* en faisant attention à la successivité des moments dans lesquels on tire la ligne) : Kant, *Critique de la raison pure*, B, p. 154 ; Ak. III, p. 121.

2. P. Natorp, *AP*, p. 254.

3. *Ibid.*, p. 257 : placer le procès de la conscience dans le temps, c'est nier « le caractère originaire de la conscience », c'est en faire « une espèce particulière de phénomène à côté d'un autre, le phénomène physique » : bref, il s'agit d'« une objectivation complètement intenable de la subjectivité ».

4. P. Natorp, *AP*, p. 255.

le contenu des vécus, ce sont ses vécus (c'est-à-dire, non plus l'objet, mais l'apparaître ou le phénomène comme tel) qu'elle a naturellement tendance à objectiver.

Cependant, la conscience n'en reste pas, en ce qui concerne les contenus du vécu qu'elle ordonne, à l'ordre spatio-temporel – c'est-à-dire qu'elle ne se contente pas d'organiser temporellement les contenus. Étant donné que la temporalité équivaut à la discrétion, mais que celle-ci repose sur un continuum auquel la conscience s'élève dans un troisième moment, « la conscience de la distinction temporelle se découvre ainsi elle-même à titre de conscience… supratemporelle » [1]. Autrement dit : la conscience, en découvrant la légalité logique intemporelle dans laquelle est fondée la légalité temporelle – ce dont témoigne le fait, par exemple que, comme le développe la *Critique de la raison pure*, la causalité ne trouve pas nécessairement son incarnation dans la succession –, prend conscience que l'ordre temporel n'est pas fondé sur lui-même, mais qu'il repose sur une légalité plus originaire qui doit donc être au fondement.

Soulignons qu'il y a un isomorphisme entre la logique et la psychologie. Dans les deux cas, on croit que c'est par le donné qu'il faut commencer. Le donné, c'est la sensation c'est-à-dire le temps – Natorp jugeant, tout comme les autres marbourgeois, que la distinction kantienne entre la *sensation* et l'*intuition sensible* c'est-à-dire entre la matière et la forme de l'intuition sensible est illégitime. Or puisque cette sensation est définie comme discrétion, conformément à un *leitmotiv* des *Fondements logiques des sciences exactes* qu'on retrouve dans la *Psychologie générale*[2], elle trouve son fondement ailleurs qu'en elle-même – c'est-à-dire que le temps trouve son origine dans un ordre intemporel qui n'est autre que le continuum au fondement de la discrétion. Est-ce alors à dire que l'ordre originaire dont émerge le temps est l'ordre logique ?

L'ordre temporel, explicitement assimilé par Natorp à celui de la représentation (comme premier stade d'objectivation et objectivation de soi-même), se situe entre deux ordres intemporels : au-dessous certes de l'ordre du concept propre à la connaissance scientifique, qui relève de la logique, mais aussi au-dessus d'un ordre duquel cet ordre temporel procède, *et qui ne peut pas être l'ordre logique, sans quoi la psychologie disparaîtrait dans la logique*. Cet ordre, qui est celui qui commande le passage de la puissance à l'actualisation puis à l'actualité, est un ordre *psychologique* que Natorp caractérise ainsi : c'est « un développement qui

1. *Ibid.*
2. *Ibid.*

relève purement du contenu »[1]. L'ordre temporel, donc, disparaît, dans la direction objectivante, au sein des rapports logiques, et, dans la direction subjectivante, au sein des rapports psychologiques et génétiques intemporels.

Si l'on voit bien ce qui caractérise l'ordre logique, on comprend moins ce qui caractérise l'ordre génétique dont il est ici question. Natorp donne comme exemple le « fait de la reproduction »[2], donc la mémoire ou le souvenir (« ce miracle qu'est le souvenir »[3]), qu'on définit toujours comme « retour du même du point de vue numérique »[4]. Une telle définition présuppose que le temps est une forme originaire de liaison, pour autant qu'elle caractérise la reproduction, non pas par le contenu, mais, étant donné que le contenu est posé comme *absolument identique* (le « même »), par la forme : c'est le *retour*, le fait pour le même de revenir. Cependant, si le temps n'est pas une liaison originaire, il faut comprendre le fait de la reproduction comme « surgissement de moments du vécu qui, du point de vue du contenu, sont semblables »[5]. Je ne peux en effet pas poser l'identité de deux moments qui seraient identiques au niveau du contenu, mais temporellement différents, si je ne dispose pas du temps. Néanmoins, puisque le temps n'est pas originairement donné, c'est seulement la *ressemblance* du contenu de deux moments de vécu, qui ne sont pas proprement identiques dans la mesure où le contenu du vécu appelé *b* *rappelle* ou *renvoie* au contenu du vécu appelé *a*, sans pour autant ne faire qu'un avec lui car il recèle sa propre spécificité, qui est à l'origine de l'ordre temporel que j'établis ensuite entre eux[6]. Comme on l'a vu, tout contenu est indissociable de la forme dans laquelle il se donne, c'est-à-dire du degré de présentation et de représentation qu'il ne se contente pas de renfermer, mais qu'il indique et découvre, de sorte que la reproduction donne toujours son contenu comme n'étant pas sous la main ici et maintenant, ce qui seul constitue la condition pour qu'un ordre temporel abstrait, indépendant de tout contenu, consistant dans la succession et la simultanéité, puisse ensuite s'établir.

1. P. Natorp, *AP*, p. 254.
2. *Ibid.*, p. 257.
3. *Ibid.*, p. 123.
4. *Ibid.*
5. *Ibid.*, p. 257.
6. Soulignons encore une fois que Natorp n'est pas empiriste, ce qui signifie que la relation préexiste aux termes qu'elle actualise : la relation atemporelle qu'est la *ressemblance* n'est pas *tirée* des contenus, mais elle les précède et permet de les poser comme tels.

Certes, mais, si l'ordre temporel, pour émerger, présuppose l'existence de contenus qui sont toujours nouveaux, le fait qu'ils soient posés les uns en dehors des autres ne présuppose-t-il pas le temps? Non, car Natorp souligne que l'ordre temporel est fondé sur « la continuité originaire de la conscience »[1]. Cette continuité, Natorp la décrit comme étant à la fois « continuité complète et rapport réciproque », de sorte qu'elle présuppose à la fois la liaison et la distinction (extra-position des points). Si le philosophe la décrit avec les mêmes termes que l'origine (logique) des *Fondements des sciences exactes*, on soulignera qu'il s'agit toutefois d'un ordre, non pas *logique*, mais, comme on l'a dit, *psychologique* originaire.

On peut se demander comment, plus précisément c'est-à-dire plus concrètement, l'ordre temporel surgit de cet ordre psychologique originaire. Natorp ne développe absolument pas cette question (qui devait sans doute trouver sa place dans l'élaboration à venir de la psychologie ensuite abandonnée), mais on peut, d'après ce qu'il écrit, éclairer ce point en poursuivant notre comparaison avec *A la recherche du temps perdu.*

Si l'œuvre de Proust peut illustrer les thèses de la psychologie natorpienne, c'est parce que, d'abord, elle est fondée sur un dédoublement : l'objectivation de celui qui se raconte, mais, en même temps, reste irréductible à toutes ces (ses) objectivations – le narrateur demeure celui qui dit « je » et qui, à ce titre, demeure le support inobjectivable de toute objectivation[2]. C'est ensuite parce que, à titre d'œuvre qui veut décrire la vie subjective dans sa spécificité et sa totalité, depuis son origine jusqu'à sa fin (parcours circulaire au terme duquel le narrateur se décide à écrire un texte qui sera précisément *A la recherche du temps perdu*), cette description n'est absolument rien d'autre que les différentes étapes de l'objectivation[3]. Qu'on voie par exemple le chemin qui mène du geste incompréhensible de Gilberte, que le narrateur encore enfant ne peut pas déchiffrer dans *Du côté de chez Swann*, jusqu'à la révélation de son sens, dans le dernier tome, *Le Temps retrouvé*, où il comprend rétroactivement que ce geste obscène était

1. *Ibid.*, p. 260 (c'est le titre du paragraphe 15). Voir aussi LG, p. 192 : « Ce n'est pas l'élément subjectif de la conscience qui s'ordonne dans le temps, comme si ce temps était prédonné d'une manière indépendante, mais le temps trouve d'abord son origine dans la conscience subjective – et il est vrai de telle sorte que la continuité se trouve toujours au fondement, et que la séparation des moments temporels s'excluant réciproquement est secondaire ».

2. J.-Y. Tadié, *Proust, le dossier*, Paris, Belfond, 1983, p. 52, établit un juste parallèle avec la distinction entre « un je transcendantal (au sens kantien) (...) et un moi empirique ».

3. De sorte que, comme le dit G. Deleuze, « nous avons tort de croire aux faits, il n'y a que des signes » (*Proust et les signes*, Paris, P.U.F., 1964, p. 112).

une invite à l'amour[1] – ou bien les différentes figures par lesquelles passent les êtres et les choses (les différents visages de Charlus, d'Albertine, etc.), conformément à un projet dont on pourrait dire, en langage natorpien, qu'il gomme la position d'existence, c'est-à-dire la question de la validité objective, pour les réinscrire dans une histoire.

Ce qui enfin, ici, est natorpien, c'est l'étrange statut qu'y trouve le temps.

Si notre vie est « si peu chronologique, interférant tant d'anachronisme dans la suite des jours », comme on lit dans les *Jeunes filles*[2], c'est parce que le temps, au sens véritable du mot, c'est-à-dire en dehors de la simple succession qui se contente de nous donner les jours les uns en dehors des autres (l'extra-position des points qui relève chez Natorp de la continuité originaire atemporelle de la conscience), est l'objet d'une constitution. Que cette succession chronologique importe peu, c'est ce dont témoigne l'absence de repères chronologiques dans le texte[3], de sorte qu'on ne sait jamais combien de temps il s'est passé entre tel et tel événement. Dans le « bal de têtes » qui, dans *Le Temps retrouvé*, clôt l'entreprise, ce qui est proprement donné, c'est seulement la nouveauté de l'événement, mais pas son statut temporel et donc l'ordre temporel. Preuve en est dans le fait que le narrateur croit d'abord, lorsqu'il voit les invités de la soirée, qu'ils sont déguisés. L'ordre temporel n'est pas déjà là, comme un cadre vide dans lequel on rangerait l'événement, mais, inversement, il émerge de l'événement : c'est la prise de conscience par le narrateur que les invités ont tout simplement vieilli qui fait advenir le temps[4]. L'ordre temporel, c'est-à-dire

1. C'est donc une étape ultérieure qui rend possible l'identification du sens d'une étape antérieure – on trouve fréquemment dans *A la recherche* des formules du type de celle-ci : « La première, Françoise me donna l'exemple (que je ne devais comprendre que plus tard [...]) » (*Le Côté de chez Guermantes*, *A la recherche du temps perdu*, *op. cit.*, vol. 2, p. 66)

2. Cité par J.-Y. Tadié, *Proust, le dossier*, *op. cit.*, p. 69.

3. Voir J.-Y. Tadié, *Proust, le dossier*, *op. cit.* : non seulement il y a des « ellipses temporelles » et un « vague dans le décompte des années » (p. 72), des sauts et des retours en arrière (*ibid.*), mais « il y a (...) très peu de dates précises » (p. 76) et des « discordances » dans « la chronologie interne » (p. 77).

4. « (...) je m'aperçus pour la première fois, d'après les métamorphoses qui s'étaient produites dans tous ces gens, du temps qui avait passé pour eux » (*Le Temps retrouvé*, *A la recherche du temps perdu*, *op. cit.*, vol. 3, p. 927). Nous avons soutenu dans « Le rythme musical » (co-écrit avec G. Mathon, *Le Temps musical*, Paris, Éditions de la cité de la musique, 2008) la thèse selon laquelle, de même qu'ici ce sont les *rapports logiques* qui engendrent les rapports temporels, dans la musique ce sont les *rapports entre les matériaux musicaux* (d'ordre thématique, harmonique, rythmique ou timbrique) qui engendrent l'ordre temporel (dans son irréductibilité à toute dimension rythmique entendue comme métrification). De plus, nous avons développé dans *Qu'est-ce que le cinéma ?* (Paris, Vrin, 2009) l'idée

la position du passé comme tel, voilà qui est posé à l'aune d'un contenu qui s'impose dans sa présence et repousse un autre contenu dans un temps perdu, à l'aune duquel seulement le passé surgit comme tel : c'est évidemment le goût de la madeleine qui, trempée dans le thé, fait ressurgir tout un Combray disparu avec la tante Léonie, les asperges de Françoise ou le chien de Madame Sazerat, mais ce sont aussi les automobiles opposées aux attelages, les changements de mobilier ou encore de mode vestimentaire, etc. A la fin de *Swann*, ce n'est pas le retour au bois de Boulogne qui fait surgir la différence entre le moment présent et le passé perdu : c'est la perception du bois, avec ses aspects identiques (« on distinguait comme sur une carte en couleur Armenonville, le Pré Catelan, Madrid, le Champ de courses, les bords du Lac »[1]), mais aussi et surtout ses aspects différents (les femmes aux « tuniques gréco-saxonnes », les hommes qui sortent « nu-tête »[2], les automobiles[3]) – c'est donc le contenu qui, parce qu'il est seulement semblable à celui qui précède, fait surgir le *retour* comme tel[4].

Ce qui est remarquable, c'est que nous ne sommes pas très loin de ce que dit Bergson. Mais là où Bergson distingue deux types de temporalité et oppose la durée continue qui est d'ordre qualitative au temps mathématique discontinu, Natorp oppose un ordre intemporel continu, qui est qualitatif, à un ordre temporel discontinu et numérique (donc quantitatif). Néanmoins, Natorp n'oppose d'ordre intemporel à l'ordre temporel que parce que celui-ci reste grevé par la contingence (il n'y a pas à proprement parler d'« ordre » temporel), l'ordre intemporel étant pensé à l'aune du modèle mathématique qui résout la discrétion dans la continuité. En revanche, le présupposé fondamental sur lequel repose la distinction bergsonienne, c'est l'impossibilité, pour la pensée scientifique et plus précisément la pensée mathématique, de rejoindre la continuité et la qualité. Natorp rappelle le *credo* des marbourgeois, qui reçoit toutefois chez lui une présentation beaucoup moins caricaturale que celle qu'en donne Cohen, selon lequel « c'est dans la méthode infinitésimale qu'on trouve le moyen de maîtriser conceptuel-

selon laquelle *La Splendeur des Amberson* (O. Welles, 1942) constitue l'illustration cinématographique d'une telle conception du temps.

1. M. Proust, *A la recherché du temps perdu*, *op. cit.*, vol. 1, p. 423.

2. *Ibid.*, p. 425.

3. *Ibid.*, p. 426.

4. C'est « une sensation du genre de celle de la madeleine » qui, dans « la plus belle partie des *Mémoires d'Outre Tombe* de Chateaubriand, confère au présent sa consistance temporelle en faisant surgir le passé comme tel : « A l'instant, ce son magique fit reparaître à mes yeux le domaine paternel ; j'oubliai les catastrophes dont je venais d'être le témoin, et, transporté subitement dans le passé, je revis ces campagnes où j'entendis si souvent siffler la grive » (cité dans *Le Temps retrouvé*, *op. cit.*, p. 919).

lement jusqu'à la continuité, *il est vrai non sans passer par le détour de la discrétion* »[1]. Aussi, lorsque Bergson accuse la pensée scientifique et, plus largement, la pensée conceptuelle d'isoler ce qui est dans le flux et de le fixer – bref, de procéder « cinématographiquement »[2], en réduisant la durée à des poses immobiles raccordées par du mouvement abstrait –, « son erreur apparaît d'une manière particulièrement claire (...) dans le fait qu'il en reste, dans sa conception du processus scientifique, d'une manière unilatérale à l'étape de l'identité et à la limite de la différenciation, mais qu'il ne va pas jusqu'à la continuité »[3] – « sans quoi il aurait nécessairement trouvé que la méthode de la science, à titre de tout, est pleinement appropriée à ce qu'elle doit examiner : à savoir le "phénomène", c'est-à-dire en définitive ce qui est immédiatement vécu »[4].

Il faut approfondir le rapport de Natorp à Bergson. Tous deux s'accordent sur un point : à savoir que la philosophie a jusqu'ici procédé d'une manière objectivante dans l'analyse de la conscience, fixant pour ainsi dire celle-ci dans ses extériorisations au lieu de revenir au mouvement qui l'anime et la caractérise. Mais, du coup, Bergson fait partie de ceux qui croient « s'approcher davantage de la vie concrète du psychisme en s'orientant sur les processus formateurs et non pas simplement sur les configurations achevées qui en résultent »[5]. C'est là où, pour Natorp, Bergson se trompe, puisque la *Psychologie générale* soutient qu'on ne peut pas atteindre immédiatement les processus ou les actes. Il n'est pas nécessaire, du coup, d'en appeler à une quelconque intuition qui serait le but ou le prolongement de la pensée conceptuelle, et que celle-ci ne pourrait qu'annoncer et indiquer, dans la mesure où, en philosophie comme dans les autres sciences, on remonte à partir de ce qui se donne en premier, « les "formes" figées », jusqu'au procès en devenir qui est à leur fondement. « C'est pour cette raison que [dans les sciences] le mouvement est considéré comme le phénomène fondamental de la nature, l'énergie comme instrument principal de son explication »[6].

Lorsqu'il s'agit, dans le paragraphe 9 du chapitre X de la *Psychologie générale*, de présenter les divisions de la psychologie, Natorp souligne

1. P. Natorp, *AP*, p. 309 (c'est nous qui soulignons, pour autant que la deuxième partie de la proposition exprime ce qui oppose Natorp à Cohen : nous avons longuement exposé ce point dans *Les Néokantiens*, *op. cit.*, chap. II : L'origine chez Natorp).

2. *Ibid.*, p. 309.

3. *Ibid.*, p. 310.

4. *Ibid.*

5. *Ibid.*, p. 255.

6. *Ibid.*, p. 256.

qu'on peut y distinguer deux parties. Si la deuxième est un « examen génétique » qui décrit « le changement, le développement, la construction génétique de la vie spirituelle »[1], la première est un examen « ontique » qui tente d'exhiber, non pas seulement ce qui est proprement subjectif, mais même « ce qu'il y a de plus individuel dans le subjectif »[2].

Cependant, la psychologie n'en est pas moins une discipline qui relève de la loi. Natorp aborde ici une question qui fonde l'unité du néokantisme marbourgeois et le partage entre les deux écoles néokantiennes, l'école de Marbourg et celle de Heidelberg. Il écrit : on souligne en général que « la psychologie n'est pas une science de la loi. Il semble qu'on en arrive à l'idée selon laquelle elle est une pure science des faits – pour reprendre l'expression habituelle : une science non pas explicative, mais simplement descriptive. Cette idée s'est toutefois avérée erronée : fait et loi, description et explication sont absolument impliqués l'un par l'autre. Le fait ne peut pas être assuré autrement que dans la loi. Et la description est subsumption sous des concepts généraux. Les concepts généraux, au moyen desquels on décrit, ont toutefois besoin d'une justification et on ne peut pas les justifier autrement qu'à partir d'un contexte légal. Dans toute science, la description n'a d'ailleurs qu'une valeur préparatoire précisément pour la connaissance légale qui est la seule espèce suffisante d'"explication", le seul sens clairement compréhensible de l'"explication". Par conséquent, il n'est pas possible d'attribuer la description et l'explication d'un seul et même objet à des sciences différentes – un seul et même *objet* : ainsi est-il aussitôt dit que la description signifie aussi bien que l'explication l'objectivation »[3].

Natorp s'oppose donc à la distinction entre procédé nomothétique et procédé idiographique (Windelband) ou entre méthode généralisante et méthode individualisante (Rickert), qui trouve son illustration dans la différence heidelbergienne entre les sciences de la nature et la science historique. On sait que les heidelbergiens soulignent que, si celle-ci, qui procède certes au moyen des concepts généraux, porte sur l'exhibition de la singularité absolue constitutive de tout événement, celles-là portent sur l'universel de la loi de la nature et dissolvent le singulier qui devient un exemple particulier[4]. Outre qu'ils soulignent qu'il s'agit de deux points de vue sur une même réalité, ils affirment que, dans les deux cas, non

1. *Ibid.*, p. 248-249.

2. *Ibid.*

3. *Ibid.*, p. 189-190.

4. Nous avons développé ce point dans *Les Néokantiens*, *op. cit.*, chap. II : La méthode scientifique chez les heidelbergiens.

seulement on retrouve un rapport entre le général (ou l'universel) et le singulier (ou le particulier), mais que ce qui change, c'est seulement le rapport de subordination des deux membres de la relation. Les heidelbergiens ne soulignent pas moins que Natorp la mutuelle implication entre universel (et général) et particulier (ou singulier). Mais leur conception de cette implication, selon Natorp, est fondée sur une conception désuète de l'universel, c'est-à-dire, en langage cassirérien, une conception substantielle et non fonctionnelle du concept. Aussi restent-ils incapables de penser effectivement l'implication de l'universel et du singulier, puisque celui-ci est assimilé au particulier de l'exemple interchangeable, alors que l'universel, ainsi qu'il est compris dans les *Fondements logiques des sciences exactes* ou dans *Substance et fonction*, est, comme la loi générale d'une série mathématique, tel qu'il singularise les éléments entre lesquels il établit un rapport. Ici, chaque terme d'une série est déterminé d'une manière unique dans la loi générale, il ne peut être ni échangé ni confondu avec un autre terme d'une série qui lui confère une valeur de position – raison pour laquelle sa singularité lui échoît à titre de membre de cette série, sans qu'on puisse le détacher de celle-ci[1]. La théorisation des heidelbergiens est, de plus, fondée sur une conception douteuse du singulier, puisqu'il est compris, d'une manière conforme à la lettre du texte kantien, mais non pas à son esprit (du moins pour autant qu'on conçoit celui-ci d'une manière marbourgeoise), comme un élément intuitif irréductible au concept qui serait d'abord donné.

Nous avons souligné que Natorp écrit, à propos de la psychologie, que l'abstraction (*i.e.* la connaissance *légale*) n'en est que le moyen, puisque le but est la concrétisation[2]. Cela ne veut pas dire qu'il faudrait mener l'abstraction jusqu'à son point ultime où celle-ci, révélant son impossibilité

1. P. Natorp, BB, p. 453-454; NTE, p. 355.

2. Notons encore une fois combien Reinach se méprend dans son compte rendu lorsqu'il écrit que Natorp refuse de faire de la psychologie une science explicative tout autant qu'une science descriptive (*op. cit.*, p. 209). Natorp, du chapitre I au chapitre VII, ne cesse de répéter que la psychologie *n'*est *pas* une science de la loi (p. 93, 105, 189), puisqu'elle porte sur un élément concret et immédiat qui répugne à toute objectivation. Mais il y a une progression dans le livre, puisque, après les chapitres unilatéralement négatifs surgit le projet positif de Natorp (chap. VIII : « La méthode de reconstruction »), où il apparaît que l'origine est derrière et non devant : l'élément subjectif concret n'est pas *quelque chose* de perdu qui serait derrière, mais il est le *telos* de toute *abstraction* : c'est pourquoi le concret est *concrétisation*, la psychologie *re-construction* qui, à ce titre, n'exclut nullement l'abstraction (*i.e.* la connaissance légale) dès que celle-ci est reconnue comme un *moyen*. Aussi pourrait-on dire à propos de Reinach, en parodiant les propos de Cohen sur Schopenhauer : « mais cet homme a-t-il seulement lu l'*AP* ? »

à penser (déterminer) le concret, on n'aurait plus, tel Cratyle, qu'à le montrer du doigt sans pouvoir en dire quelque chose. La psychologie, selon Natorp, a pour but (du moins dans une de ses deux parties) l'exhibition du subjectif dans ce qu'il a d'individuel. En premier lieu, cette détermination de la psychologie s'oppose à la détermination commune de la psychologie, qu'on trouve par exemple chez les heidelbergiens, et qui définit celle-ci comme la mise en évidence des lois générales qui régissent la subjectivité[1]. En second lieu, il n'y a chez Natorp, et conformément à la thématisation du concept évoquée plus haut, nulle opposition entre le moyen et le but, c'est-à-dire entre l'abstraction du concept et la dimension concrète du subjectif individuel. La concrétisation n'est pas le but de l'abstraction au sens d'un terme qui lui resterait extérieur, car elle est au contraire la direction et le mouvement même de l'abstraction, pour autant que c'est la légalité qui, lorsqu'on la pousse jusqu'à son achèvement, permet de déterminer le singulier.

Voilà la raison pour laquelle Natorp fait des deux termes de la distinction kantienne, l'*intuition* et la *pensée*, non pas deux éléments qui collaborent et seraient d'importance égale dans la connaissance, mais au contraire deux stades de la connaissance : l'intuition, si elle est au commencement de la connaissance, trouve sa suppression dans la pensée. Mieux, l'intuition n'est pas seulement le commencement, mais aussi d'une certaine façon le but de la pensée, pour autant qu'elle corresponde à ce que Natorp nomme déterminité (*Bestimmtheit*) – c'est-à-dire la détermination (*Bestimmung*) adéquate qui épuise l'objet. L'intuition, c'est certes le début de la connaissance, c'est-à-dire le moment où le concept est encore aveugle, le moment où le x = déterminable n'est pas encore déterminé. Mais celui-ci ne peut être posé comme tel que par une pensée qui a déjà dépassé cette indétermination originaire et qui la pose précisément, *mais à partir d'elle-même et des étapes qu'elle a franchies*, comme son propre commencement. Néanmoins, l'intuition, c'est aussi l'horizon visé par cette pensée qui s'est déjà déployée. Natorp écrit dans le paragraphe 1 du chapitre VI des *Fondements logiques* que « la place de l'intuition surgit lorsque les moments du procès de la connaissance, jusque-là séparés par abstraction et examinés selon leurs résultats respectifs, de sorte qu'ils ne produisent pas la pleine objectivité, sont réunis pour constituer l'objet de l'expérience une ». L'intuition, c'est donc non seulement la mise en relations des différentes fonctions logiques, mais aussi leur achèvement. Si

1. Voir H. Rickert, *Science de la culture et science de la nature*, trad. fr. A.H. Nicolas, Paris, Gallimard, 1997, chap. VIII.

l'intuition est l'horizon visé par la pensée, c'est parce qu'elle est l'idée d'un achèvement de la connaissance qui parviendrait, grâce à la mise en rapport des différentes fonctions logiques et à leur hiérarchisation en une totalité complète, à rejoindre l'individuel comme tel.

Voilà précisément le sens en lequel la psychologie a pour but l'individuel. Celui-ci n'est pas l'autre de la pensée conceptuelle, à la manière de l'intuition bergsonienne, puisqu'il est au contraire son terme et sa direction : « En vérité, la psychologie de l'individu renferme toutefois, au contraire, un caractère qui est le plus général, et c'est d'abord dans la différenciation progressive qu'apparaît ensuite une psychologie des types de peuples, des classes sociales et des professions, des sexes, etc., et, en fin de compte, une psychologie "différentielle" telle qu'elle atteint l'individu »[1].

De là l'opposition avec Bergson. Pour le philosophe français, « nous devons nous débarrasser de l'effort sans fin de l'intelligence et retourner à l'immédiateté de l'intuition »[2]. Cependant, « disposons-nous donc de ce pouvoir surnaturel qu'est l'intuition[3] ? » Non seulement ce n'est pas le cas, mais Natorp souligne que cela ne l'a jamais été. Cette intuition et, partant, le rapport immédiat avec la vie dans sa concrétude n'est pas même le privilège de l'enfant qui vient au monde. Car, contrairement à la thèse de ceux qui pensent que « le paradis est perdu et ne peut pas être retrouvé »[4], Natorp soutient la thèse selon laquelle même l'enfant qui naît n'a pas un rapport immédiat au monde qui serait ensuite perdu[5]. Voilà qui signifie, d'ailleurs, qu'on ne peut pas poser dogmatiquement un chaos originaire que la subjectivité constituante organiserait et formerait progressivement. Autrement dit, il n'y a pas originairement d'*Erscheinung* au sens kantien, c'est-à-dire de « phénomène indéterminé ». Le phénomène est toujours déjà déterminé, toujours déjà objectivé – même s'il ne s'agit jamais que d'une objectivation provisoire et donc mouvante. L'*Erscheinung*, le chaos – c'est-à-dire dans le langage de la *Psychologie générale* la puissance, le déterminable –, ce n'est nullement un stade effectif qui a eu lieu et qu'il faudrait retrouver, mais c'est simplement une limite idéale posée par la pensée conceptuelle. Certes, nous l'avons déjà dit, mais il faut, non

1. P. Natorp, *AP*, p. 249.
2. *Ibid.*, p. 328.
3. *Ibid.*
4. *Ibid.*
5. On trouve exactement non seulement la même thèse sur le chaos originaire (ou divers) et son rapport avec la forme, mais aussi le même exemple dans E. Cassirer, *La Philosophie des formes symboliques*, *op. cit.*, vol. 1, p. 80.

seulement insister sur ce thème qui est un *leitmotiv* de la pensée natorpienne, mais surtout tirer de cette thèse toutes les conséquences qu'elle renferme. Car si la thèse bergsonienne présente pour Natorp une naïveté précritique, c'est-à-dire un dogmatisme, c'est parce que, en affirmant l'irréductibilité de l'intuition à la pensée conceptuelle et donc le retour à un immédiat qui peut être immédiatement connu, elle fait de cet immédiat un paradis perdu auquel accède originairement l'homme et qu'il lui faut retrouver. Elle transforme des concepts méthodologiques en concepts ayant une portée ontologique – c'est-à-dire une direction essentiellement tournée vers l'avenir (la déterminité qui constitue le but) en passé immémorial. Elle ne se rend pas compte que l'immédiat, le concret, le singulier, c'est-à-dire, en un mot, la vie, ne sont pas extérieurs à la pensée et que, c'est la pensée, qui, *à partir d'elle-même et à l'intérieur d'elle-même*, les pose comme ses propres limites.

DEUXIÈME PARTIE

LA *SYSTÉMATIQUE PHILOSOPHIQUE* DE 1922-1923

CHAPITRE PREMIER

LA LOGIQUE GÉNÉRALE

DE LA *PSYCHOLOGIE GÉNÉRALE* A LA *SYSTÉMATIQUE PHILOSOPHIQUE*

De fait, la *Psychologie générale* est un texte qui met fin à toute l'investigation philosophique inaugurée par Natorp avec son premier travail (*La Philosophie de Descartes sous l'angle de la théorie de la connaissance*, 1881). Car, après la parution de celui-ci, et si l'on excepte la publication de quelques articles récapitulatifs et synthétiques dans lesquels rien de nouveau n'est dit, il faut attendre la publication, en 1918, du compte-rendu du *Kantbuch* de Bruno Bauch de 1918[1], pour qu'apparaissent, non seulement quelque chose de nouveau, mais surtout un tournant décisif dans la pensée natorpienne.

Il y a un lien très fort entre la *Psychologie générale* et les textes du « second Natorp », dans la mesure où :

1) la *Psychologie générale* est le dernier grand texte (le dernier livre) publié par Natorp avant sa conversion à un projet philosophique radicalement inédit et, partant, l'abandon au moins apparent du « projet marbourgeois », de la communauté de travail dans laquelle s'inscrivaient jusqu'ici tous les écrits de Natorp;

2) Natorp écrit dans la « Présentation personnelle » de 1921 : « Presque le jour même où j'ai pu mettre un point final à la fondation de la *Psychologie générale*, j'ai compris qu'il y avait une exigence plus décisive

1. Rappelons que Bruno Bauch (1877-1942) est un représentant de l'école néokantienne rivale, appelée école de Bade ou de Heidelberg. Il fut l'élève de Rickert, mais s'en éloigna par la suite. Le livre dont Natorp fait ici la recension est : *Immanuel Kant*, Berlin-Leipzig, Göschen Verlagshandlung, 1916.

dont il sera ici essentiellement question, celle de la *logique générale* »[1]. En outre, Natorp précise quelques lignes plus haut : « En fait, mes premiers travaux ne laissent à peu près rien transparaître de toutes ces réflexions. C'est seulement ma *Psychologie générale* de 1912 qui a pu donner quelque notion de ce vers quoi je me dirigeais vraiment, même si celui qui parvient alors à l'y deviner ne pouvait en ignorer les linéaments présents aussi dans tout ce qui a précédé ce livre »[2]. Autrement dit : c'est la *Psychologie générale* qui mène à l'investigation philosophique initiée par la « logique générale », poursuivie et achevée avec la « systématique philosophique » – ou, si l'on préfère, la « logique générale » et la « systématique philosophique » auxquelles elle conduit sont l'aboutissement de ce qui apparaît dans la *Psychologie générale*.

Si, relativement aux textes publiés par Natorp, c'est dans le compte-rendu du livre de Bauch qu'il est pour la première fois question du projet d'une logique générale (*allgemeine Logik*) – et que l'expression apparaît pour la première fois telle quelle[3] –, c'est dans un manuscrit non publié de 1914, « Introduction à la logique générale », qu'on trouve la première mise en œuvre du nouveau projet[4].

Jurgen Stolzenberg distingue, dans l'élaboration de la logique générale, trois textes non publiés du vivant de Natorp et qui constituent autant d'ébauches : 1) l'« Introduction à la logique générale » de 1914[5]; 2) la « Logique générale » de 1918[6]; 3) la « Logique générale à titre de systématique de la philosophie » de 1920[7]. Nous ne nous intéresserons pas ici aux différences manifestes entre ces trois textes et à la manière dont Natorp corrige et surtout précise peu à peu sa pensée – d'autant plus que ce travail a été accompli par Stolzenberg, qui montre que c'est seulement dans le texte de 1918 qu'apparaît l'unité systématique de la logique générale[8], et que

1. P. Natorp, PP, p. 215.

2. *Ibid.*

3. Voir *Neukantianismus. Perspektiven und Probleme*, édité par H. Holzhey et E.W. Orth, Würzburg, Königshausen & Neumann, 1994, p. 403.

4. Voir aussi l'ébauche d'une lettre à un inconnu, du 25 nov. 1915 (H. Holzhey, *Cohen und Natorp*, *op. cit.*, vol. 2, p. 443), où il est question d'une « théorie générale des catégories » qui apporte « une solution nouvelle » au problème du dualisme kantien intuition-pensée.

5. J. Stolzenberg, *Ursprung und System*, *op. cit.*, p. 147-153.

6. *Ibid.*, p. 154-160. Il s'agit du texte que nous avons traduit dans *Néokantismes et théorie de la connaissance*, *op. cit.*

7. *Ibid.*, p. 161-171.

8. *Ibid.*, p. 154.

c'est dans celui de 1920 que Natorp formule comme tel le principe fondamental autour duquel s'ordonne cette logique[1].

Nous conserverons, dans ces ébauches de la logique et tout particulièrement dans le texte de 1918, ce qui peut nous aider à comprendre la spécificité d'un projet dont l'exposition la plus complète se trouve dans les cours de 1922-1923, publiés en 1958 sous le titre *Systématique philosophique*. S'il est vrai que la *Systématique* n'est pas véritablement l'achèvement d'un projet stoppé par la mort de Natorp, il n'en reste pas moins qu'il est, pour nous, le texte non seulement ultime du philosophe sur cette question (les *Cours de philosophie pratique*, qui viennent juste après la *Systématique*, ne portent que sur une partie du système), mais aussi le plus développé – voilà pourquoi nous nous appuierons essentiellement sur lui.

L'INSTAURATION D'UN NOUVEAU PHILOSOPHER

Ce qui caractérise désormais le projet de Natorp, c'est que le discours philosophique cherche à réfléchir sur les présupposés à partir desquels il s'instaure.

Certes, tant qu'on s'arrête à une telle formulation, on ne voit pas bien en quoi cette caractéristique serait spécifique à Natorp et même aux textes écrits à partir de 1914. En quoi, en effet, les travaux antérieurs de Natorp excluraient-ils une telle dimension? Non seulement la réflexion sur les présupposés est une spécificité du discours philosophique en général, mais n'est-ce pas, par définition, une caractéristique du néokantisme, pour autant qu'il se fonde sur l'exigence critique d'une connaissance qui réfléchit ses propres conditions de possibilité?

Ce qui est en tout cas certain et relève d'un constat, c'est que le discours philosophique natorpien, par une telle réflexion, remonte en deçà des présupposés qu'il admettait jusqu'à présent et que, désormais, il met en question.

Par exemple, auparavant, Natorp présupposait la division de la philosophie en trois sphères (théorique, pratique, esthétique) qui relèvent de l'objectivation, plus une sphère qui relève de la subjectivation (psychologie). Bref, si l'on fait abstraction de la spécificité natorpienne (la psychologie), on constate que le philosophe reprenait la tripartition kantienne (à chaque sphère de la philosophie correspond chez Kant un ouvrage critique)

1. *Ibid.*, p. 161.

également admise, du côté de l'école de Marbourg, par Hermann Cohen et Ernst Cassirer[1].

Le problème qui se pose est celui de l'unification du système de philosophie et donc celui de l'avènement de la philosophie à titre de système – ce qui, pour Natorp comme pour Cohen, est la condition de la philosophie comme telle, c'est-à-dire de la philosophie à titre de science : l'assimilation de la philosophie à une science systématique est quelque chose qu'on trouve, non seulement chez les marbourgeois, mais, plus largement, dans le néokantisme et même dans l'idéalisme allemand en général.

La question devient : comment penser le système ? Comment fonder le système ?

Jusque-là, Natorp suivait Cohen, pour autant que, chez lui comme chez son maître, l'unification devait nécessairement être opérée *a posteriori*. Il n'y a pas d'autre solution à partir du moment où l'on commence, non pas par le système lui-même, mais par une partie du système. C'est le cas de Cohen, qui commence par la logique, poursuit avec l'éthique, pour ensuite – exactement comme Kant – passer à l'esthétique[2]. De même, Natorp commence avec la logique, puis, ainsi qu'on l'a vu, il poursuit avec la psychologie.

Il faut distinguer plusieurs degrés d'unification chez Natorp.

La *première* unification est opérée par la philosophie de la connaissance scientifique, dans la mesure où elle agit comme modèle. Natorp distingue en effet trois grands domaines d'objectivation : la connaissance, l'action et l'œuvre d'art. Cela posé, Natorp pense le processus d'objectivation (et donc toutes les formes d'objectivation) à l'aune du théorique en général et plus précisément du processus scientifique d'objectivation (primat de la logique sur la pratique et sur l'esthétique). Comme le développe le chapitre 1 de *La Philosophie. Son problème. Ses problèmes*, la méthode transcendantale doit partir du *factum* de la culture. La vie, souligne Natorp, c'est le travail culturel, l'auto-objectivation de l'humanité dans la production de mondes objectifs. Or, ce qui, selon cet auteur, est central dans toute forme de culture, c'est la production du savoir, le *Wissen-schaffen*. C'est parce qu'il n'y a pas de création sans production de savoir qu'on ne peut penser le pratique et l'esthétique qu'à l'aune du théorique, même s'ils n'y sont pas réductibles dans la mesure où ils en sont aussi un dépassement.

1. Voir notre *Hermann Cohen, op. cit.*

2. Sur l'unité du système chez Cohen, voir notre *Hermann Cohen, op. cit.*, « L'unité du système ».

De là l'objection de Cassirer qui, dans *La Philosophie des formes symboliques*, reproche à Natorp d'opposer subjectivation et objectivation en présupposant qu'on puisse ramener à une unité, celle de l'objectivation scientifique, toutes les différentes formes d'objectivation. Du coup, parce qu'il pense l'objectivation relativement à la science, Natorp ramène l'objectivation au *légal* (c'est-à-dire à la loi comme unification du divers), et cela même pour l'éthique et l'esthétique. Or, « n'est-ce pas l'objectivité de la "forme" qu'on y [*sc.* dans l'éthique et l'esthétique] cherche et non celle de la loi[1] ? »

Contre une telle critique, nous remarquons, en premier lieu, que Natorp ne réduit pas l'objectivation à la légalité c'est-à-dire à la loi. Certes, Natorp souligne (comme nous l'avons vu) le privilège de la science pour penser le processus d'objectivation, dans la mesure où c'est dans la science que ce processus se réalise d'une manière exemplaire[2]. Il écrit que « le privilège essentiel de la science, relativement à la tâche de la psychologie, est seulement le privilège indiqué : la science est consciente de chaque pas qu'elle fait – de sorte qu'elle peut aussi plus facilement pour ainsi dire revenir à nouveau sur chaque pas (...) »[3]. Mais il n'en reconnaît pas moins une diversité de processus d'objectivation irréductibles à la légalité mathématique et physique, c'est-à-dire irréductibles à la légalité en général. Ainsi, il écrit à propos de la connaissance ordinaire :

> Il y a toute une partie non négligeable de nos concepts généraux (*Gemeinbegriffe*), tels qu'ils sont pour ainsi dire consignés dans les mots de la langue et leurs diverses significations, qui s'enracine dans la science. Toute nomination achève pour ainsi dire une objectivation complète. Toute appréhension d'un complexe phénoménal comme *une* chose, comme *un* processus, toute position d'une identité en général, bref toute formation d'une quelconque unité de la représentation renferme la fonction objectivante. Toute technique en quelque façon développée dispose d'un système de concepts finis qui possèdent souvent une déterminité marquée et qui ne sont pas inférieurs aux concepts scientifiques. Par conséquent, les "choses" de la représentation commune sont des unités

1. E. Cassirer, *La Philosophie des formes symboliques*, *op. cit.*, t. 3, p. 71.

2. C'était déjà l'argument cohénien pour justifier la thèse selon laquelle il faut penser la connaissance en général à l'aune de la connaissance scientifique : « L'idée de connaissance ne peut être décrite, déterminée, découverte, mesurée et élaborée qu'en rapport aux problèmes de la connaissance scientifique. Il n'y a pas d'autre possibilité de s'approcher du problème de l'objet que celle qui se manifeste dans la science » (*Logik der reinen Erkenntnis*, *op. cit.*, p. 57).

3. P. Natorp, *AP*, p. 196-197.

> spirituelles d'une espèce essentiellement semblable, bien qu'ayant souvent des contours moins rigoureux et assurés, que les "objets" spécifiques, aux contours rigoureux, de la science [1].

Il apparaît dans ce texte que la connaissance ordinaire procède d'une manière différente de la connaissance scientifique, puisque, si l'unité du concept scientifique est celle de la loi (ce que Cassirer, dans *Substance et fonction*, nomme la conception fonctionnelle du concept), ce n'est pas le cas du concept relevant de la connaissance ordinaire : il est une représentation générale, celle d'une caractéristique commune à différentes représentations singulières (c'était déjà la définition qu'on trouvait chez Kant, par exemple dans l'Esthétique transcendantale, et c'est ce que Cassirer, toujours dans *Substance et fonction*, nomme la conception substantielle du concept)[2].

Davantage, la connaissance ordinaire, qui commence avec la perception[3], dont la nature est complexe, se construit au moyen de l'imagination (à titre de faculté représentative, qui permet non seulement de se rendre présent ce qui a été perçu et ne l'est plus, mais aussi d'isoler et d'abstraire les parties d'un tout perçu[4]) et du langage (car les « catégories naturelles » émergent, non seulement des mots comme rubriques permettant de classer et de ranger les choses, mais aussi des rapports syntaxiques permettant l'avènement de catégories qui relèvent de rapports et déterminent différents types de relation[5]).

Si Natorp assimile toutes les formes d'objectivation à la « légalité » et écrit que les unifications de la connaissance ordinaire et de la connaissance scientifique sont « d'une espèce essentiellement semblable », c'est seulement au sens où toutes ont en commun de s'éloigner de l'immédiateté (ici le divers indéterminé) pour lui conférer une forme en lui imposant une unité et en posant son existence transcendante à titre d'objet. Ainsi est-ce aussi le cas de l'imagination (*Phantasie*) : « la représentation de l'imagination ne parvient absolument pas à la conscience, pour celui qui exerce naïvement son imagination, tel un simple jeu subjectif de ses pensées, mais il intuitionne le monde de sa fantaisie et y vit comme dans un monde existant (...). L'imagination "poiétise" (*dichten*) c'est-à-dire invente des objets »[6].

1. *Ibid.*, p. 196.
2. Nous avons traité ce point dans *Les Néokantiens*, *op. cit.*, p. 139-141.
3. P. Natorp, *PhPr*, § 2.
4. *Ibid.*
5. *Ibid.*, § 3 ; voir aussi *APaL*, § 21, 25.
6. P. Natorp, *AP*, p. 197.

Nous remarquons, en second lieu, que, s'il y a une critique qu'on peut faire à Natorp, ce n'est nullement celle faite par Cassirer, mais celle qui constate que Natorp assimile l'art à une forme d'objectivation (critique qu'on peut donc aussi faire à Cassirer)[1]. Dans le texte que nous venons de citer, Natorp ajoute immédiatement : « On dit qu'elle [*sc.* l'imagination] est organisatrice, formatrice, créatrice : elle donne la vie, elle crée la vie, voilà sa vitalité. En un mot, elle objective, comme on le voit le mieux dans l'art »[2]. Voilà une thèse qui apparaît d'autant plus contestable que l'époque qui est celle de Natorp voit surgir une « révolution artistique », tout autant dans la peinture, dont le caractère représentatif ou figuratif (c'est-à-dire *objectivant*) commence à être vigoureusement contesté par des artistes qui donnent naissance à des possibilités nouvelles, que dans l'art par définition non représentatif, à savoir la musique, où c'est l'idée même d'une *unité* et donc d'une *loi* musicale qui se trouve contestée, l'œuvre musicale assumant et exhibant désormais son caractère fragmentaire et morcelé[3] (c'est déjà le cas de la musique wagnérienne, avec ses modulations systématiques, son chromatisme et précisément toutes les autres caractéristiques qui lui permettent d'exprimer le flux, le devenir, c'est-à-dire d'être une expression musicale de l'indétermination[4]).

La *deuxième* unification est accomplie par la psychologie. Nous avons vu en quel sens la psychologie est un fondement auquel sont reconduites

1. P. Natorp, *Sp*, p. 349 : « (...) il s'agit nécessairement, dans la sphère esthétique, d'une espèce particulière de *connaissance*, différente de la connaissance théorique et de celle éthique, mais les unissant d'une certaine manière. (...) il s'agit (...) d'intuitions objectives (*objektive Anschauungen*), c'est-à-dire en un sens particulier de configurations objectives. Du coup, la question est de savoir quelle est la *manière* particulière, la *manière* propre de *poser un objet* (*Objekt*) qui caractérise la sphère esthétique, et comment elle se rapporte aux types et aux manières théorique et éthique de poser un objet (*Gegenstand*) ». Sur l'esthétique natorpienne, nous renvoyons à I. Krebs, *Paul Natorps Ästhetik* (*Kant Studien Ergänzungshefte* n° 109), Berlin-New York, W. de Gruyter, 1976.

2. P. Natorp, *AP*, p. 197.

3. P. Natorp, *Sp*, p. 349 : « En ce qui concerne l'objet (*Objekt*) esthétique, la *forme* c'est-à-dire l'*unité* de la configuration est aussi essentielle que pour l'objet de la nature ou l'objet des mœurs ». Voir aussi *PPP* : l'esthétique est selon Natorp une « logique de l'œuvre d'art objective. Car cette œuvre renferme une connaissance en elle, qui est soumise à des lois particulières » (p. 99) – la spécificité de celles-ci se trouvant dans le fait que l'objet artistique est l'« absolument individuel » (p. 98).

4. Et plus précisément d'une détermination qui s'esquisse, se dessine, pour se dissoudre dans une autre qui à son tour, etc. Voir sur ce point notre *Esthétique musicale de Nietzsche*, *op. cit.*, p. 90 (et, sur le caractère destructif d'une musique qui transgresse les lois de la musique occidentale, p. 246-255). Voir aussi notre *Qu'est-ce que la musique ?*, Paris, Vrin, 2005, p. 14-17 (sur la question de l'unité structurelle de l'œuvre musicale).

toutes les autres parties de la philosophie, pour autant qu'elles relèvent de la dimension objectivante. Puisque l'objectivation est multiple, l'unité véritable se trouve dans la subjectivation à l'origine de toute objectivation. La psychologie, en ce sens, est le *fondement unitaire* de la philosophie. Heidegger souligne que, « dans cette œuvre [*i.e.* la *Psychologie générale*] comme dans l'ensemble du travail philosophique de Natorp, ce qui importe est toujours davantage le *déploiement systématique* de l'unité systémique de la philosophie »[1]. C'est en ce sens que le questionnement sur l'unité et la systématique philosophiques, qui devient *la préoccupation* de Natorp à partir de 1914, trouve son origine dans la *Psychologie*.

Surgit ici une question : celle du statut de la religion, pour autant que ce statut change au moins deux fois.

Dans le texte sur la religion, publié pour la première fois en 1894 (la deuxième édition, augmentée, paraît en 1908), *La Religion dans les limites de l'humanité*, la religion occupe manifestement la place de la psychologie[2]. En effet, elle correspond à une forme authentique de conscience de l'homme, à savoir le sentiment[3]. Celui-ci ne désigne pas une manière de se rapporter à un objet, mais il représente la subjectivité, l'individualité (*Individuität*) – c'est pourquoi la religion de Natorp est une religion sans transcendance : dans les limites de l'humanité[4]. Le sentiment n'est pas un type d'objectivation : « le sentiment n'est pas, comme la connaissance, la volonté ou la configuration esthétique, une espèce de position d'objet, mais il forme au contraire, relativement à elles toutes, l'envers subjectif »[5]. Voilà pourquoi le sentiment n'est pas une forme de connaissance. Aussi l'infini, qui est ce que *vise* la religion, donc son « objet », n'est-il précisément pas un objet : « L'infini n'est pas un objet; le sentiment n'a en général aucun objet; le "sentiment de l'infini" signifie en vérité seulement "l'infinité du sentiment[6]" ».

1. M. Heidegger, « Zur Geschichte des philosophischen Lehrstuhles seit 1866 », *op. cit.*, p. 308.

2. Voir la lettre de Natorp à F. Jodl du 20 mai 1893 (H. Holzhey, *Cohen und Natorp*, *op. cit.*, vol. 2, p. 211 : la religion et donc Dieu constituent la médiation entre le monde théorique et le monde pratique, entre la causalité et la liberté). Soulignons qu'on trouve les mêmes thèses sur la religion dans *Sp*, p. 362-365.

3. P. Natorp, *Rel*, p. 43.

4. P. Natorp, *Sp*, p. 370, 375 (« Où pourrions-nous trouver un quelconque contenu du concept de divin ailleurs qu'en nous ? »); *APaL*, p. 22; *RT*, p. 6; *DW1*, p. 47, 52.

5. P. Natorp, *Rel*, p. 43.

6. *Ibid.*, p. 99. Voir aussi *Sp*, p. 370: l'absolu n'est pas un objet, mais seulement « négativement, la limite du comprendre – ce n'est pas quelque chose qui est compris, c'est-à-dire un objet de connaissance qui serait saisi ou saisissable dans un concept positif ».

C'est pour cette raison qu'on ne peut pas coordonner le sentiment à la connaissance, à la volonté et à l'imagination créatrice, puisqu'il ne désigne pas une province particulière, mais le sous-sol (*Untergrund*) *commun* à toute vie spirituelle. Alors que la connaissance, le vouloir et l'imagination séparent, le sentiment, quant à lui, réunit[1] – et s'il ne sépare pas, c'est parce qu'il rejoint le tout: « pour moi, le terme de "sentiment" représente la totalité, la concrétion originaire du vécu immédiat, dans la mesure où on peut en avoir une conscience (...) obscure »[2].

Ce sentiment possède donc la signification de l'*immédiat*, du subjectivement originaire, de l'englobant, mais encore sans forme (*Gestaltlose*), qui est le sein maternel de toute conscience[3]. Natorp écrit:

> le sentiment ne veut pas seulement l'immédiateté, la pleine présence du vécu, mais aussi en même temps la totalité, l'universalité. Le sentiment se dresse contre l'ouvrage infini du comprendre, du vouloir et des autres configurations qui sont humaines et finies, et qui procèdent de médiation en médiation. La prétention de la religion, qui est de nous procurer une paix de tout travail dans la vie de l'âme supra finie et supra mondaine, ne peut pas naître sur le sol des simples vouloir et comprendre, parce que ceux-ci se meuvent dans le fini[4].

Natorp, pour qualifier cette dimension ultime qu'est le sentiment religieux, cite le vers du poète: « *Spricht die Seele, so spricht, ach!, schon die Seele nicht mehr* » [« Quand l'âme parle – ah! ce n'est déjà plus l'âme qui parle »][5]. Outre que ce vers de Schiller[6], dans la *Psychologie générale*, sera à nouveau cité, mais pour caractériser, cette fois, l'objet propre de la psychologie[7], remarquons que nous trouvons ici tous les termes qui servent, en 1912, à caractériser la psychologie et son objet. Si la religion est donc unificatrice, il y a une collision totale avec la tâche et le sens de la psychologie. La religion trouve en effet son origine dans l'élément subjectif du vécu[8]. C'est d'ailleurs l'*effectivité* de ce vécu, qu'on vit précisément d'une manière immédiate, à titre de pôle inverse de toute

1. *Ibid.*, p. 87.
2. *Ibid.*
3. *Ibid.*, p. 35.
4. *Ibid.*, p. 89.
5. *Ibid.*, p. 36.
6. Il s'agit du deuxième vers d'un distique intitulé *Sprache*, dont le premier vers est le suivant: *Warum kann der lebendige Geist dem Geist nicht erscheinen?* (Pourquoi l'esprit vivant ne peut-il pas apparaître à l'esprit?)
7. P. Natorp, *AP*, p. 98. De même dans *PPP*, p. 133.
8. P. Natorp, *Rel*, p. 115.

activité orientée sur l'objectivation, qui fait qu'on croit le connaître – alors que, comme le souligne Natorp, ce n'est pas parce qu'on *vit* ce sentiment d'une manière immédiate qu'on le *connaît* pour autant d'une manière immédiate[1].

On comprend qu'une modification fondamentale apparaît dans la *Psychologie générale* – modification nécessaire, qui surgit pour la première fois dans *La Philosophie. Son problème. Ses problèmes*, afin d'éviter toute confusion des rôles de la psychologie et de la religion, et qui provient sans aucun doute de l'approfondissement du statut de la psychologie[2]. Car c'est en effet à celle-ci que, désormais, le statut absolument unique d'envers subjectif des divers processus d'objectivation va être confié. Aussi est-il tout à fait normal que la religion, désormais désinvestie de ce privilège, soit mise au nombre des processus d'objectivation – sans d'ailleurs qu'il soit dit, dans l'ouvrage de 1912, autre chose sur la religion, de sorte que Natorp n'explique jamais la spécificité objectivante de la religion. Natorp parle de « la fondation ultime des sciences concrètes de l'objet, qu'il s'agisse de l'ordre purement théorique ou pratique, esthétique ou religieux, dans les pures sciences de la loi ou sciences de la méthode : logique, éthique, esthétique, philosophie de la religion »[3]. Il écrit :

> Il faut avant tout se souvenir ici que rien de ce qui relève du travail scientifique, de la reconduction à des normes et à des lois objectivement valides, n'est excepté. Dans toutes les cultures supérieurement développées, on aperçoit à tout le moins un effort pour soumettre ainsi tous ces domaines de la conscience à la domination de la loi, c'est-à-dire à une détermination universellement valide et donc objective. Les simples dénominations, éthique, esthétique et philosophie de la religion, en sont les signes suffisants[4].

Nous ne saurons ici rien de plus sur la religion, alors que la question essentielle, du coup, devient de savoir comment thématiser l'objet (Dieu) qu'elle conquiert désormais.

1. P. Natorp, *Rel*, p. 115.

2. Dans *PPP*, Natorp souligne certes la proximité de la religion et de la psychologie (p. 106-108), pour autant que la religion implique un élément subjectif qui relève du sentiment (*i.e.* la croyance), mais il introduit toutefois la religion, à cause de sa prétention au vrai (p. 188), dans les disciplines objectivantes (elle est une position d'objet : p. 111) – même si cet objet (*Gegenstand*) est supra-objectif (p. 118), c'est-à-dire l'accomplissement ultime du processus d'objectivation.

3. P. Natorp, *AP*, p. 94.

4. *Ibid.*, p. 198 ; voir aussi p. 200.

Mais Natorp n'en reste pas là. La religion reçoit désormais un nouveau statut[1], de sorte que, si la psychologie conserve la caractéristique dont le texte de 1912 l'a investie, Natorp fait tout de même droit à une exigence qu'avait énoncée le texte de 1894, à savoir l'idée selon laquelle la religion n'a pas à proprement parler d'objet. On soulignera que le statut de la religion est le même dans la « logique générale » de 1918 et dans la « systématique philosophique » de 1923 – voilà donc un point sur lequel, désormais, Natorp ne varie plus.

La religion, à présent, possède un sens logique et est intégrée à la « logique générale » ou « systématique philosophique » comme son achèvement. Si Dieu est rangé dans la logique qui devient « logique générale » – c'est-à-dire logique englobante dans la mesure où elle renferme toutes les sphères ou dimensions de la vie –, Dieu n'est toutefois pas de l'ordre des catégories, puisqu'il relève du transcatégoriel – c'est-à-dire le terme ultime de la logique qui est au-delà du catégoriel. Il ne s'agit néanmoins pas d'un sentiment ineffable et indicible, car Dieu, à titre de transcatégoriel, n'est au-delà du catégoriel que pour autant qu'il en est la totalisation, c'est-à-dire la limite. C'est en ce sens qu'on retrouve la thèse essentielle du texte sur la religion, à savoir que Dieu n'est pas un objet, puisqu'il est l'intégration de tous les objets logiques (*i.e.* l'infini à proprement parler, à savoir l'infini actuel qui, en ce sens, se distingue de l'infini potentiel ou puissance qu'est la subjectivité[2]). Du coup, comme le remarque Helmut Holzhey, « la philosophie de la religion et son centre, à savoir l'idée de Dieu, se transforment en une *logique de la limite* »[3].

Il faut passer par un développement sur la notion de logique, sans quoi nous ne pouvons comprendre le rapport de Dieu aux catégories, c'est-à-dire le statut de Dieu. Une fois mis en évidence le sens qu'accorde désormais Natorp à la « logique », nous pourrons revenir sur le statut de la religion et comprendre en quoi, tout autant dans la « Logique générale » de 1918 que dans la *Systématique philosophique*, elle entre dans la logique de

1. Ce changement apparaît pour la première fois dans le texte « Cohen. La religion dans les limites de la philosophie », édité par H. Holzhey dans son ouvrage *Cohen und Natorp*, *op. cit.*, et traduit par M. de Launay et C. Prompsy, *L'Ecole de Marbourg*, *op. cit.* Natorp y souligne que la religion n'est pas objectivante (p. 79) et la rattache à la « logique générale » (p. 80).

2. Déjà le texte « Cohen. La religion dans les limites de la philosophie » développe le rapport entre la psychologie et la religion dans ce sens (*Néokantismes et théorie de la connaissance*, *op. cit.*, p. 88, 91 : ce qui fonde l'individualité relative de l'homme, c'est sa corrélation avec une individualité qui, à ce titre, est au-delà de la *méthode*). Voir aussi *RT*, p. 21.

3. H. Holzhey, *Cohen und Natorp*, *op. cit.*, vol. 1, p. 341.

la subjectivité, de sorte qu'il y a un lien très étroit entre psychologie et religion. Nous verrons que, ainsi que cela vient d'être énoncé explicitement, la subjectivité et Dieu représentent deux points de vue différents (la limite inférieure extrême et la limite supérieure extrême) sur le même infini : la subjectivité est la puissance et Dieu l'actualité totale (*Wechselbezüglichkeit*).

Tous les textes de Natorp, à partir de la première esquisse d'une logique générale en 1914, fonctionnent de la même manière. On ne peut plus partir d'une partie du système, quelle qu'elle soit – qu'il s'agisse de la « logique » (entendue dans le sens qu'elle avait auparavant, c'est-à-dire comprise comme une théorie de la connaissance), ou bien de la pratique (l'éthique), de l'esthétique, de la religion ou encore de la psychologie. Car il faut partir de la philosophie comme tout, comme totalité. Autrement dit : on ne part pas d'une des divisions de la philosophie, mais on part de la philosophie dans son unité systématique, et ensuite on produit ou on engendre les divisions.

Une telle thèse – une telle méthode, ou encore un tel projet, faudrait-il dire – possède deux avantages.

Le premier est de rendre possible une véritable unité de la philosophie, c'est-à-dire un système au sens authentique du mot. Car si on part d'une division de la philosophie, on est alors condamné à juxtaposer les divisions et à produire, après-coup, une unité qui est d'autant plus artificielle qu'elle est ajoutée, affirmée, mais sans jamais véritablement voir la liaison des différentes parties et leur rapport avec le tout. A présent, au lieu de prétendre à une unité en articulant artificiellement des parties déjà déterminées dans leur spécificité, il s'agit au contraire de partir de l'unité et d'exhiber la procession du multiple (les parties) à partir de l'un. De plus, une telle façon de faire a pour conséquence qu'on ne peut plus délimiter d'une manière nette et séparer théorie, pratique et poiésis, qui désormais non seulement entretiennent des liens étroits, mais surtout s'interpénètrent. Cette idée apparaissait déjà dans les textes antérieurs de Natorp, qui a toujours affirmé le lien étroit entre théorie et pratique – et, par exemple dans *Philosophie. Son problème. Ses problèmes*, il a tenté de montrer comment la pratique est somme toute tirée de la théorie, dans la mesure où celle-ci renferme déjà la dimension téléologique (c'est-à-dire directionnelle et normative) qui se développera et s'autonomisera dans celle-là. Si la théorie produit l'infini, à titre d'Idée régulatrice ou de but (la totalité inconditionnée) qui régule la progression de la connaissance (ce qui fait que, dans la connaissance, l'infini se soumet au fini et n'a de sens que par rapport à lui), il s'autonomise dans la pratique[1] – ce qui fait que, pour reprendre une formulation plus tardive de Natorp, « le fini se détermine à partir de l'infini »[2], la pratique portant sur l'anhypothétique ou supra-hypothétique.

Selon Stolzenberg, c'est la raison pour laquelle la philosophie, désormais, suivra une voie, non plus analytique comme c'était le cas dans la logique de 1910, mais déductive – le commentateur souligne que, dès le texte de 1914, qui pour la première fois expose[3] la « généralisation du problème logique » (et c'est d'ailleurs ce par quoi il commence), on trouve l'exigence d'une déduction de tous les membres du système de philosophie à partir d'un principe suprême[4]. Alors que, dans la logique de 1910, Natorp ne prétendait pas partir du centre (et cette prétention était d'ailleurs celle sur laquelle est fondée toute la critique natorpienne de la *Logique de la connaissance pure* de Cohen), il semble (c'est en tout cas ce que prétend Stolzenberg) qu'on parte désormais du centre, donc de l'origine, pour en déduire les moments[5].

La question reste de savoir si Natorp, du moins dans l'exposé le plus précis de son nouveau projet philosophique (*i.e.* la *Systématique philosophique*), assimile le commencement avec l'origine[6]. Nous ne croyons pas – nous y reviendrons – que, dans le nouveau projet de Natorp, le commencement soit l'origine. De plus, nous pensons – on le verra également plus loin – qu'on retrouve dans la « logique générale » et la « systématique » une caractéristique de la logique de 1910. Dans celle-ci, il n'y a pas d'ordre déductif : toutes les fonctions logiques s'impliquent mutuellement et forment un système, et l'unité synthétique n'est pas une entité logique séparée – les fonctions logiques, en 1910, tout comme les catégories de la *Systématique*, ne peuvent nullement être tirées les unes des autres, pour la bonne raison qu'elles entretiennent entre elles un rapport, non pas de

1. P. Natorp, *PPP*, p. 66-67.

2. P. Natorp, LG (1918), p. 170.

3. J. Stolzenberg, *Ursprung und System*, *op. cit.*, p. 148.

4. *Ibid.*, p. 147.

5. Pour Stolzenberg, c'est dans le second compte-rendu non publié de la *Logique de la connaissance pure* qu'apparaît pour la première fois cette thèse natorpienne (*Ursprung und System*, *op. cit.*, p. 174), que Natorp énonce explicitement dans la « logique générale » de 1920 (*ibid.*).

6. J. Stolzenberg, qui soutient une telle thèse, s'appuie sur un seul texte, tiré de l'esquisse de la « Logique générale » de 1914 (*Ursprung und System*, *op. cit.*, p. 150). Cette thèse est aussi celle de M. Ferrari, qui parle de « retour à l'originaire », d'une logique qui se construit « sur la base d'une légalité originaire », etc. (*Retours à Kant*, trad. fr. T. Loisel, Paris, Le Cerf, 2001, p. 169).

déduction, mais d'*expression* au sens leibnizien: elles sont différents points de vue sur une même chose (à savoir l'origine qui ne peut pas être atteinte en dehors d'eux). Aussi n'y a-t-il dans les *Fondements logiques* qu'un ordre d'exposition qui commence par la quantité, se poursuit avec la qualité, etc. C'est aussi le cas dans le nouveau projet de Natorp, dans lequel l'ordre d'introduction des différentes catégories est simplement un ordre d'exposition pour autant que toutes les catégories sont impliquées les unes par les autres sans qu'aucune possède un privilège.

Le second avantage d'une telle thèse, c'est de justifier la légitimité de chacune des parties de la philosophie – et de la légitimer par son nécessaire engendrement. La procession logique est une légitimation. Pourquoi, par exemple, accepter comme nécessaire et comme fondée la tripartition habituelle (théorie, praxis ou pratique, poiésis ou esthétique)? Natorp, s'il la reprend encore, en rend compte et en fonde la légitimité, puisqu'il la *produit* à partir de l'unité de la philosophie dont il est parti. Bref, on ne *se donne* pas les distinctions, on ne *présuppose* pas les distinctions, mais on les *engendre*. C'est exactement le cas, également, de la distinction entre le sujet et l'objet. Dans les textes précédents de Natorp, objet et sujet sont somme toute des *faits*. On a vu que sujet et objet ne sont proprement des *faits* chez Natorp qu'à titre de processus ou de directions (subjectivation et objectivation), mais reste qu'on *se donne* de tels processus, qu'on les présuppose et qu'on pose qu'ils sont bien fondés, de sorte qu'ils sont admis à titre de point de départ sans que leur émergence ne soit jamais expliquée. Voilà précisément ce qui change, puisque Natorp part désormais, non pas de deux directions, objectivante et subjectivante, qui seraient « données » à titre de « faits » incontestables, mais d'un état ou d'un stade dans lequel sujet et objet (subjectivation et objectivation) n'existent pas encore, afin de montrer comment ils naissent.

LA NOUVELLE DÉTERMINATION DE LA LOGIQUE

Natorp, dans la présentation qu'il donne de sa propre œuvre, écrit que c'est la découverte de la « logique générale » qui lui a permis de dépasser la *Psychologie générale* et, plus largement, les oppositions binaires (rationnel *et* irrationnel, individuel *et* supra-individuel). Il définit comme suit la « logique générale » :

> ce que j'entends par là, c'est la fondation logique rigoureusement unifiée non pas d'emblée des sciences exactes, puis des sciences descriptives de la nature, enfin des sciences humaines – quelle que soit la justesse d'un tel classement, comme si elles étaient subordonnées ou coordonnées comme

> le sont les domaines d'objet bien qu'ils soient séparés et n'entrent en rapport tout au plus qu'après-coup, ne se rejoignant de nouveau que dans le sens d'une relation ultérieure d'interaction – mais, au contraire, fondation logique de *la* position d'objet, ou plutôt de tout ce qui est concevable logiquement de quelque manière que ce soit, qu'il s'agisse également d'une position extra-, infra- ou supra-objective. Tout le domaine de l'esprit, tous les vastes domaines de l'action, de l'auto-constitution de l'individualité (relative) et de la singularité (absolue) ainsi que de l'universalité (relative) et l'universel (absolu), jusqu'à une toute dernière singularité originelle, qui est en même temps universalité originelle et qui peut être en quelque sorte le sens (logique) ultime de la religion, tout cela doit nécessairement, justement parce que cela relève de l'esprit (et cela signifie d'*un* esprit, de l'*unique* esprit), être reconnu dans une unité centrale absolue, d'où seulement doivent procéder toutes ces particularisations (...) dans l'intégralité indubitable et la détermination rigoureuse de leur différence comme de leur parenté, de leurs rapports négatifs et positifs, de leurs limites comme de leur cohésion la plus stable dans l'unité originaire de l'esprit un [1].

Tout ceci signifie deux choses.

La première, c'est – on y reviendra – qu'il est désormais impossible de partir du « fait de la science », car, comme l'écrit Natorp dans les *Cours de philosophie pratique*, pour s'appuyer sur le fait de la science, il faudrait déjà savoir ce qu'est la science[2]. La seconde, c'est que, désormais et à la différence de ce que faisaient Kant ou bien Cohen dans la *Logique de la connaissance pure* (ou bien encore Cassirer dans *Substance et fonction* et Natorp lui-même dans *Les Fondements logiques des sciences exactes*), il est impossible d'isoler la science à titre d'îlot de sens autonome et de la comprendre sans prendre en compte la vie culturelle dans sa totalité dont elle est une dimension et à partir de laquelle elle émerge. En ce sens, le projet natorpien est similaire à la voie que prend, après Natorp, Cassirer, lorsqu'il rompt avec le néokantisme de *Substance et fonction* en s'engageant dans sa philosophie des formes symboliques. Alors qu'en 1910 la science est examinée en elle-même et pour elle-même, comme si elle pouvait être comprise de l'intérieur et dans une totale indépendance, elle n'est désormais qu'une forme symbolique tardive et dérivée dont on ne

1. P. Natorp, PP, p. 215-216. Natorp ajoute (p. 216) que c'est parce que, jusqu'à présent, il était à chaque fois parti, non pas du tout, mais d'une partie (les « fondements logiques des sciences exactes, (...), l'idéalisme moral de Pestalozzi, la théorie sociale comme la pédagogie générale, la religion de l'humanité ou tout autre sujet »), sans donc pourvoir atteindre le tout (« l'unité originelle de l'esprit un »), qu'on a pu penser que « je me serais fourvoyé dans un abstractionnisme et un théoricisme presque inquiétants ».

2. P. Natorp, *VPP*, p. 210.

peut comprendre le sens qu'à partir de formes symboliques plus originaires sur le fondement desquelles elle se construit dans sa spécificité (raison pour laquelle les analyses de *Substance et fonction* sont reprises dans le troisième tome de *La Philosophie des formes symboliques*, consacré à la science, mais elles y prennent un tout autre sens contextuel). C'est aussi le cas chez Natorp, puisque, maintenant, l'intelligibilité de la science ne peut apparaître que si l'on remonte jusqu'au sous-sol à partir duquel elle se construit[1]. La logique est donc procession du multiple (la diversité des activités culturelles) à partir de l'un (« l'unité originaire de l'esprit un » : on songe ici à la première des *Règles pour la direction de l'esprit* de Descartes), et cette procession est hiérarchisée, suivant une complexification progressive qui fait passer des mathématiques à la physique, puis aux sciences de la culture, pour aboutir à l'art et la religion, qui portent sur « le plus essentiellement individuel qui reste plein de mystère »[2].

Une telle considération nous permet déjà de comprendre une caractéristique essentielle qui sépare la « logique générale » de la « logique » dont il était question auparavant. Puisqu'on remonte en deçà de la tripartition théorie-pratique-poiésis, il va de soi que le discours qui décrit cet en deçà ou ce sous-sol, ne peut pas relever d'une de ces trois sphères. Il y a là un bouleversement dans le discours philosophique de Natorp ! Car c'est dire que le discours philosophique – du moins celui que prétend instituer Natorp – ne relève pas de la théorie. Et c'est en effet le cas, car, comme l'écrit Heidegger dans les cours de Freiburg de 1919, commentant la *Psychologie générale*, le théorique ne peut pas rendre compte de lui-même, puisqu'il se présuppose toujours[3]. Heidegger souligne également à propos des derniers écrits de Natorp : « En écartant le privilège méthodologique des sciences, l'attitude "théorique" recule et se trouve à côté des attitudes "athéoriques", c'est-à-dire morale, artistique et religieuse. L'idée de

1. Voir par exemple P. Natorp, PP, p. 214 : la mathématique et la physique sont des « faits de l'esprit » qui doivent « prendre rang au sein du tout infiniment plus riche des productions propres de l'esprit dans l'histoire, et définir leur légitimité en fonction de ce tout ».

2. P. Natorp, PP, p. 226.

3. M. Heidegger, *Zur Bestimmung der Philosophie*, *op. cit.*, p. 96 : « Résoudre le problème de la connaissance *théorique* par la *théorie* de la connaissance, *la théorie par la théorie* ? On a, en effet, qualifié la logique de théorie de la théorie. (...) Si toutefois la science originaire est *théorique*, alors on ne peut pas résoudre le cercle. La connaissance ne surgit pas à partir d'elle-même. Si on peut résoudre le cercle, c'est qu'il doit y avoir une science préthéorique ou suprathéorique, en tout cas une science non théorique, une véritable science *originaire*, dans laquelle le théorique même trouve son origine ».

logique est libérée des bornes d'une fondation des sciences, c'est-à-dire d'une "théorétique" »[1].

Autrement dit, si la partie essentielle et originaire de la philosophie qui doit exhiber la procession des divers domaines (théorie-pratique-poiésis) à partir de l'unité première est appelée « logique », ce terme ne désigne donc plus une science *théorique*, mais une science pré-théorique qui doit rendre compte de l'émergence de la théorie comme telle. Voilà déjà un premier sens en lequel cette « logique » est qualifiée de « logique générale » (autrement dit : une logique qui n'est pas théorique[2]).

Cette logique est aussi appelée « générale » en un autre sens. C'est qu'elle s'étend, non pas seulement aux objets de la connaissance dont elle exhiberait les déterminations *a priori*, mais, plus largement, à tout ce qui est pensable – qu'il s'agisse donc de la pratique, de l'esthétique, de la subjectivité ou même de Dieu. Tout ce qui est pensable relève de la logique – et relève de la logique parce que procédant par catégories. Dès lors, le logique, c'est le catégoriel.

Le terme de « logique » prend un sens plus large que celui qu'il possédait auparavant.

Natorp, dans la *Systématique philosophique*, souligne une erreur dans laquelle il déclare que Husserl et lui-même sont tout d'abord tombés[3]. Sous prétexte qu'il fallait délier l'entreprise logique de tout lien avec la subjectivité, Husserl et Natorp ont orienté la logique sur l'objet (la logique à titre d'ensemble des déterminations *a priori* de l'objet) – sans se rendre compte qu'avec l'abandon du caractère subjectif de la logique, c'est aussi à son caractère objectif qu'il faut renoncer. Si, en effet, sujet et objet sont corrélatifs l'un de l'autre, comme ne cesse *désormais* de le souligner Natorp[4], si donc subjectivité et objectivité sont impliquées l'une par l'autre et ne vont pas l'une sans l'autre, il en résulte que la logique n'est pas plus subjective qu'elle n'est objective. Après s'être déjà opposé à « l'interprétation subjectiviste du criticisme »[5], Natorp écrit :

1. M. Heidegger, « Zur Geschichte des philosophischen Lehrstuhles seit 1866 », *op. cit.*, p. 309.

2. Voilà pourquoi Heidegger se trompe lourdement, lorsque, citant Natorp qui écrit dans le compte-rendu du *Kantbuch* de Bauch que « la psychologie [est] en un sens logicisation, à savoir fondation en dernière analyse logique du psychique » (p. 434), il en conclut qu'il s'agit d'une théorisation du problème (*Die radikalste Verabsolutierung des Theoretischen, Logischen*) (*Zur Bestimmung*, *op. cit.*, p. 107).

3. P. Natorp, *PS*, p. 297.

4. On y reviendra quand il sera question des modifications que subit la psychologie.

5. P. Natorp, *PS*, p. 67.

> je franchis à cet égard aujourd'hui un nouveau pas en avant en refusant de même d'une manière décisive l'objectivisme, c'est-à-dire que je pose les questions fondamentales ultimes de la philosophie tout à fait au-delà de l'opposition entre le subjectif et l'objectif, je vois la fondation radicale du rapport au sujet comme du rapport à l'objet, tout deux uniquement en rapport l'un avec l'autre, comme une des tâches principales de la systématique, et non pas déjà comme une présupposition de cette systématique [1].

Autrement dit, la logique n'est pas « subjective », mais elle n'est pas plus *d'abord* et essentiellement un discours qui énonce les déterminations *a priori* de l'objet. Ce nouveau domaine de la logique, qui précède la distinction sujet-objet et la fonde, Husserl l'avait d'ailleurs découvert : « La phénoménologie de Husserl (relativement à laquelle les *Recherches logiques* ne signifiaient qu'un premier pas) a atteint (disons-nous) ce sens purement thétique de la simple consistance de l'être et du sens, indépendant de toute validité objective ou subjective » [2]. Nous avons vu, en effet, comment le véritable sens de la réduction phénoménologique consiste à découvrir une sphère phénoménale à partir de laquelle émergent, au terme d'un processus de constitution, tout autant l'objet que le sujet qui s'y oppose. Ce point est fondamental, dans la mesure où Natorp, puisqu'il s'écarte complètement de la définition de la logique héritée de Kant qu'il avait reprise jusqu'ici, détermine désormais la logique, d'une manière négative, *comme ce qui ne relève pas de la validité* (la validité étant nécessairement, du point de vue néokantien, la validité objective [3]). Mais si le domaine du logique n'est plus celui du valide, comment le définir d'une manière positive? Qu'est-ce que Natorp substitue à cette définition kantienne?

Pour cette raison, Natorp écrit un peu plus loin : « ce que ma *Psychologie générale* appelait "l'objectif", c'était plutôt le logique de la première et de la deuxième dimension » [4]. L'objectif correspond, tout comme le subjectif dont il est corrélatif, au logique de la troisième dimension [5].

1. P. Natorp, *PS*, p. 68.

2. *Ibid.*, p. 298 ; voir aussi *VPP*, p. 37.

3. *Ibid.*, p. 298 : « (...) il y a une sphère logique pour laquelle l'objectivité ne peut pas déjà posséder une validité (...) ». On remarquera que, ainsi, Natorp rejoint une conception de la logique qui était précisément celle, husserlienne, qu'il critiquait à l'époque de l'*AP* (à savoir la conception selon laquelle la logique de la validité objective doit être fondée sur une logique plus originaire).

4. P. Natorp, *PS*, p. 383.

5. *Ibid.*

La logique, donc, comporte trois dimensions (et non trois parties) que Natorp compare au point, à la ligne (longueur et largeur) et à la profondeur qui seule fait véritablement advenir l'espace dans sa spécificité :

> Beaucoup seraient peut-être ici sur le point de penser que c'est en fin de compte à cet endroit que devrait nécessairement prendre place le rapport sujet-objet à titre de question centrale de la philosophie transcendantale. J'ai moi-même soutenu auparavant une telle thèse et, du coup, j'ai pris ce que je nomme désormais logique de la teneur (*Gehalstlogik*) pour une logique de l'objet (*Gegenstandslogik*), par rapport à quoi la logique de la structure et la logique de la fonction, à titre de simples étapes préliminaires, devaient déjà elles-mêmes posséder un caractère non pas subjectif, mais objectif. J'ai ensuite acquis la conviction que cette thèse est intenable (...). Je distingue désormais trois dimensions dans lesquelles la systématique philosophique se déploie (...). La première dimension (correspondant à la simple mise en place des configurations fondamentales productrices de l'espace en général, à savoir le point et la ligne droite dans sa direction et sa mesure) est le système des catégories fondamentales. C'est pour ainsi dire de leur mouvement de rotation autour du point originaire que naît ce par quoi précisément nous entrons dans le concept, le fait de tracer (tracer et construire, tracer au sens de construire, comme lorsqu'on parle de tracer un cercle) la teneur logique et il est vrai toute la teneur du logique, sa figuration, pourrait-on dire, dans quelque chose comme une surface logique, sur laquelle tous les problèmes logiques essentiels de ce domaine logique doivent nécessairement pour ainsi dire se projeter, afin de pouvoir, en général, être traités et résolus par la logique (...). Ce n'est que par un autre mouvement de rotation, mais cette fois autour de l'axe fondamental (à savoir le système des catégories) que doit alors naître pour nous l'espace logique accompli, le seul qui soit véritablement réel, l'espace tridimensionnel[1].

Ce que (re)produit la logique, c'est le monde dans sa totalité – ce que (re)produit la logique, c'est le monde et ce qui l'habite dans sa tridimensionnalité : c'est donc la réalité physique dans sa *présence* effective[2]. Si c'est le cas, c'est parce que cette logique, ainsi qu'on le soupçonne déjà et qu'on le verra plus en détail, n'est pas (n'est plus) une logique *de la connaissance* (à la Kant), mais (à la Hegel) une logique dans laquelle se révèle l'intelligibilité inscrite au cœur de l'être lui-même.

1. *Ibid.*, p. 296.
2. *Ibid.*, p. 384 (la logique produit la *körperhafte Wirklichkeit*).

Dans la *Systématique philosophique* comme dans les *Cours de philosophie pratique*[1], la première dimension de la logique, c'est la théorie des catégories. Natorp souligne qu'il s'agit d'*une fondation catégorielle des catégories*[2]. Premièrement, la fondation catégorielle n'est pas susceptible d'être achevée[3]. Ce qu'on peut déterminer d'une manière exhaustive, ce sont les directions originaires de la question. Le système des catégories est ouvert *sans aucune limite*, mais on peut présenter les catégories fondamentales qui suffiront pour la totalité des questions philosophiques. Deuxièmement, il est faux de croire que le développement catégoriel n'est possible que d'une seule manière[4]. Étant donné que toutes les catégories fondamentales d'un même rang se conditionnent réciproquement et conduisent nécessairement les unes aux autres, on peut bien partir de n'importe laquelle pour aller aux autres[5].

La deuxième dimension, c'est la logique de la « teneur logique », qui se divise en trois parties : à savoir la logique de la structure, la logique de la fonction et la logique de la teneur proprement dite. La structure correspond au plan de la construction logique et répond à la question : comment construire[6] ? Du coup, la structure se fonde essentiellement sur l'apport de la première dimension, à savoir la théorie des catégories à titre de structure la plus générale du logique (raison pour laquelle, dans la « logique générale » de 1918, structure et théorie des catégories semblent assimilées[7]). Quant à la fonction, elle n'est rien d'autre que le développement de la structure[8] – le passage de l'une à l'autre est analogue, nous dit Natorp, au passage de l'anatomie à la physiologie[9], ou encore du moment statique au moment dynamique[10]. Evidemment, logique de la structure et logique de la fonction s'interpénètrent, sont indissociables et ne peuvent être définies

1. P. Natorp, *VPP*, p. 94.

2. P. Natorp, *PS*, p. 17.

3. *Ibid.*, p. 16.

4. *Ibid.*, p. 17-18. C'était déjà la thèse des *LGEW*, mais pour d'autres raisons (sur l'ordre catégoriel qui règne dans cet ouvrage, voir *Les Néokantiens*, *op. cit.*, p. 117 *sq.*).

5. *Ibid.*, p. 18. Il y a toutefois, ajoute Natorp, un ordre qui est *le plus naturel* et dont le point de départ se trouve dans les catégories de la modalité. Nous verrons plus tard pourquoi c'est le cas.

6. P. Natorp, *PS*, p. 294.

7. Cette ambiguïté apparaît encore dans *PS*, puisque, d'une part, Natorp définit la structure comme forme ou schéma (p. 293), et, d'autre part, écrit que, avec la première dimension du logique, nous n'avons encore qu'un simple schéma ou qu'une simple forme (p. 292).

8. P. Natorp, *PS.*, p. 294.

9. *Ibid.* (voir aussi LG, p. 155).

10. *Ibid.*

que l'une par l'autre – la structure, c'est la forme invariable de la fonction, alors que la fonction est le développement de la structure –, de sorte que leur distinction est simplement *méthodologique* (deux points de vue sur une même chose). Du coup, on peut se demander si le rapport logique qu'entretiennent la structure et la fonction doit être entendu comme une *production* (*Erzeugung*, *Hervorbringung*), c'est-à-dire comme une *déduction*. En quel sens peut-on parler d'une déduction si l'on peut tout aussi légitimement partir de l'un des deux pour aller à l'autre, c'est-à-dire si aucun des moments ne possède une priorité (ce qui est manifestement le cas)? Cette ambiguïté apparaissait déjà dans les esquisses : dans la « logique générale » de 1918, Natorp commence certes par la structure, et s'il remarque à plusieurs reprises que la fonction « résulte » de la structure[1], il n'en souligne pas moins plusieurs fois que « la structure renvoie (…) au préalable à la fonction »[2].

La logique de la « teneur logique », enfin, n'est rien d'autre que l'achèvement d'un développement inauguré par la fonction. Voilà pourquoi on peut résumer ces trois étapes dans l'ultime étape qui en constitue l'achèvement – Natorp, à propos de la deuxième dimension, parle de logique de la « teneur »[3], condensant donc les trois étapes dans la dernière étape qui en constitue le terme et pour ainsi dire l'assomption[4]. La différence entre la fonction et la teneur consiste dans le fait que, si la fonction, à titre de *réalisation* de la structure, se trouve dans le mouvement, et donc dans un mouvement *infini* tel qu'elle ne parvient pas au terme du mouvement ou du développement et n'atteint donc qu'un *particulier* à titre de cas du *général* (ou *universel*) fourni par la structure, la teneur, elle, à titre d'*achèvement* effectif du mouvement entamé par la fonction, parvient au terme du développement qui n'est autre que l'*individuel*[5].

Plus « concrètement », ou du moins de façon en tout cas plus précise, l'achèvement de la fonction dans la teneur n'est rien d'autre que l'avènement de la tripartition théorie-pratique-esthétique et donc d'une théorie de la science[6].

Quant au logique de troisième dimension, il s'agit de tout ce qui relève, non seulement du rapport entre le sujet et l'objet, mais aussi du problème

1. P. Natorp, LG, p. 154, 155.
2. *Ibid.*, p. 155; voir aussi p. 153.
3. P. Natorp, *PS.*, p. 383.
4. *Ibid.*, p. 294.
5. *Ibid.*; voir aussi *VPP*, p. 94.
6. *Ibid.* (la tripartition structure-fonction-teneur correspond donc à la tripartition théorie des éléments–théorie de la méthode–théorie de la science).

religieux. Du coup, Natorp remarque que ce que la *Psychologie générale* appelait « objectif » relève bien plutôt désormais du logique de première et deuxième dimension[1] – ce qui signifie une chose importante : ce que Natorp, auparavant, présentait à titre de conditions de l'objectivité se révèle désormais n'être que les conditions *préliminaires* de l'objet et en aucun cas les conditions de l'objet[2] ! Car, avec la deuxième dimension du logique, on n'a pas encore atteint « l'effectivité dans sa corporéité »[3] (*das körperhafte Wirklichkeit*) – seule la dernière dimension permet d'accéder à « l'espace tridimensionnel ». Autrement dit, pour reprendre la comparaison donnée plus haut, avec la deuxième dimension, on en reste encore à un monde qui est celui du cinématographe, un monde plat, en deux dimensions, c'est-à-dire sans profondeur – et, si c'était à *La Dame du lac* de Robert Montgomery qu'on pensait dans la *Psychologie générale*, à cause du statut filmique qu'y reçoit le subjectif pur, on songe désormais à la scène du meurtre dans *Le Crime était presque parfait* (A. Hitchcock, 1954), qui, tournée et pensée en 3D, a pour effet que la main armée des ciseaux sort littéralement de l'écran[4].

Natorp souligne que la profondeur dont il est ici question, ce n'est rien d'autre que l'émergence du rapport sujet-objet qui n'existait pas auparavant. Mais que signifie une telle comparaison ? Pourquoi l'émergence de la distinction sujet-objet équivaut-elle à l'avènement de la profondeur et donc du relief ? C'est-à-dire (pour filer la métaphore) : que signifie, par opposition à la peinture, un art du relief comme la sculpture ou l'architecture ? Alors que, pour ce qui est de l'œuvre picturale, il y a un *unique point de vue* qui est le bon pour appréhender celle-ci, et qui n'est ni trop près (auquel cas on appréhende le détail mais pas le tout) ni trop loin (auquel cas on appréhende le tout mais pas le détail), une œuvre qui relève de la sculpture ou de l'architecture exige qu'on se promène, qu'on en fasse le tour, bref, qu'on passe par *une multiplicité de points de vue* qui sont tous autant légitimes sans qu'aucun ne possède un privilège. Voilà précisément

1. P. Natorp, *PS.*, p. 383. Natorp ajoute : je parle de *teneur logique* là où, dans la *Psychologie générale*, je parlais d'objectivité.

2. Autrement dit : la théorie de la connaissance scientifique, qui relève de la deuxième dimension de la logique, n'est pas une logique de l'objectif (laquelle ne surgit que dans la troisième dimension à titre de corrélat de la logique du subjectif) – mais pour ainsi dire du « pré-objectif ».

3. P. Natorp, *PS*, p. 384.

4. Voir J.-P. Coursodon et B. Tavernier, *50 ans de cinéma américain*, *op. cit.*, p. 554, qui évoquent « ce plan où Grace kelly prend les ciseaux avec lesquels elle va tuer son agresseur *parmi nous* dans la salle ! »

ce qui importe dans la troisième dimension de la logique et ce qui apparaît avec elle. Car sujet et objet, comme nous le savons déjà, ne sont pas des « êtres » ou des « choses » qui s'opposeraient, mais des « points de vue », des « manières d'appréhender » ou encore des « méthodes » – qui, du coup, renvoient exactement au même état de choses ! De plus, il n'y a pas de délimitation stricte et définitive entre ce qui relève de l'objectif et du subjectif – non seulement les frontières sont fuyantes, mais surtout elles se modifient constamment. Ainsi, le même état de choses, non seulement peut passer du subjectif à l'objectif, mais surtout peut passer par différents degrés au sein du subjectif et de l'objectif – c'est l'avènement d'un monde en relief, c'est-à-dire d'une réalité effective dont la profondeur est attestée par la multiplicité des points de vue légitimes qui permettent de l'appréhender[1].

La logique de troisième dimension est le lieu où sont thématisés non seulement, d'un côté, le sujet qui, dans son unité, est au fondement de toute objectivation (psychologie), et, de l'autre, l'unité du monde objectif qui relève, dans la philosophie classique (par exemple chez Kant), d'une interrogation nommée « cosmologie rationnelle »[2] – mais aussi, par delà cette dualité persistante, l'unité véritable dont elle procède et qui est au-delà du sujet et de l'objet, à savoir ce que la théologie rationnelle appelle Dieu[3] (on retrouve ici « la trinité kantienne de la cosmologie, psychologie et théologie »[4]).

On comprend mieux, désormais, le rapport entre psychologie et philosophie de la religion. Dans la *Systématique philosophique* comme déjà dans la « Logique générale » de 1918[5], il n'y a plus collision entre les deux disciplines, puisque la religion correspond à l'assomption finale, absolument ultime, qui surmonte la dualité sujet-objet : « le divin embrasse

1. C'est déjà le cas dans LG, p. 188, où l'avènement de la subjectivité est aussi celui du relief (« une nouvelle et donc troisième dimension logique ») : « la présentation de l'objet pour les sujets et les points de vue subjectifs en nombre infini fondent, d'une part, une différenciation encore une fois infinie (doublement infinie), mais, d'autre part, comme continuation, elle rend en même temps possible l'intégration exigée (…) ».

2. Voir, dans la première *Critique*, le statut des « Idées cosmologiques », en rapport avec l'Idée d'une « unité absolue (inconditionnée) de la *série des conditions du phénomène* » qui donnent naissance à la « science transcendantale du monde (*cosmologia rationalis*) », la cosmologie, dont l'objet est « l'ensemble qui comprend tous les phénomènes » (Ak. III, p. 258).

3. P. Natorp, *PS*, p. 383.

4. P. Natorp, LG, p 195.

5. *Ibid.*, p. 195-196.

les deux en les surmontant tous deux »[1]. On voit du coup la solution apportée par Natorp à la question du rapport entre psychologie et philosophie de la religion. Ce n'est pas la psychologie qui, maintenant, est la science ultime revenant jusqu'à l'origine ultime, non seulement de tout objet, mais surtout de tout ce qui est – donc jusqu'à l'origine du sens lui-même, et donc de l'être du sens – c'est désormais la philosophie de la religion.

Nous commençons à saisir la différence entre la logique de Natorp et celle de Hegel, à laquelle on ne peut pas ne pas songer[2] – et à laquelle Natorp, on le verra, se réfère d'ailleurs constamment. Alors que la logique hégélienne renferme ce que Hegel appelle lui-même trois parties, la logique natorpienne renferme trois dimensions. A la différence de la logique hégélienne qui se situe sur un seul et unique plan, la logique natorpienne est *une logique en relief*, qui évolue successivement sur trois plans différents et complémentaires.

Si les dimensions natorpiennes n'équivalent pas aux trois parties hégéliennes, c'est parce que chaque dimension nouvelle ne continue pas la partie qui précède. Autrement dit, la trinité natorpienne n'équivaut pas à un itinéraire linéaire divisé en trois moments. Alors que la logique hégélienne est caractérisée par un progrès continu dans lequel chaque partie procède de celle qui suit – c'est la négation de l'être qui donne naissance à l'essence, et c'est de la négation de la négation qu'advient le concept, à titre de vérité[3] –, et dans laquelle chaque nouvelle étape, au sein de chaque partie, procède de celle qui suit, ce n'est pas le cas dans la logique natorpienne où il n'y a pas proprement de progrès, de procès et donc aussi de linéarité. Chaque dimension, dans la logique de Natorp, n'est pas une étape à proprement parler, mais le tout à chaque fois *d'un certain point de vue* – de sorte que ce à quoi on assiste, c'est à une succession de points de vue sur la même chose (relief).

De plus, l'unique moteur du procès de la logique hégélienne étant la négativité, qui fonde le caractère *dialectique* de cette logique[4], nous comprenons que, en refusant un tel procédé, c'est précisément le caractère

1. P. Natorp, *PS*, p. 383.

2. Voir sur ce point E. Heintel, « Paul Natorp : Philosophische Systematik », *Philosophische Rundschau* 7, Cahier n° 3-4, 1958, p. 246-259.

3. G.W.F. *Hegel, Encyclopédie des sciences philosophiques. I : La science de la logique*, *op. cit.*, vol. 1, Concept préliminaire, § 37.

4. *Ibid.*, Concept préliminaire, § 15 (« Le moment *dialectique* est la propre auto-suppression de telles déterminations et leur passage dans leurs opposés »).

dialectique de la logique et le rôle essentiel qu'elle accorde à la négation que repousse Natorp[1].

La linéarité du procès de la logique hégélienne a pour conséquence que chaque catégorie ne surgit qu'une seule fois – elle est un moment ou une étape du parcours. La substitution d'une tridimensionnalité à la tripartition a pour conséquence, chez Natorp, que chaque catégorie, c'est-à-dire le système entier des catégories, resurgit à chaque fois, c'est-à-dire réapparaît dans chaque dimension que, pour ainsi dire, il organise de l'intérieur – mais, étant donné que ce système de catégories surgit à chaque fois dans un nouveau contexte, dans une nouvelle dimension, c'est le statut même de chaque catégorie qui s'en trouve bouleversé pour autant que son apport n'est jamais le même. Ce n'est pas que la signification de chaque catégorie changerait radicalement – ce qui n'aurait aucun sens –, mais si ce sens se modifie, c'est parce qu'il se corrige ou plus exactement se précise. Voilà une idée tout à fait compréhensible dès qu'on se souvient que chaque dimension de la logique complète c'est-à-dire approfondit celle qui précède, en la réalisant presqu'au sens littéral du terme, puisque la dernière dimension produit « la réalité effective dans sa corporéité »[2].

Du coup, par exemple, l'« individuel » ne possède pas dans la logique natorpienne un unique statut qu'il recevrait à un moment donné, dans une étape particulière et localisable au sein d'un itinéraire linéaire, mais il reçoit plusieurs statuts, un statut dans chaque dimension à titre de catégorie qui resurgit, au sein du système des catégories, pour organiser le déploiement de toutes les dimensions. Il reçoit donc un statut dans chaque dimension du logique, et ce statut est à chaque fois nouveau, pour se réaliser véritablement (*i.e.* à titre d'achèvement d'une réalisation qui, pour autant qu'elle restait jusque-là inachevée, demeurait imparfaite) dans la troisième dimension.

Ce développement nous permet de mieux comprendre en quoi la logique natorpienne ne peut pas véritablement obéir à un ordre déductif. Le rapport des trois dimensions n'est pas déductif (chaque dimension nouvelle procèderait de l'autre) et il n'est pas (variation sur le thème) dialectique au sens où il l'est chez Hegel – la nouvelle dimension ne supprime ou n'annule

1. C'est pour cette raison que, même si Natorp emploie une fois l'expression de « développement dialectique » (*PS*, p. 63), il est toutefois impropre ici.

2. Cassirer, d'ailleurs, le remarque dans son texte *in memoriam* Paul Natorp : « ce qu'il nomme "catégorie" n'exprime pas un contenu *spécifique* de signification – qu'il soit entendu comme théorique, pratique ou poiétique –, mais représente un espèce d'"agencement" qu'on retrouve dans tous les domaines de la signification » (« Paul Natorp », trad. fr. M. de Launay et C. Prompsy, dans *L'Ecole de Marbourg*, *op. cit.*, p. 256).

pas celle qui précède, mais simplement la précise, comme si elle était un autre point de vue, plus précis, sur le même état de choses. De plus, chaque nouvelle catégorie n'émerge pas au moyen de la négation de celle qui précède (par exemple chez Hegel : l'être qui se nie dans le néant qui se nie dans le devenir) *et l'on pourrait dire que, chez Natorp, chaque catégorie renferme la totalité du système des catégories*. Chaque catégorie est, à la manière de la monade leibnizienne, une expression du tout.

Précisons ce qui rapproche et ce qui différencie la logique de Natorp de celle de Hegel. Ce qui est commun aux deux philosophes, c'est l'idée d'une « généralisation du logique » – ce sont les termes mêmes de Natorp, à partir du compte-rendu du livre de Bauch, pour caractériser son nouveau projet. Cette expression signifie d'abord et avant tout que le logique, *c'est-à-dire le catégoriel*, n'est pas – en tout cas plus, pour Natorp – le propre du théorique. Le logique s'étend désormais à tout. Cela signifie d'abord qu'il s'étend à toutes les « activités » humaines – donc non seulement à la théorie, mais aussi à la pratique et à la poiésis [1]. Cela signifie ensuite qu'il est le lieu explicatif originaire de la scission sujet-objet – autrement dit, cette division procède du catégoriel, de sorte que, pour le philosophe, elle n'est nullement originaire : on ne peut pas en partir, mais il faut la produire à partir de l'ordre catégoriel [2]. Dès lors, cela signifie en outre que le catégoriel ne peut pas être rattaché, à la manière dont c'est explicitement le cas dans la *Critique de la raison pure*, à l'entendement humain et plus largement à la connaissance humaine. Ce n'est plus la connaissance humaine qui, à titre de fait (le « fait de la science »), rend compte de ces catégories et en somme les explique, mais, inversement, ce sont les catégories humaines qui rendent compte de l'émergence de la connaissance. C'est précisément en ce sens

1. Soulignons que ce n'est pas *d'un seul coup* qu'une telle caractérisation de la logique, comme s'étendant au-delà du théorique, surgit chez Natorp. Car, déjà pendant la « période marbourgeoise », on trouve, à côté des textes qui réduisent la logique à la théorie de la connaissance scientifique (comme en témoigne ne serait-ce que le titre du petit livre de 1904), une telle tendance dans certains textes. Puisque la logique est objectivation, c'est-à-dire *loi*, tout ce qui relève de la loi s'inscrit dans la logique. Ainsi lit-on dans *AP* qu'il y a une « logique du devoir comme de l'être, de la représentation artistique et religieuse » (p. 189). Voir aussi *Les Néokantiens*, *op. cit.*, p. 17 : Lask reproche à Natorp, dans *PPP*, d'assimiler l'éthique et l'esthétique à des parties de la logique pour autant qu'on y cherche, comme dans la logique de la connaissance, les conditions de possibilité d'une science – la science de la nature (pour la théorie de la connaissance), la science du droit (pour l'éthique) et la science de l'art (pour l'esthétique).

2. P. Natorp, *VPP*, p. 242 : « les catégories ne sont pas quelque chose qui proviendrait du subjectif, ou bien de l'objectif, ou bien des deux en même temps – car ce sont elles qui constituent la fondation ultime de tout, donc même de la subjectivité et de l'objectivité, et du rapport mutuel qu'elles entretiennent ».

que, comme chez Hegel, les catégories ne sont pas des « catégories de l'entendement », mais l'intelligibilité inscrite dans l'être lui-même.

Natorp, dans la *Systématique*, énumère les autres points qui le rattachent à Hegel : « le premier point sur lequel nous nous accordons avec Hegel, c'est précisément ce qui nous a occupé jusqu'ici, à savoir l'exigence d'un pur commencement »[1], c'est-à-dire d'un commencement qui soit *véritablement exempt de présupposé et pour cette raison absolument immédiat* (ce point sera développé plus loin). Un peu plus loin, il écrit que le deuxième point se trouve dans le « cours circulaire de la méthode et, partant, le triple pas de cette méthode »[2], et ajoute : « entre les deux points de cet accord, il y a, à titre de troisième point, la reconnaissance de la pleine positivité non seulement de la négation, mais de la contradiction – ce que j'ai appris, *non pas certes originairement de Hegel, mais, tout comme Hegel, de Héraclite et de Platon* (particulièrement des dialogues *Le Sophiste* et *Parménide*) »[3].

La logique de Natorp, en effet, est fondée sur une tripartition qu'on retrouve à l'intérieur de chaque dimension – tripartition qui se trouve chez Hegel, mais aussi déjà chez Parménide –, à savoir, comme on lit dans la *Systématique*, « le principe de l'Un qui se divise lui-même en deux et, ensuite, retourne à nouveau en lui-même – et, il est vrai, toujours et partout. Voilà qui est toutefois précisément analogue à la fameuse loi hégélienne du triple pas (*Dreischritt*) de la "méthode dialectique" »[4]. Les *Cours de philosophie pratique* résument le schème autour duquel est ordonnée la pensée natorpienne, après avoir rappelé que celui-ci s'inscrit dans une filiation inaugurée par Héraclite et poursuivie par Platon (et Kant[5] !), de la manière suivante : « c'est l'un, en soi indivis, qui, en lui-même, sans faire tort à son unité originaire insuppressible, se différencie, et à partir de cette différenciation retourne dans l'unité originaire »[6]. Cassirer lui-même souligne à propos du nouveau projet natorpien : « l'ensemble de son système des catégories est construit selon les trois étapes de la thèse, de l'antithèse et de la synthèse, et dialectiquement structuré en fonction de ces trois étapes »[7].

1. P. Natorp, *PS*, p. 55.
2. *Ibid.*, p. 61.
3. *Ibid.*, p. 61-62 (c'est nous qui soulignons).
4. *Ibid.*, p. 55.
5. P. Natorp, *VPP*, p. 24.
6. *Ibid.*, p. 25.
7. E. Cassirer, « Paul Natorp », *op. cit.*, p. 256.

Est-ce à dire que la logique natorpienne ne serait qu'une *copie* ou une simple *actualisation* de la logique hégélienne[1] ? Natorp souligne ce qui le distingue de Hegel :

> Hegel parle de cercle, nous parlons de spirale. Est-ce la une différence sérieuse ? Avant tout, tout ce qui a été dit à propos du cercle s'applique tout autant à la spirale. C'est pour tout point de la spirale que vaut, comme pour tout point du cercle hégélien, tout ce qui a été dit auparavant, et le cercle en général ne prétend pas signifier autre chose. La spirale signifie simplement encore quelque chose sur ce qui correspond d'ailleurs manifestement mieux au sens du "développement". A savoir que, dans la spirale, c'est quelque chose d'éternellement nouveau qui apparaît, alors que, dans le cercle, c'est la même chose qui semble toujours revenir. Mais Hegel peut-il avoir sérieusement pensé ainsi ? Difficilement. Le commencement qu'on atteint toujours à nouveau ne doit manifestement pas pleinement être, du point de vue logique, ce qu'il était si l'on fait abstraction du fait qu'il revient. (…) Il faudra sérieusement examiner la question de savoir si Hegel n'a pas présupposé une fausse fermeture du système, face à quoi nous voulons souligner et fonder son ouverture illimitée[2].

Cette opposition est moins superficielle que le pense Natorp, qui la donne pour quelque chose d'inessentiel en arguant que Hegel s'est trompé sur le sens de sa propre entreprise dont, contre la *lettre*, il retrouve ainsi le véritable *esprit* (« Mais Hegel peut-il avoir sérieusement pensé ainsi ? »). Car elle implique une différence fondamentale entre la logique natorpienne et la logique hégélienne. Si, certes, dans les deux cas, il y a une reconnaissance du caractère *positif* de la négation et de la contradiction, il ne suffit pas que celles-ci aient « pleine voie au chapitre »[3], mais il faut aussi abandonner l'idée d'« une solution dans la réconciliation, dans la coïncidence des contraires »[4]. Ce qui signifie la chose suivante. Si Natorp est hégélien, c'est au sens où il reconnaît la réalité effective et l'importance de la négation et de la contradiction, qui sont constitutives, non seulement de la

1. Voir par exemple P. Natorp, *PS*, p. 295, où il souligne la différence entre son travail et celui de Hegel relativement à l'ordonnance des différents moments, mais ajoute qu'il « espère toutefois fournir la même chose, à savoir faire naître toutes les lignes du problème, qu'il faut séparer, à partir du développement interne, absolument spécifique du logique, sans se contenter de l'emprunter à l'extérieur ».

2. *Ibid.*, p. 63-64. Il est vrai que Hegel ne parle pas de spirale, mais l'idée est cependant là : qu'est-ce en effet qu'un cercle qui rompt sa borne pour fonder le cercle suivant ? Voir *Encyclopédie des sciences philosophiques*, tome 1 : La science de la logique, Introduction (1817), § 6, trad. B. Bourgeois, Paris, Vrin, 1986, p. 157.

3. P. Natorp, PP, p. 228.

4. *Ibid.*

connaissance, mais de toute activité humaine et plus largement de la vie. Puisque la vie est « combat » et « lutte » [1], puisque le « conflit [est] le père des choses » [2], « il sera plus sincère et plus courageux d'assumer résolument les contradictions que recèle l'existence » [3]. Davantage, et comme on l'a dit, cette reconnaissance de la positivité du négatif et de la contradiction, que Natorp reconnaît être un élément commun à la philosophie de Hegel et à la sienne, c'est d'abord à Héraclite et à Platon qu'il faut l'attribuer [4] – de sorte que cette reconnaissance n'est pas spécifiquement hégélienne (d'autant plus que la négation, ici, ne signifie pas une *Aufhebung* désormais impossible). Ainsi la tâche de la philosophie et plus précisément de la logique est-elle, poursuivant l'entreprise platonicienne du *Sophiste* qui fait droit au non-être en reconnaissant son être, contre l'affirmation selon laquelle seul l'être est et le non-être n'est pas, d'« assumer » la contradiction en montrant qu'elle « est *elle-même quelque chose de logique* » et qu'elle « *existe* au sens logique de ce verbe » [5]. Autrement dit : reconnaître l'existence logique de la contradiction, c'est reconnaître, comme déjà Platon et comme ensuite Hegel [6], que l'irrationnel n'est pas l'autre absolu du rationnel, l'individuel l'autre absolu de l'universel, mais qu'ils sont au contraire impliqués l'un par l'autre à un point tel que l'irrationnel n'est rien d'autre que l'origine et le but du rationnel, tout comme l'individuel n'est rien d'autre que la fin visée par l'universel.

Ainsi, pour reprendre une distinction kantienne, la pensée ne se pose qu'en s'opposant à l'intuition comme son autre – de même que l'universel ne se pose qu'en s'opposant au singulier, ou que le médiat ne se pose qu'en s'opposant à l'immédiat. Mais ce moment doit être surmonté au sein d'un autre moment dans lequel l'intuition se révèle à la fois l'origine et le but ou

1. P. Natorp, *PS*, p. 3. Voir aussi PP, p. 227 : « La vie ne se montre-t-elle pas illogique, irrationnelle, antinomique, tragique, de part en part ? »

2. P. Natorp, PP, p. 227.

3. *Ibid.*, p. 226-227. Voir sur ce point J. Stolzenberg, *Ursprung und System*, *op. cit.*, p. 178.

4. Voir P. Natorp, PP, p. 219 : « Sa découverte [*sc.* à Héraclite] est que l'un n'exclut pas, puisqu'il est l'un, la multiplicité, le devenir, la contradiction ; que l'être n'exclut pas, puisqu'il est l'être, tout non-être ; au contraire, l'un est justement l'un afin qu'il y ait du multiple, le repos du mouvement, la coïncidence des contraires, l'être est justement l'être afin qu'il y ait du non-être, c'est-à-dire rien d'autre que cette réalité dernière qui laisse surgir d'elle et ramène sans cesse en elle les contraires qu'elle recelait donc dès l'origine (...). Mais Platon (dans *Le Sophiste*) me semble pleinement adopter cette idée d'Héraclite, (...) ».

5. P. Natorp, PP, p. 228.

6. P. Natorp, *PS*, p. 69. Natorp souligne, à propos de la thèse selon laquelle « la contradiction est quelque chose de très positif » : « c'est particulièrement là-dessus que notre systématique s'accorde avec Hegel ».

l'horizon de la pensée, c'est-à-dire sa *direction* – de même pour le rapport de l'universel au singulier, ou du médiat à l'immédiat, de sorte que le singulier n'est rien d'autre qu'une détermination de l'universel et que l'immédiat n'existe pas ailleurs que dans les médiations qui procèdent de lui[1].

Si donc la contradiction est au cœur de l'être, c'est parce que le rationnel procède de l'irrationnel tout comme le non-être procède de l'être (le non-être comme autre dans le *Sophiste*), de sorte que la liaison avec la logique de Hegel est évidente. Mais si Natorp compare lui-même sa triade (qu'il nomme ou bien position – contre position – position d'unité, ou bien indifférence – différenciation – coïncidence) à celle de Hegel, il souligne que, chez lui, il n'y a pas de synthèse : « le terme de " synthèse" est une désignation tout à fait insuffisante, et même erronée, du troisième terme »[2]. C'est qu'il n'y a pas, chez Natorp, d'assomption de la contradiction dans une unité plus haute, comme c'est le cas dans la logique hégélienne. C'est précisément en cela que consiste, pour Natorp, la reconnaissance de la contradiction, c'est-à-dire son existence logique. La contradiction n'est jamais surmontée :

> tel est le ne-jamais-s'achever du toujours-s'achever: tout s'achève précisément dans la contradiction, par la contradiction, mais s'élève à partir du toujours-s'achever à nouveau jusqu'à un nouveau commencement, un commencement-conflit, parce qu'il n'est pas possible d'en rester à la contradiction, dans la mesure où, nécessairement, cela contredit la contradiction même. Il est, en cela, impossible d'en rester en général à un point quelconque, car la contradiction surgit partout où l'on voudrait ne trouver que le repos. Cependant, on peut tout aussi peu en rester à cette contradiction, il faut la dépasser. La pensée, la volonté, l'action, la vie en général, toutes peuvent bien chercher le repos dans un quelconque point, mais elles en seront toujours à nouveau expulsées par cette configuration, par cette nécessité de la contradiction[3].

En ce sens, c'est « la contradiction [qui] est proprement le moteur du développement »[4] – mais en aucun cas la négation : « c'est seulement dans [le domaine de] la finité (...) que surgit la contradiction, non pas d'une manière telle qu'un des deux termes contradictoires conserverait son droit et que l'autre serait complètement nié, supprimé », mais de sorte qu'on

1. Nous renvoyons sur ces deux points à nos *Néokantiens*, *op. cit.*, p. 111 (sur le rapport de l'universel et du singulier) et p. 110 (sur le rapport de l'intuition et de la pensée).

2. P. Natorp, PP, p. 231.

3. P. Natorp, *VPP*, p. 18.

4. *Ibid.*

« confère à chacune des deux propositions opposées l'une à l'autre un droit conditionné qu'on partage »[1]. Et, si ce développement est infini, c'est au sens de ce que Hegel appelle le « mauvais infini » (« le ne-jamais-s'achever du toujours-s'achever »[2]), qui précisément caractérise le domaine de la finité (deuxième étape[3]) :

> ce qui s'achève ne s'achève pas dans le rien, mais le point de l'achèvement devient à son tour le point du commencement de quelque chose de nouveau, et, au moment où cela advient toujours à nouveau, surgit un parcours qui va de la fin à la fin et qui est lui-même sans fin – un "développement" qui, dans les faits, telle une spirale, va toujours de fin en fin, de but en but, de sorte que toute fin ou but devient le nouveau commencement ou point de départ, dans un mouvement infini qui est un élargissement continuel de soi[4].

Cependant, il ne suffit pas de distinguer trois étapes qui organisent de l'intérieur chaque dimension de la logique natorpienne. Il faut souligner que cette logique elle-même repose sur trois étapes qui la rendent possible et lui restent *externes*, et qu'il faut bien distinguer des trois étapes *internes* de la logique – c'est pourquoi, dans un souci de clarté, nous appellerons ces trois étapes *externes* des moments. Surtout : ce sont ces trois moments qui permettent de comprendre le rapport des trois étapes logiques.

La logique, nous l'avons dit, c'est le catégoriel. Or, la systématique distingue trois moments et souligne que seul le deuxième moment est catégoriel – donc logique à proprement parler : ce n'est pas par hasard si la « logique générale », dans les cours de 1922-1923, est rebaptisée « systématique philosophique » et si ces trois moments y sont désormais introduits. La logique, dans laquelle se meut la philosophie pour autant qu'elle est *logos* et, du coup, relève du deuxième moment et se situe dans l'opposition et la contradiction, repose en effet sur un moment pré- ou infra-catégoriel, et elle trouve son achèvement dans un moment supra- ou trans-catégoriel[5]. C'est pourquoi la systématique – ou bien, mais par extension et donc au sens impropre du mot – la logique suppose, à titre de scission dernière, la dualité opposant ce qui relève de la médiation, du rapport, à ce qui est au-

1. P. Natorp, *VPP*, p. 19.
2. *Ibid.*, p. 13.
3. *Ibid.*, p. 20 (« tout le domaine intermédiaire, (...), le domaine de la différenciation, du développement qui se poursuit toujours dans l'infini, (...) est le domaine de la contradiction »).
4. *Ibid.*, p. 13-14.
5. P. Natorp, *PS*, p. 13.

delà (ou en deçà, mais c'est ici équivalent) de la médiation et de tout rapport. C'est précisément en ce sens que l'intuition est l'origine et le but de la pensée, que l'immédiat est l'origine et le but du médiat, etc.

Si le premier moment correspond à l'unité originaire, encore indivise c'est-à-dire exempte de toute contradiction, le deuxième moment correspond à celui où l'un sort de lui-même et pour ainsi dire s'éclate en une multiplicité (avènement de la contradiction), et le troisième moment à l'unité retrouvée – mais c'est d'une nouvelle sorte d'unité qu'il s'agit, c'est-à-dire de la totalité à titre d'unité supérieure dans laquelle se réunissent enfin toutes les déterminations (totalité) – Natorp reprenant pour la qualifier le concept hégélien de *allseitige Wechselbezüglichkeit*[1]. Mais, dans ce cas, commencer par le commencement, ainsi que se le propose le nouveau projet natorpien, c'est commencer par cette unité originaire dans laquelle tout est encore renfermé en puissance. Comment alors cette unité est-elle connue ?

Pour apporter une réponse provisoire à cette question qui sera reprise plus loin, soulignons que nous retrouvons ici quelque chose d'analogue au schéma tripartite auquel nous avons eu affaire dans la psychologie – et dans lequel le premier moment et le troisième moment ne pouvaient pas être atteints comme tels et n'étaient au fond que des *limites* du deuxième moment. C'est, semble-t-il, aussi le cas ici. Dès lors, on comprend que le moment central, duquel nous ne pouvons pas sortir, est le deuxième moment *à l'aune duquel seulement* sont posés les premier et troisième moments.

Si cette idée nous importe déjà beaucoup ici, c'est parce qu'elle permet de comprendre pourquoi la contradiction ne peut pas être résolue. C'est qu'on est condamné à en rester au deuxième moment, sans qu'aucune *Aufhebung* ne nous permette d'atteindre le grand calme d'une impossible résolution[2].

1. Voir par exemple P. Natorp, *PS*, p. 178-179. Parler ainsi d'« une unité supérieure dans laquelle se réunit enfin la totalité des déterminations », *donc d'une unité qui surmonte la contradiction*, ne contredit nullement ce que nous avons dit plus haut (la distinction entre Natorp et Hegel), pour autant qu'il ne s'agit que d'une formulation inadéquate, *puisque c'est une manière de décrire le troisième moment à l'aune du deuxième* qu'on ne peut pourtant pas quitter (c'est donc une manière de parler de ce qui n'est pas synthétique à partir du logique c'est-à-dire de la synthèse). Natorp, d'ailleurs, souligne quelque part dans *PS* que, dans ce troisième moment, celui de la paix véritable, la contradiction n'est pas *surmontée* mais *éteinte*.

2. C'est pourquoi, comme le note C. von Wolzogen (*Die autonome Relation*, *op. cit.*, p. 128), Cassirer a tort d'affirmer que « l'ensemble de son [*sc.* à Natorp] système des catégories est construit selon les trois étapes de la thèse, de l'antithèse et de la synthèse ».

C'est en ce sens que la logique de Natorp demeure une logique de la finitude[1], c'est-à-dire la raison pour laquelle Natorp demeure kantien. Car, ce qui distingue la logique natorpienne de la logique hégélienne, c'est qu'il y a un en deçà et un au-delà du catégoriel. Autrement dit : on ne résorbe pas l'infini, l'absolu, dans le catégoriel[2]. C'est la raison pour laquelle la pensée, dans la mesure où elle se meut sans pouvoir en sortir dans le deuxième moment, ne peut trouver d'achèvement et est condamnée à progresser dans un mouvement sans fin. En ce sens, la logique de Natorp n'est nullement un « panlogisme » à la manière de la logique hégélienne et contrairement à ce que prétend Cassirer[3]. Alors que la logique natorpienne se caractérise d'emblée par les limites qui indiquent un en deçà et un au-delà du catégoriel (Natorp reprenant donc la distinction kantienne intuition-concept, même s'il la réinterprète), le panlogisme hégélien se caractérise au contraire par la résorption de l'absolu dans le catégoriel : il n'y a plus, chez Hegel, d'au-delà des catégories – Hegel, écrit Natorp, « semble résorber entièrement l'irrationnel dans le rationnel : pour lui, tout est pensée et la pensée est tout »[4]. C'est pourquoi « l'idée absolue, par l'exposition de laquelle s'achève la logique de Hegel, ne devait pas être seulement l'Être, la vie impérissable, la vérité qui se sait, mais elle devrait, ainsi qu'il était expressément souligné, être *toute vérité* »[5].

C'est la raison pour laquelle Natorp substitue la spirale au cercle. Natorp écrivait déjà en 1910, dans l'article « Kant et l'école de Marbourg » : « Hegel croit pouvoir porter à son absolu accomplissement la légalité de la pensée, qu'il décrit toujours comme circularité close qui doit engendrer en même temps tout le contenu de la pensée. Par là, sa philosophie se montre d'une prétention monstrueuse, à savoir : présenter la fin de la philosophie, présenter la philosophie absolue, qui, selon lui, est en même temps savoir absolu »[6]. Il ajoutait un peu plus loin : « Hegel croit dominer logiquement le

1. E. Cassirer remarque dans son texte sur Natorp que le deuxième moment, « cette sphère de la relation et de la nécessité, d'une part, de l'opposition d'autre part, définit le domaine propre de la finitude » (« Paul Natorp », *op. cit.*, p. 258).

2. Ainsi la vie, à titre de fondement, ne relève-t-elle pas du catégoriel – on verra que, même si elle s'exprime dans les catégories, elle ne peut pas être résorbée dans celles-ci. C'est alors un contresens d'écrire : « La grande catégorie de Natorp, la catégorie des catégories, est alors l'être comme vie se posant comme sens » (A. Philonenko, *L'École de Marbourg*, *op. cit.*, p. 107).

3. E. Cassirer, « Paul Natorp », *op. cit.*, p. 237.

4. P. Natorp, KM, p. 57.

5. E. Cassirer, *Le Problème de la connaissance 3 : les systèmes postkantiens*, trad. fr. à l'initiative du Collège de philosophie, Paris, Le Cerf, 1999, p. 316.

6. P. Natorp, KM, p. 56.

trajet en sa totalité, même s'il n'est nullement parvenu au terme de ce trajet. En un mot, il est et reste absolutiste »[1]. Natorp opposait déjà au cercle clos hégélien, qui retourne en lui-même et se découvre le lieu de l'absolu qu'il cherchait depuis le début, la spirale, c'est-à-dire « l'approche asymptotique d'un but infiniment éloigné »[2]. Pour le dire autrement, l'erreur de Hegel, selon Natorp, est de croire que l'infini, pour être véritablement infini, doit nécessairement être achevé – ce qui, au contraire, n'est rien d'autre qu'une finitisation de l'infini[3].

Arrêtons-nous sur la conception natorpienne de l'infini.

Il y a une chose qui est certaine, à savoir que Natorp veut sortir de l'alternative entre infini achevé (actuel) et progression indéfinie (infini potentiel) – opposition qui structure la solution des antinomies kantiennes. Il semble que, pour Natorp, cette opposition relève d'une option ontologique erronée : d'un côté, l'infini comme être – sur le modèle de la chose –, de l'autre, l'infini comme non-être – approximation, expérience, passage s'opposant à l'être fixe (et qu'on met au compte de la subjectivité). Ce qu'il faut, c'est une autre accentuation ontologique : ce qui *est*, c'est le passage, le procès, alors que la position fixe fuit dans le non-être. L'infini est (*besteht*), sans être une chose achevée, car en définitive seul le mouvement est – et il ne faut pas dire que c'est un être potentiel, un moindre être, car cela serait encore confondre l'actuel et le fixe ou l'achevé. Tout cela n'exprime que le primat de la relation sur ses termes, du passage sur les points.

Reste le problème de l'unité de l'infini. Natorp écarte l'infini achevé comme illusion métaphysique. Ce qui fait l'unité de l'infini, pourrait-on croire, c'est la limite (le but asymptotique) : telle série tend vers un nombre déterminé sans jamais l'atteindre et c'est ce nombre qui fait l'unité de la série. Mais pour Natorp, c'est revenir à une conception chosiste : le terme-limite est donné et la série court après. La révolution copernicienne, pour Natorp, consiste en ceci : c'est la série, selon sa progression propre, qui détermine le terme limite. Par conséquent, c'est la loi de progression qui fait l'unité de la série. Mais attention : si on dit que, d'un côté, il y a la loi de progression et, de l'autre, la position successive des termes, on retourne

1. P. Natorp, KM, p. 57.

2. *Ibid.*, p. 58.

3. E. Cassirer, *Le Problème de la connaissance 3 : les systèmes postkantiens*, *op. cit.*, p. 286, écrit à propos de Hegel : « (...) l'image de l'infini authentique au contraire est le cercle, "la droite qui s'est rejointe, qui est close et tout à fait actuelle, sans *commencement* ni *fin*" (*Science de la logique*). Le vrai concept d'infini ne réside pas dans l'absence de fin, mais dans l'achèvement qui est posé du dedans par la nature et le principe propre de l'objet ».

encore à une conception chosiste. C'est pourquoi la loi doit au contraire être immanente à l'effectuation de la progression. Cela veut dire tout bonnement que les termes ne préexistent pas à la progression (même sous une forme potentielle) mais qu'ils sont produits par elle.

Sortir du psychologisme pour Natorp c'est rompre avec la conception naïve pour laquelle je vais de nombre en nombre en suivant une règle, comme si les nombres subsistaient dans un ciel des idées (infini achevé), c'est-à-dire préexistaient à l'acte de compter. Car c'est la progression réglée (la relation) qui est (*besteht*), et les nombres ne sont qu'à titre de positions dans cette progression – c'est donc elle qui leur confère leur consistance ou leur être (*Bestand*). Natorp souligne, dans les *Fondements logiques*, que les relations numériques se développent à l'infini, c'est-à-dire : elles sont à l'infini. Il n'y a aucune potentialité dans cet être de l'infini processuel. Dire de l'infini qu'il est potentiel serait attribuer aux nombres un être indépendant du procès. Dire de l'infini qu'il est achevé serait lui dénier son caractère processuel[1].

Le statut des trois moments permet désormais de mieux comprendre les étapes internes de la logique. Alors que Hegel reproduit à l'intérieur de chacune des étapes le schéma tripartite initial, en vertu duquel le troisième terme, à titre de synthèse qui est négation de la négation, constitue la vérité de la thèse et de l'antithèse et le point de départ pour une nouvelle étape, la tripartition natorpienne ne procède pas de cette manière. Nous avons souligné plus haut l'analogie mathématique en vertu de laquelle se construisent les trois étapes natorpiennes. Cette analogie mathématique a pour conséquence, à la fois une similitude avec Hegel mais aussi une énorme différence.

La similitude avec Hegel consiste dans le fait que la tripartition consiste dans les deux cas en un mouvement qui va de l'universel au singulier :

> Le début consiste toujours à installer d'abord l'universalité de ce dont il est question à chaque fois. Mais cet universel n'est qu'un universel abstrait qui, dans la forme sous laquelle il apparaît d'abord, ne contient lui-même d'abord aucune organisation, aucune spécification. L'étape suivante est donc nécessairement la réalisation en lui d'une particularisation, sa décomposition en une série, d'abord illimitée, de particularisations. Mais, illimitée, cette série ne pourrait en fin de compte que se retrouver sans structure ferme, sans loi ni forme, si elle ne finissait par "s'intégrer" en quelque sorte elle-même. Au cours de cette intégration, elle passe du

1. Voir P. Natorp, *LGEW*, chap. IV, § 1 et 2.

particulier à l'unique, à ce qui est défini comme individuel, où l'ensemble du processus désormais s'achève [1].

Or tel est également le cas de la progression hégélienne, c'est-à-dire de « la démarche synthétique déductive de la logique, qui progresse de l'abstrait au concret » [2].

Quant à la différence, elle consiste dans le fait que, si la contradiction est bien le moteur du développement, cela ne signifie pas que la logique natorpienne procède *dialectiquement*. Non seulement la négation n'est pas le moteur du mouvement, mais le membre antécédent n'est pas, du coup, supprimé dans le membre auquel il donne naissance et qui procède de lui. Par exemple, en ce qui concerne la tripartition théorie-pratique-poiésis, s'il est vrai que « la position théorique d'objet (...) ne reste qu'une esquisse, une coupe » [3] et que « la position d'objet ne peut en rester à la perspective de la théorie » [4], s'il est donc vrai qu'« il faut que la théorie progresse encore et toujours, et qu'elle se transforme ainsi déjà elle-même en praxis » [5], « celle-ci achevant ce que celle-là laissait ouvert » [6], non seulement la théorie n'est pas plus supprimée par la praxis que celle-ci serait supprimée par la poiésis à laquelle elle donne à son tour naissance, mais, surtout, ce n'est ni le manque, ni la négativité constitutifs d'une étape qui donnent naissance à l'étape suivante (car ce sont seulement les possibilités d'un développement ultérieur, d'une concrétisation supplémentaire, inscrites dans la première étape) [7]. La raison en est la suivante : c'est que ces trois termes ne sont pas proprement trois moments successifs (au sens logique) d'un progrès, mais, exactement de la même façon que la logique de la structure, la logique de la fonction et la logique de la position d'objet, trois points de vue différents, qui procèdent les uns des autres, sur un même état de choses – c'est-à-dire : trois constructions différentes, parce que toujours plus complexes, d'une même réalité.

1. E. Cassirer, « Paul Natorp », *op. cit.*, p. 256-257. Voir aussi P. Natorp, LG, p. 181, où il parle du « parcours gradué de toute la logique » : « d'abord la légalité en général, puis la légalité particulière, pour parvenir jusqu'à la détermination individuelle pure ».

2. E. Cassirer, *Le Problème de la connaissance 3 : les systèmes postkantiens*, *op. cit.*, p. 284.

3. P. Natorp, LG, p. 170.

4. *Ibid.*

5. *Ibid.*

6. *Ibid.*

7. Voir aussi P. Natorp, *RT*, p. 21. De même, l'étape du *melos*, dans la musique, ne supprime pas les deux étapes antérieures que sont l'*harmonie* et le *rythme* : *PS*, p. 378.

Étant donné que la tripartition théorie-praxis-poiésis désigne les trois dimensions différentes du monde de l'esprit, « la différence entre les domaines spirituels du sens est de nature, non de degré » – comme le remarque Cassirer[1]. Cependant, l'analogie qui fait de la tripartition la tridimensionnalité a pour conséquence d'exhiber l'interpénétration des différents domaines (la pratique inclut une dimension théorique, la poiésis une dimension pratique).

Comment caractériser plus avant cette logique ?

Elle est, comme l'écrit Natorp dans le paragraphe 1 de la « Logique générale » de 1918, une logique de la pensée. Certes, il ne s'agit pas de la pensée au sens commun de ce terme, puisque la pensée dont il s'agit n'est pas subjective (le sujet n'existe pas encore à ce stade de la logique). Mais cette logique est aussi, pour autant que toute pensée est détermination » de l'être[2], logique de l'être[3] (elle n'est pas essentiellement logique de l'objet[4]).

On pourrait croire qu'il n'y a, derrière ce changement de vocabulaire, qu'une modification inessentielle qui n'affecterait que les formulations sans modifier fondamentalement les thèses du néokantien. La dissociation

1. E. Cassirer, *La Philosophie des formes symboliques*, *op. cit.*, vol. 3, p. 69.

2. P. Natorp, LG, § 1.

3. Alors que le texte de 1918 part immédiatement du *logos*, de l'être et de la pensée, on lit dans l'esquisse de 1920 la rectification suivante (AL, 1920, p. 1-3) : « Je suis auparavant parti, quand je voulais introduire la logique, du mot *"logos"* et de la logique comme théorie du *logos*. J'ai défini la logique comme théorie de la pensée – et, dans la mesure où la pensée veut connaître, non pas simplement comme théorie de la pensée mais comme théorie de la connaissance. La pensée veut connaître – mais quoi ? L'être. Partant, la logique, à titre de théorie de la pensée, à titre de théorie de la connaissance, semble nécessairement être d'une certaine manière en même temps une théorie de l'être : une théorie de l'être à titre d'être de la connaissance, donc de la pensée. Mais une telle détermination de la logique, à titre de théorie de la pensée, de théorie de la connaissance et de théorie générale de l'être (même si on dit d'une manière limitative : théorie de l'être à titre d'être de la pensée, de la connaissance) se révèle à présent être trop illimitée d'un côté et pas assez radicale de l'autre. On pourrait poser le problème ainsi si on savait déjà ce qu'*est* la pensée, ce qu'*est* la connaissance, ce qu'*est* l'être. Nous ne devons toutefois, autant qu'on le peut, rien présupposer de tout cela (...). Nous questionnons sur un Un – mais quel Un ? (...) Il doit fournir le point originaire ». Ce texte corrobore la thèse, déjà énoncée par Stolzenberg, selon laquelle c'est dans l'esquisse de 1920 qu'apparaît pour la première fois l'idée d'un point de départ absolument exempt de présupposé, dans un Un qui précède la scission être-pensée, qui sera développée dans la *Systématique* (*Ursprung und System*, *op. cit.*, p. 161).

4. Dans le chap. de *PPP* consacré à la logique, Natorp définit déjà celle-ci comme « logique de l'être concret » – mais, à cette époque (c'est-à-dire dans le cadre d'une théorie de la connaissance qui revendique son appartenance à l'idéalisme critique), l'être est explicitement réduit à l'objet.

pensée-être ne correspond-elle pas, au fond, à la distinction sujet-objet? Faire une logique de la pensée de l'être, dans laquelle le « processus de détermination de l'être se poursuit à l'infini » [1], n'est-ce pas une nouvelle variante de la « révolution copernicienne » – c'est-à-dire une nouvelle manière de montrer comment la connaissance engendre son objet? Cela posé, le changement natorpien de vocabulaire n'est pas anodin – et il manifeste, avec l'abandon du vocabulaire kantien, le retour, en deçà ou au-delà de la problématique kantienne, à la problématique originaire de la philosophie, la problématique antique, à titre de sol de tout véritable philosopher. Massimo Ferrari, à ce propos, souligne que l'*accord* (*Zusammentreffen*) reconnu par Natorp entre son propre travail et celui de Heidegger se trouve particulièrement dans l'intérêt philologique qui les conduit tous deux à l'origine de la philosophie, d'une part, et, d'autre part, dans l'interprétation d'Aristote (l'interprétation de la métaphysique aristotélicienne comme ontologie ayant reçu quelqu'impulsion dans l'interprétation de Natorp, comme l'a souligné Heidegger) [2].

Ce vocabulaire nouveau, avec sa nouvelle manière de poser le problème, n'introduit-il pas une « révolution dans la manière de penser » ? C'est que la logique est définie comme théorie des catégories – donc comme détermination et pensée. Néanmoins, cette pensée, d'une part, n'est pas attribuée à un sujet qui la précèderait (logiquement) et qui la produirait – étant donné que, au contraire, c'est elle qui produit ce sujet. Mais elle n'est pas, d'autre part, renvoyée à un « fait de la science » dans lequel elle se manifesterait et serait en somme trouvée c'est-à-dire proprement « donnée ». Nulle référence, ici, à un « fait de la science » qui, même à titre de *fieri*, serait le point de départ de l'investigation.

Puisque la référence est l'être (la pensée est pensée de l'être), celui-ci devient à la fois le « sujet » et l'« objet » de la pensée – c'est-à-dire ce à quoi renvoient les catégories tout comme ce dont elles procèdent. Les catégories ne sont pas seulement les déterminations de l'être, mais aussi ses manifestations. Les catégories ne sont pas seulement les manières de dire l'être, mais aussi les manières dont l'être prend la parole pour s'affirmer et s'assurer (*i.e.* se manifester ou encore apparaître). On lit dans la *Systématique* que les catégories « sont les *fonctions productrices* de la construction concrète même de l'être » [3], ou bien :

1. P. Natorp, LG, § 1.

2. M. Ferrari, « Paul Natorp. "The Missing Link" in der Davoser Debatte », *op. cit.*, p. 223.

3. P. Natorp, *PS*, p. 14.

> Ainsi les catégories ne sont-elles pas de simples *moyens de pensée* qu'on aurait tirés ("abstraits") du concret vivant et de ce qui est plein de teneur, des *instruments* conceptuels sous lesquels il n'y aurait plus qu'à ordonner, qu'à subsumer les formations spirituelles fixes, déjà données par ailleurs (...) – car ce sont les *teneurs de sens ultimes* du vivant plein de teneur même, qui règnent et agissent en lui à titre de forces formatrices et créatrices [1].

Voilà d'ailleurs la raison pour laquelle l'ordre des catégories se trouve renversé. Dans la *Systématique*, en effet, ce sont les catégories de la modalité qui viennent en premier – alors que, dans les *Fondements logiques des sciences exactes*, elles surgissent en dernière position [2]. C'est que, dans la logique de 1910 [3], la modalité a le même statut que dans la *Critique de la raison pure* où elle « ne contribue en rien au contenu du jugement », puisqu'elle concerne seulement « la valeur de la copule, en relation avec la pensée en général » (B, 100; Ak. III, p. 89). Comme il est écrit dans le paragraphe 30 de la *Logique* de Kant, « le moment de la modalité ne fait qu'indiquer la manière dont quelque chose dans le jugement se trouve affirmé et nié », de sorte qu'il ne porte « que sur le jugement lui-même, nullement sur la chose sur laquelle porte le jugement » (Ak. IX, p. 108). *On pourrait dire, bien que ces termes ne soient pas kantiens, que la modalité détermine, non pas l'objet de la connaissance, mais la connaissance de l'objet* [4]. Si ce n'est plus le cas dans les écrits du second Natorp, puisque la « Logique générale » et la *Systématique* commencent avec la modalité [5], c'est parce qu'une *philosophie de l'être* se substitue à une *philosophie de la connaissance* (c'est aussi pour cette raison que, comme on l'a vu, la logique n'est plus définie comme une théorie de la validité objective). Du coup, la modalité est un mouvement qui est constitutif de l'être lui-même : il est le mouvement même par lequel l'être apparaît ou se manifeste – ou, mieux, le mouvement par lequel advient l'être, mais aussi par lequel la pensée

1. *Ibid.*, p. 13.

2. Voir H. Holzhey, *Cohen und Natorp*, *op. cit.*, vol. 1, p. 281, et « Zu Natorps Kantauffassung », *op. cit.*, p. 148-149.

3. P. Natorp, *LGEW*, p. 81.

4. Voir *LGEW*, chap. 2, § 12 : bien que Natorp s'oppose à la dichotomie kantienne (des catégories qui portent sur l'objet, et d'autres qui portent sur la connaissance de l'objet), il souligne toutefois que, dans la modalité, les catégories ont un rapport, non pas direct, mais indirect à l'objet (quantité, qualité et relation sont des instruments de construction de l'objet, alors qu'avec la modalité on pose l'objet lui-même) : ce sont des modalités du procédé intellectuel en tant qu'il pose l'objet.

5. P. Natorp, LG, p. 161-162 ; *PS*, p. 83.

trouve une consistance c'est-à-dire conquiert une effectivité[1]. Il y a une modalisation du développement catégoriel, au sens où le triptyque possible-nécessaire-effectif devient le schème organisant l'ensemble du déploiement catégoriel – raison pour laquelle l'ordre logique n'est pas déductif (la série était le schème organisationnel de la logique de 1910, alors qu'on est ici dans des phases d'expression leibniziennes).

On aboutit ici un curieux renversement, pour autant que la philosophie de Natorp prend un visage qui ne relève plus, comme on l'a dit, de la théorie de la connaissance ou plus largement de la révolution critique, mais, au contraire, d'une ontologie et d'un réalisme qui pourtant semblent répugner à l'esprit critique. On comprend que la philosophie de Natorp prend désormais un visage qui semble la rapprocher davantage de Hegel que de Kant – Natorp soulignant que certains ont pu penser que « la fondation de ma systématique, qui coïncide d'une manière si évidente et si incontestable pour moi-même avec Hegel, n'aurait plus rien de commun avec le criticisme et devrait nécessairement être jugée, de ce point de vue, comme une retombée dans le "dogmatisme" prétendument déraciné par Kant »[2].

1. P. Natorp, *PS*, p. 86-87 : c'est pourquoi il faut se séparer de Kant qui considère que les catégories de la modalité sont « non pas des manières de déterminer les objets, mais sont seulement des manières de déterminer leur rapport aux facultés cognitives (l'entendement, la faculté de juger et la raison) ».

2. P. Natorp, *PS*, p. 68.

CHAPITRE II

LA *SYSTÉMATIQUE PHILOSOPHIQUE*

UNE PHILOSOPHIE DE L'IRRATIONNALITÉ ?

Il est curieux que, dans la *Systématique philosophique*, il soit question lorsqu'on ouvre l'ouvrage non seulement de l'être lui-même, mais aussi *tout d'abord* de la vie dans son immédiateté. On y lit que la philosophie part à titre de fait originaire (*Urfaktum*) de la plénitude de la vie. Il semble donc qu'il y ait pour Natorp un contact immédiat avec la vie entendue comme le tout, relevant d'une pensée antéprédicative qui est précisément le vécu (l'*Erleben* comme moyen d'accès au *Leben*). Là se trouverait la rupture avec le travail antérieur. Car, si *La Philosophie. Son problème. Ses problèmes* affirmait déjà que la philosophie est une prise de conscience par la vie d'elle-même, la vie ne s'y donne jamais dans son immédiateté : elle ne se donne que dans le travail culturel, c'est-à-dire ses objectivations, dont le centre est la production de l'être théorique[1].

Natorp, en ce sens, n'a pas rompu avec la méthode qui consiste à partir d'un « fait » – mais avec cette différence fondamentale que, désormais, le fait dont on part est un *Urfaktum* défini comme la vie dans sa plénitude.

De plus, ce fondement originaire (*Urgrund*[2]) relève d'un fait qui peut d'autant moins être « prouvé » (*beweisen*) qu'il est *vécu* (*erlebt*[1]). Natorp

1. P. Natorp, *PS*, p. 12. Rappelons que, à son époque marbourgeoise, Natorp commence par la vie, comme c'est le cas dans *PPP*, p. 2 – mais la vie, c'est ici, exactement comme chez les heidelbergiens, les domaines de la culture dans leur différence et leur diversité. Il s'agit toutefois par là uniquement de nier l'assimilation du néokantisme marbourgeois à une théorie de la science (voir aussi KM, p. 6, où il est question de « la vie culturelle de l'humanité » ; voir aussi p. 23).

2. *Ibid.*

explique que si ce qui relève de la médiation est pensé, tout ce qui relève de cette médiation s'inscrit dans l'indéfini et repose sur un infini qui est un immédiat, à partir duquel la pensée du médiat se déploie comme telle, et qui, à titre d'immédiat c'est-à-dire de *total* ne laissant rien en dehors de lui – de sorte qu'il renferme la totalité des médiations qui en sortent –, ne peut pas être connu : il est vécu[2]. Ce qui est *vécu*, c'est donc un *fait* : le fait, qui est le point de départ de l'investigation philosophique, c'est ce qui se donne immédiatement dans une absence de relativité – sinon on n'aurait pas l'impression que c'est un fait[3].

Dès les premières lignes de la *Systématique*, Natorp souligne que la philosophie ne peut être que si elle est systématique[4] et qu'elle ne peut être systématique que si elle porte sur le tout – ajoutant immédiatement que la question doit être orientée sur la vie : « la philosophie vise la vie précisément dans sa totalité »[5]. On pourrait croire que vie et connaissance s'opposent, dans la mesure où, comme Natorp l'écrit dans la présentation qu'il donne de lui-même : « connaître n'est pas vivre, vivre n'est pas connaître »[6]. Mais ce n'est pas le cas, dans la mesure où, comme l'écrit encore l'auteur quelques lignes plus haut, la connaissance provient de la vie (« mais la pensée, la connaissance sont-elles tout ce à quoi la vie aspire[7] ? »). Dans la *Systématique*, on lit au tout début : « la réflexion philosophique elle-même est vie »[8]. C'est pourquoi il est possible à la philosophie de rejoindre la vie, puisqu'il n'y a pas de scission entre vie et philosophie et que la philosophie est une partie de la vie : « la philosophie

1. P. Natorp, *PS*.

2. *Ibid.*, p. 8.

3. *Ibid.*, p. 9.

4. *Ibid.*, p. 1-2 : « Ainsi la philosophie est-elle aspiration à l'unité du savoir (…). Mais cette unité du savoir, si nous l'avions, serait le "système". Voilà pourquoi la philosophie est essentiellement, non pas système, mais questionnement sur le système. La philosophie doit porter le savoir, non pas au système, mais à la systématique » ; voir aussi *VPP*, p. 2 : « On présuppose en cela qu'il y a un tout de la philosophie. Est-ce évident ? Y a-t-il un *système*, un système de la philosophie ? (Car le système exige l'unicité). Voilà quelque chose qui a sérieusement été contesté. – La question, à présent, ne doit pas être évitée. Cependant, relativement à notre commencement, il suffit de répondre que l'aspiration à la totalité, au système, est essentielle à la philosophie. Quant à la question de savoir si ce but est atteint, si ce but peut être atteint, voilà ce que l'expérience (*Versuch*) seule peut seule décider – et la résolution de cette question ne peut être anticipée ».

5. *Ibid.*, p. 2.

6. P. Natorp, PP, p. 226. On trouvait déjà la même proposition dans la « logique générale » de 1918 p. 18 ; voir aussi J. Stolzenberg, *Ursprung und System*, *op. cit.*, p. 178).

7. *Ibid.*, p. 225.

8. P. Natorp, *PS*, p. 2.

est donc réflexion, et il est vrai réflexion de la vie elle-même sur aucune autre chose qu'elle-même, que la vie »[1]. Aussi, non seulement la fausse coupure entre vie et philosophie est déjà surmontée, mais c'est l'affinité des deux plans qui désormais apparaît.

Cependant, puisque la vie elle-même se définit comme victoire sur la mort[2], il faut qu'elle repose, à titre de fondement de la vie (*Lebensgrund*[3]) entendue comme combat incessant entre la vie et la mort et, partant, entre l'affirmation et la négation (domaine de la contradiction), sur une affirmation (*Jasinn*[4]) qui exclut toute négation. Voilà donc ce que nous découvre « la réflexion la plus profonde de la vie sur elle-même »[5] : « l'éternel fondement affirmatif de la vie »[6], qui « se soustrait à tout concept en fin de compte limitatif (*abgrenzenden*) »[7]. Ce « fondement affirmatif » (*Ja-Grund*) est ce qui demeure totalement ineffable (*das gänzlich Unsagbare*[8]), l'au-delà « transcendant »[9] auquel nous renvoie toute notre pensée finie, c'est-à-dire catégorielle. Il est donc l'infini[10] dans lequel nous vivons (*erleben*) continuellement – c'est-à-dire le sol à partir duquel se déploie toute notre pensée catégorielle (donc le fondement dont elle procède) et qui relève d'une intuition immédiate[11]. Natorp, à ce propos, parle du « simple fait que quelque chose en général apparaît et m'apparaît »[12], et l'oppose à la « pensée simplement médiatrice qui se situe dans le rapport »[13], ajoutant que c'est « une manière de saisir qui précède toutes les médiations et tous les rapports »[14], qu'on qualifie précisément par le terme d'« intuition »[15].

Stolzenberg, dans *Origine et système*, prend d'une manière immédiate et littérale les expressions de Natorp, assimilant du coup cette intuition, qui

1. *Ibid.*, p. 2-3.
2. *Ibid.*, p. 5 : « La vie doit nécessairement, en fin de compte, vaincre la mort – sinon elle ne vivrait pas ».
3. *Ibid.*, p. 6.
4. *Ibid.*
5. *Ibid.*
6. *Ibid.*
7. *Ibid.*, p. 7.
8. *Ibid.*
9. *Ibid.*
10. *Ibid.*, p. 8.
11. *Ibid.* p. 9.
12. *Ibid.*
13. *Ibid.*
14. *Ibid.*
15. *Ibid.*

n'est qu'un autre mot pour désigner « la vie et le vécu concrets », à « un comprendre originaire »[1]. Puisque, comme l'écrit Natorp lui-même, Husserl est parvenu jusqu'à ce pur sens de l'être qui ne relève pas plus de l'objet qu'il ne relève du sujet[2], n'y a-t-il pas ici, désormais, un parallèle avec l'entreprise husserlienne ? L'intuition natorpienne n'équivaut-elle pas à « l'intuition originairement donatrice » qui permet au phénoménologue d'atteindre cette sphère antérieure dont procèdent le sujet et l'objet[3] ?

Stolzenberg met également en rapport ce point avec le cours de Heidegger de 1919[4], « L'idée de la philosophie et le problème de la vision du monde », dans lequel Heidegger écrit que dans « la vie en elle-même et pour elle-même (...) il n'y a pas encore de caractérisation naturelle (*genuin*), mondaine (*welthaft*) »[5] : la vie est « le *"pas encore"*, c'est-à-dire ce qui ne s'est pas encore scindé dans une vie naturelle (*genuin*), (...) ce qui est d'une manière essentielle *prémondain* (*Vorweltliche*) »[6]. Il ajoute du coup que « le recours de Natorp à la "sphère pré-objective et pré-subjective" du vécu et du comprendre lui appartenant immédiatement apparaît précisément comme une réaction à la critique heideggérienne antérieure de la psychologie natorpienne, dans laquelle non seulement on prend en compte, mais on fait droit à son exigence d'une « science originaire (...) dans laquelle le théorique lui-même trouve son origine »[7].

Il semble donc que, si Natorp reprend la distinction kantienne entre intuition et concept, c'est en un sens inédit qui n'est nullement le sens kantien. La pensée, qui est catégorielle (= le concept), trouve son origine dans le tout (la vie) qui est saisi par une intuition immédiate. Ainsi que nous l'avons en outre remarqué, la *Systématique*, à la différence de la « logique générale »[8], ne commence pas par les catégories mais par le tout ou la vie,

1. J. Stolzenberg, *Ursprung und System*, *op. cit.*, p. 264. Selon l'auteur (p. 265-266), ce « comprendre originaire » trouve sa source dans le textes de Dilthey, Schleiermacher et le « Natorp Bericht » rédigé par Heidegger en 1922, *Phenomenologische Interpretationen zu Aristoteles* (Frankfurt am Main, V. Klostermann, *Gestamtausgabe*, vol. 61).

2. P. Natorp, *PS*, p. 298.

3. J. Stolzenberg, *Ursprung und System*, *op. cit.*, p. 264.

4. *Ibid.*

5. M. Heidegger, *Zur Bestimmung*, *op. cit.*, p. 115.

6. *Ibid.*

7. J. Stolzenberg, *Ursprung und System*, *op. cit.*, p. 265. Voir p. 277, où Stolzenberg rappelle l'essentiel de la critique heideggérienne de la psychologie natorpienne : la négation de toute connaissance immédiate (c'est-à-dire de tout « vécu » pouvant être immédiatement atteint) a pour conséquence que la psychologie est reconstruction (primat de la méthode).

8. On comprend donc la raison pour laquelle Natorp substitue à la « logique générale » une « systématique philosophique ». C'est que la logique générale est une théorie des catégories. Or, comme l'écrit explicitement Natorp dans *VPP* (p. 2), la philosophie n'est pas

c'est-à-dire par un en deçà de la pensée catégorielle, et elle finit par un terme ultime qui, exactement comme le premier terme, n'est pas catégoriel : « car, même avec la catégorie, on n'atteint pas ce qui est ultime, mais au mieux ce qui précède l'élément ultime »[1].

On voit là une proximité entre Natorp et Bergson. Lorsque Natorp écrit que, si « la connaissance décompose, la vie veut rester intégrale »[2], il apparaît qu'il oppose, à la manière de Bergson, la connaissance conceptuelle, qui découpe et fige, à la vie dans sa continuité et son devenir, désormais promue forme de connaissance – et, mieux, forme véritable ou authentique de connaissance puisqu'elle seule nous permet de prendre conscience de l'insuffisance de la connaissance conceptuelle[3].

Le « transcendantal » est défini, dès qu'il apparaît dans la *Systématique*, comme ce qui dépasse ou ce qui transcende[4]. Il est le mode d'accès au transcendant, c'est-à-dire à l'immédiat ou à la vie, et, partant, la méthode qui permet de l'atteindre.

Natorp, en reprenant le concept de « transcendantal », affirme reprendre la question critique de la détermination des limites – et donc la méthode transcendantale qui seule permet de traiter cette question. Néanmoins, le renversement consiste dans le fait que, désormais, « se rendre conscient de ses limites, c'est se rendre en même temps conscient de ce qui, pour les délimiter, doit nécessairement être au-delà des limites »[5]. Qu'est-ce en effet qu'une limite ? C'est la zone où se réunissent les deux domaines que la limite sépare, de sorte que la limite appartient à ces deux domaines sans « appartenir à aucun d'eux puisque l'un exclut l'autre »[6]. C'est pourquoi la

réductible à la théorie des catégories : voilà précisément ce à quoi fait droit la systématique, dont la théorie des catégories (et donc la logique) ne constitue qu'un moment.

1. P. Natorp, *PS*, p. 19; voir aussi p. 13 (« car le transcendant est absolument aussi le supra-catégoriel »).

2. P. Natorp, PP, p. 225.

3. Ainsi Natorp s'avèrerait-il être un incurable romantique, fidèle à son engouement « pour la philosophie la plus allemande et la plus cosmique, je veux parler de la musique de Bach, de Beethoven et des autres, surtout celle de Richard Wagner » (PP, p. 210). Nous avons développé dans notre *Esthétique musicale de Nietzsche*, *op. cit.* (Première partie, I : Le statut de la musique dans le romantisme allemand) la thèse romantique selon laquelle la musique, à titre de *wahre Kunst*, est le seul langage qui puisse adéquatement décrire l'essence du monde. Wagner écrit dans *Beethoven* que le musicien « exprime la vérité la plus haute dans une langue que la raison ne comprend pas » (*Œuvres en prose*, trad. fr. J.G. Prod'homme, Paris, Delagrave, 1907, rééd. Paris, Editions d'aujourd'hui, coll. Les introuvables, 1976, vol. X, p. 61).

4. P. Natorp, *PS*, p. 4 ; voir aussi *VPP*, p. 8.

5. *Ibid.*, p 45.

6. P. Natorp, PP, p. 229.

limite a « un double visage »[1] et est analogue à l'*ephaiknes* de Platon[2], lieu explicatif ultime des limites de la connaissance et de la pensée catégorielle qui est à la fois « l'énigme et la clé de l'énigme »[3].

Dès lors, ce qui caractérise « le point de vue du transcendantal »[4], c'est l'ouverture sur l'au-delà ou le transcendant qui fonde l'acte de limitation même (le fondement de toute limitation, par définition, ne peut pas être limité : ce qui délimite, c'est ce qui est au-delà de toute limitation). Si ce fondement se soustrait à tout concept délimitatif, c'est parce qu'il est le fondement de toute délimitation, auquel on accède par le transcendantal : ce qui fonde ou rend possible toute délimitation ne peut pas lui-même être déterminé c'est-à-dire délimité.

En outre, « c'est précisément chez Kant que cette affirmation indubitable du transcendant, qui fut condamnée par ses successeurs peu avisés à titre de métaphysique non critique, s'est sans hésitation, depuis le début jusqu'à maintenant, affirmée dans la reconnaissance sans retenue de l'en-soi à titre de présupposé tout à fait évident de l'apparaître »[5]. Pour fonder ce qui peut apparaître comme un grand saut par lequel il quitterait le sol de la problématique néokantienne, Natorp s'appuie certes sur Kant, mais il renvoie curieusement à la fois aux écrits précritiques (« la vision de toutes les choses en Dieu » dans la *Dissertation de 1770*) et aux écrits posthumes, à l'aune desquels doivent être lus les écrits critiques[6].

Il y a là quelque chose de remarquable. Dans les textes marbourgeois, autant ceux de Cohen que ceux écrits par Natorp jusqu'à présent, les premières propositions de l'Esthétique transcendantale (B, p. 33; Ak. III, p. 49), dans lesquelles Kant admet une chose en soi qui affecte nos sens et produit en nous une intuition sensible, apparaissaient comme un résidu dogmatique dont Kant, qui conquiert l'esprit critique durant la rédaction même de la *Critique de la raison pure*, se débarrasse en cours de route[7].

1. P. Natorp, PP.
2. *Ibid.*; voir aussi VPP, p. 8.
3. *Ibid.*
4. P. Natorp, *PS*, p. 45.
5. *Ibid.*, p. 45-46.
6. *Ibid.*, p. 46.
7. Voir, sur ce cheminement par lequel Kant conquiert l'esprit critique et devient kantien au sein même du travail d'écriture de la *Critique de la raison pure*, notre Introduction à Hermann Cohen, *Commentaire de la « Critique de la raison pure »*, *op. cit.* C'est dans la deuxième édition de *La Théorie kantienne de l'expérience* (1885) que, pour la première fois, apparaît l'idée d'une histoire du concept de « chose en soi », puisque celle-ci se métamorphose en « concept limite » (voir notre introduction à la traduction de cet ouvrage, *op. cit.*, p. 21). En ce qui concerne tout particulièrement Natorp, celui-ci parle dans KM p. 7 de « la

Cela dit, il faut aussi remarquer que Natorp explique son propre changement de position à partir d'une critique non pas *externe* mais *interne* du kantisme. C'est le fait d'être plus *critique* encore que Kant lui-même qui conduit à de telles affirmations. En effet, Natorp souligne, au début de la *Systématique*, que le point de vue transcendantal est reformulé – et, s'il est reformulé, c'est parce qu'il est énoncé dans le cadre d'une philosophie qui n'est plus une critique de la connaissance (*Erkenntniskritik*[1]), dans la mesure où celle-ci s'avère impossible dès qu'on prétend faire une véritable critique qui réfléchit sur les présupposés sur lesquels elle se fonde : comment peut-on partir du fait de la connaissance sans être à la fois juge et parti[2] (on a noté plus haut une critique similaire chez Heidegger) ? Si le point de vue transcendantal n'a plus le même sens que chez Kant, c'est parce qu'il apparaît dans un tout autre contexte, c'est-à-dire qu'il prend sens au sein d'un réseau conceptuel qui n'est plus le même.

Mais y a-t-il ici une véritable continuité, et la nouvelle position natorpienne est-elle vraiment un prolongement et un achèvement du criticisme ? Pour les marbourgeois, l'en soi ou absolu est un concept méthodologique – et, pour eux, on peut d'ailleurs résumer l'entreprise critique comme une méthodologisation de l'en soi : l'en soi doit être posé pour assurer la relativité dans sa légalité infinie, et il n'est rien d'autre, au fond, que cette légalité en tant qu'infinie[3]. Or, pour Natorp désormais, l'en soi est un sol et un absolu dont le relatif est la manifestation. Mais comment peut-on, si l'on veut accorder un sens à l'affirmation répétée par Natorp selon laquelle il se situe toujours dans le sillage de la philosophie critique, concilier ces deux thèses et voir dans la seconde un approfondissement de la première ? Ne s'agit-il pas, au contraire, d'une rupture radicale et d'un retour à la *Dissertation de 1770* contre la *Critique de la raison pure*, bref, d'un mouvement anti-critique[4] ?

A vrai dire, Natorp reconnaît, dans les *Cours de philosophie pratique*, qu'« aucun des philosophes prédominants (…) n'a jamais entrepris de retourner (…) jusqu'à ce point ultime. Kant n'a jamais prétendu avoir posé la question transcendantale *dans ce sens radical* (…), mais il n'a fait qu'ouvrir la voie sur laquelle cette question peut trouver une solution

chose en soi qui, de borne fixe qu'elle semblait signifier initialement, devient le pur concept limite, qui limite l'expérience uniquement grâce à sa propre loi créatrice ».

1. P. Natorp, *PS*, p. 44-45.

2. *Ibid.*

3. Voir P. Natorp, *LGEW*, chap. 7, § 1 et 2.

4. Voir P. Natorp, BB, p. 429-430 et surtout p. 438 où Natorp met en valeur les concepts d'espace et de temps comme phénoménalisation de l'absolu.

certaine »[1]. Car la question transcendantale, telle que Natorp l'entend, c'est-à-dire à titre de question de l'absolu ou, comme il dit, de l'« en soi »[2], si elle peut certes apparaître comme un prolongement de la question critique, équivaut en tout cas à sa suppression lorsqu'on entend le terme de « critique » en son sens littéral. Comme le faisaient déjà remarquer les postkantiens, la limitation de la connaissance, dans la *Critique de la raison pure*, au phénomène d'une chose en soi promue au-delà inconnaissable, présuppose précisément que, tel le chien Toto, qui à la fin du *Magicien d'Oz* (V. Fleming, 1939), tire le grand rideau vert sous les yeux de Dorothy (Judy Garland) et exhibe d'un seul coup la chose en soi derrière le phénomène c'est-à-dire l'homme qui se fait passer pour un magicien, Kant soit passé de l'autre côté des limites[3] – sans quoi, précisément, il n'affirmerait pas l'existence d'une chose en soi inconnaissable. C'est en ce sens que, selon Natorp, la vérité de la critique de la connaissance se trouve (reprise de l'analogie platonicienne dans la *République*) dans la reconnaissance de la « lumière originaire » qui rendrait aveugle si on la regardait dans les yeux, et que, pour cette raison, on ne saisit que d'une manière indirecte dans ses effets (la connaissance avec sa limitation) – mais le domaine qu'elle illumine « renvoie par là pourtant à l'être originaire ultime qui reste éternellement inaccessible à la connaissance »[4].

Il est flagrant que Natorp rompt avec l'interprétation *méthodologique* de la chose en soi et en revient à une interprétation *réaliste* ou *chosiste* – précisément celle contre laquelle Cohen avait dû lutter pour fonder, avec *La Théorie kantienne de l'expérience*, le néokantisme de Marbourg. Dans l'interprétation marbourgeoise, la métaphore même du voile n'a aucun sens, car il n'y a pas d'inconnaissable absolu : c'est la connaissance qui, dans son progrès immanent, redistribue à chaque fois les zones du déjà-connu et de ce-qui-est-à-connaître. Cette interprétation, du coup, résorbe le transcendant dans le transcendantal, l'absolu dans la méthode et l'infini achevé dans l'expérience infinie. Or, dans la *Systématique*, c'est inversement le transcendant qui fonde le transcendantal et l'au-delà la limite. Qu'il s'agisse, d'un point de vue strictement kantien et conformément à ce qu'on a dit plus haut, du retour à un point de vue précritique, voilà qui semble confirmé par la métaphore de la lumière. Kant, dans la *Réflexion 5270*

1. P. Natorp, *VPP*, p. 8-9.
2. *Ibid.*, p. 9.
3. Victor Fleming est hégélien, puisqu'on trouvait déjà la métaphore du rideau (*Vorhang*) dans *La Phénoménologie de l'esprit*, trad. fr. J. Hyppolite, Paris, Aubier, 1941, vol. 1, p. 140.
4. P. Natorp, *VPP*, p. 10.

(Ak. XVIII, p. 138[1]), écrit que, si pour la pensée métaphysique la connaissance est limitation sur le fond d'une lumière universelle, pour la pensée critique c'est l'obscurité qui est première et qui se trouve progressivement illuminée par l'acte de connaître. Il poursuit en distinguant deux concepts de l'absolu : d'un côté, le concept traditionnel de l'absolu (*totum realitatis*), dont toute réalité est une limitation (détermination) et, de l'autre, un concept critique de l'absolu, à savoir l'expérience dans son progrès indéfini.

Toute la question est donc de savoir si Natorp revient effectivement sur les thèses qu'il a soutenues auparavant. Par un changement radical, Natorp, qui avait jusque-là affirmé systématiquement qu'il n'y a aucun accès à un quelconque immédiat (qu'il s'agisse de Dieu, de la subjectivité ou bien de la vie), prendrait donc acte, selon Stolzenberg, des critiques de Heidegger – mieux, il les admettrait et chercherait donc à les dépasser, de sorte que toute la *Systématique* reposerait sur ce que le philosophe avait jusqu'ici refusé : un accès immédiat à la vie au moyen de l'*intuition* promue compréhension originaire et antéprédicative. Il est toutefois possible que Stolzenberg se trompe, si tant est qu'on nie que l'intuition puisse être aussi facilement et rapidement définie comme un comprendre originaire. Stolzenberg, en effet, ne tombe-t-il pas sous le coup de la critique pourtant énoncée par Natorp, et qui consiste à opposer irrationnel et rationnel, individuel et universel, etc. ? Opposer comme il le fait la pensée discursive à une intuition immédiate, voilà bien une thèse contestée encore plus radicalement par Natorp dans les écrits, déjà cités, qui suivent la première guerre mondiale.

De plus, lorsque Stolzenberg rapproche l'entreprise natorpienne de la phénoménologie husserlienne, à l'aune d'un texte de la *Systématique* qui en effet souligne la parenté des deux, pour autant qu'elles découvrent un domaine inédit et essentiel, ne relevant ni du subjectif ni de l'objectif, il néglige toutefois de citer la fin très éclairante du passage. Or Natorp y souligne ce qui distingue sa position de celle de Husserl. Alors que Husserl admet ce domaine à titre de phénomène (*Phänomen*[2]) existant qu'on découvre, Natorp écrit : « je le considère comme quelque chose qui peut être constitué logiquement et qui doit nécessairement être constitué ainsi »[3]. Cette remarque n'est pas anodine, puisque Natorp y déclare clairement que si ce domaine est, pour Husserl, immédiatement donné, ce

1. Voir aussi E. Kant, *Critique de la raison pure*, B, p. 609-610 ; Ak. III, p. 391.
2. P. Natorp, *PS*, p. 298.
3. *Ibid.*

n'est pas le cas dans la *Systématique*. En outre, affirmer qu'il faut le constituer logiquement, c'est précisément nier l'opposition exclusive du médiat et de l'immédiat, du relatif et de l'absolu, et souligner que l'immédiat n'existe pas autre part que dans ses médiations et l'absolu nullement par ailleurs que dans le relatif.

Tout ce qui précède, dès lors, relève d'une interprétation erronée de Natorp. Celui-ci nous met d'ailleurs en garde contre une telle interprétation lorsqu'il critique « l'illusion (…) dangereuse, attisée par Nietzsche, d'une conception voulant dépasser la raison et l'expérience au profit d'une saisie immédiate de la vie individuelle et singulière en accordant à l'instant une importance extrême »[1].

Ernst Cassirer, dans le texte écrit en hommage à Natorp, souligne le paradoxe des derniers textes de celui-ci, pour autant que la préoccupation logique, poussée à l'extrême et finissant par investir tous les domaines de la vie – ne lit-on pas dans les *Cours de philosophie pratique* que « même la vie (…) doit s'exercer d'une manière catégorielle »[2] ? –, semble se retourner en son contraire et aboutir à un irrationalisme total : « le panlogisme [de Natorp] ne risquait-il pas de dissoudre la logique même dans la mystique philosophique et religieuse[3] ? »

Cassirer remarque l'apparente coupure dans l'évolution de Natorp. Non seulement le nouveau projet philosophique restera inachevé à cause de la mort du philosophe, de sorte qu'on ne sait pas à quoi Natorp serait parvenu (« Natorp était sur le point d'entamer une nouvelle époque de son travail dont il n'apercevait le terme que de fort loin »[4]), mais surtout « cette évolution n'était-elle pas une rupture avec les idées de la philosophie transcendantale[5] ? » et « ne semblait-il pas que, dans les derniers écrits de Natorp, l'orientation religieuse ait été exclusivement dominante et qu'elle ait de plus en plus refoulé l'orientation première vers la science[6] (…) ? » Néanmoins, si ce nouveau projet philosophique restera en chantier, sans

1. P. Natorp, PP, p. 213. Nous nous opposons à une telle thèse, courante à l'époque de Natorp – et encore plus courante chez ceux qui, tel Natorp, n'ont pas examiné les textes –, qui assimile la philosophie de Nietzsche à une philosophie de la vie. Nous renvoyons sur cette question à notre dissertation, « Sens et vie chez Nietzsche », *Philosophie*, n°95 (automne 2007), p. 21-48.

2. P. Natorp, *VPP*, p. 36.

3. E. Cassirer, « Paul Natorp », *op. cit.*, p. 235.

4. *Ibid.*, p. 235.

5. *Ibid.*, p. 237.

6. *Ibid.*

trouver d'autres formulations que dans une succession d'esquisses qui témoignent certes de corrections et de changements dans les analyses ponctuelles – *sans que surgisse de modification essentielle dans la nature d'un projet déjà saisissable dans les esquisses de la « logique générale », qui s'approfondit et se précise dans la « systématique philosophique »* –, il apparaît tout à fait clairement qu'« aucune description de la dernière philosophie de Natorp ne serait plus erronée que celle qui la prétendrait affectée de ce que désigne ce terme équivoque à la mode d'"irrationalisme" » [1] – car « ce que désire Natorp ici, c'est plutôt la puissance et l'intensification suprême de la *ratio* » [2]. Voilà ce que nous allons développer.

COMMENCEMENT ET ORIGINE

La question du point de départ en philosophie devient la question philosophique essentielle [3], d'autant plus qu'elle n'est plus celle d'*un* point de départ, mais celle *du* point de départ. Natorp écrit que « de nombreux philosophes croient être soustraits à l'exigence d'un commencement absolu pour la raison suivante : c'est qu'on peut aussi bien partir de n'importe quel point et pourtant parvenir aux autres points – ce qui est exact, mais ne supprime pas la nécessité du commencement absolu » [4]. En effet, « si on dit : "je peux commencer avec ce que je veux", on ne pense pas le commencement purement comme commencement, mais on introduit déjà en lui des déterminités relevant du contenu » [5]. On voit la différence avec les *Fondements logiques des sciences exactes* : alors que, en 1910, l'origine ne coïncidait pas avec un commencement dans un point quelconque, thématisé logiquement à titre de quantité [6], désormais, il semble qu'il n'y a pas d'autre commencement que dans l'origine – ce qui signifie un changement radical chez Natorp, car celui-ci a jusqu'ici toujours soutenu, autant dans les *Fondements logiques* que dans la *Psychologie générale*, que l'origine est perdue, de sorte qu'on ne pouvait jamais prétendre la rejoindre (c'est là le fondement de la critique non seulement de la logique de Cohen, mais aussi de la phénoménologie husserlienne).

1. *Ibid.*, p. 260.
2. *Ibid.*
3. P. Natorp, *PS*, p. 47 (« je tiens pourtant la question du *point de départ* correct pour tellement décisive que, etc. »).
4. *Ibid.*, p. 64.
5. *Ibid.*
6. Nous avons développé ce point dans *Les Néokantiens*, *op. cit.*, p. 106-108, 117.

Comment commencer en philosophie? La question que nous posons paraît extérieure au discours philosophique lui-même – elle pourrait sembler n'être qu'une condition préliminaire de la philosophie, avec laquelle nous ne sommes pas encore *dans* la philosophie. Or, dans la *Systématique*, c'est précisément cette question qui devient le véritable, le seul et l'unique commencement philosophique légitime. Le commencement philosophique, ce n'est donc rien d'autre que s'interroger sur le commencement en philosophie. C'est pour cette raison que, dans les *Cours de philosophique pratique*, Natorp souligne que la position première du discours philosophique, la « position commençante », est aussi « la position du *commencement* même »[1].

Ce faisant, le philosophe exhibe sans plus la cacher sa propre position. Ce qui veut dire: le discours philosophique se prend lui-même pour objet. Il fait quelque chose, mais, en même temps, il exhibe ce qu'il fait, il commente ce qu'il fait et la manière dont il le fait – unique voie si l'on veut, comme Platon dans le *Sophiste*, « remonter jusqu'au présupposé non pas simplement de tous les présupposés, mais au présupposé de la présupposition elle-même »[2]. Voilà pourquoi, dès le paragraphe 1 de la *Systématique philosophique*, le thème sur lequel est orienté le discours philosophique, c'est la philosophie même et plus précisément la notion de « systématique philosophique ».

Un tel commencement semble impossible, pour autant que, ne présupposant absolument rien (ou bien, en tout cas, ne présupposant que ce qui est le fondement de toute présupposition et l'exhibant comme tel, c'est-à-dire comme présupposition de *tout* discours), il équivaut au point zéro : le commencement, précisément « au sens que lui donne Hegel », n'est pas un véritable commencement, n'est pas un commencement au sens authentique du mot, un « commencement pur », « si on anticipe déjà en lui ce qui d'abord devrait résulter du progrès. Le pur commencement ne peut advenir que du point zéro »[3].

Pour cette raison, le commencement se trouve, non pas dans quelque chose de partiel, mais dans le tout. C'est que « seul le tout est absolument exempt de présupposé, car il n'y a rien d'autre en face de lui qui pourrait être ou avoir quelque chose avant lui »[4].

1. P. Natorp, *VPP*, p. 11.
2. P. Natorp, PP, p. 220.
3. P. Natorp, *PS*, p. 64.
4. *Ibid.*, p. 46.

L'institution, en philosophie, d'un commencement véritable, passe nécessairement par la discussion philosophique sur ce qu'est un commencement philosophique exempt de présupposé[1], c'est-à-dire un point zéro[2]. Mais comment et pourquoi?

C'est que le point de départ de la philosophie ne peut plus, si on réfléchit bien, être pris ailleurs que dans la philosophie elle-même. En effet, si on part d'autre chose que du discours philosophique, par exemple du « fait de la science », il y a une extériorité du point de départ: dès lors, nous avons, non pas *un*, mais *deux*. Pourquoi le discours philosophique doit-il partir de lui-même? Parce que, moi qui parle, je parle en philosophe – de sorte que, ce faisant, je pars de ma propre parole, c'est-à-dire d'une parole qui prétend, à titre de discours vrai, énoncer quelque chose sur l'être. On voit quelle est la différence avec un point de départ du discours philosophique dans le « fait de la science » : c'est qu'un tel point de départ n'énonce pas ses propres conditions de possibilité, de sorte qu'il n'y a pas de coïncidence, pas d'unité. Dès lors, nous n'avons pas un point de départ, mais deux : à savoir, d'une part, le discours philosophique avec tous les présupposés ininterrogés qu'il véhicule à son insu et, d'autre part, le « fait de la science », c'est-à-dire l'objet du discours, qui précisément n'est pas ce discours lui-même. S'il faut un point de départ absolu, un commencement qui puisse légitimement revendiquer ce titre, alors le discours philosophique ne peut partir que d'une réflexion sur lui-même.

Le point de départ de la *Systématique philosophique*, c'est donc l'exigence pour le discours philosophique de s'instaurer comme tel, ce qui signifie, pour Natorp, à titre de système. Dire que le point de départ est exempt de présupposé, c'est dire que le discours philosophique ne présuppose pas qu'il est une production d'un sujet donateur de sens (*le* philosophe), pas plus qu'il ne présuppose que ce discours s'inscrirait dans le champ du théorique et serait connaissance d'un objet (on ne présuppose aucune des déterminations qui permettraient de faire surgir la tripartition théorie-pratique-poiésis). Le discours philosophique ne présuppose certes pas qu'il est (de fait) connaissance, mais il maintient, à titre d'exigence élémentaire sans laquelle il ne pourrait pas s'instituer comme tel, l'idée selon laquelle la philosophie est aspiration au vrai et qu'elle est, à ce titre, savoir (*Wissen*) : si la vérité ne s'inscrit pas initialement dans le champ du

1. *Ibid.*, p. 17 (« einen schlechthin *voraussetzungsfreien Anfang* »).
2. *Ibid.*, p. 21.

théorique, il y a (de droit) un discours vrai préthéorique, un savoir que toute connaissance théorique, pour s'établir comme telle, présuppose[1].

Néanmoins, en quoi tout cela constitue-t-il un commencement intéressant?

Étant donné que nous partons du discours philosophique, on pourrait croire que c'est de la pensée que nous partons. Mais voilà précisément ce que critique Natorp : « le point de vue de cette "logique" ne saurait davantage être confondu avec celui d'une quelconque philosophie qui pense être fondée à prendre la pensée comme point de départ, comme si elle en disposait avant l'être; ou bien à partir de l'être, comme si elle en disposait avant la pensée; ou bien de la connaissance, comme si elle précédait l'être et la pensée »[2].

Si nous comprenons ce que refuse désormais Natorp, nous ne saisissons pas encore bien ce qu'il propose. Ce qui est en tout cas certain, c'est le rejet non seulement de tout réalisme et à ce titre de toute ontologie (comme si l'être se donnait indépendamment de la pensée qui le constitue comme tel), mais surtout (chose plus curieuse et qui rompt absolument avec le *credo* marbourgeois) de l'idéalisme néokantien. Car ce qui est ici jugé illégitime, c'est le présupposé essentiel du néokantisme de Marbourg résumé dans l'expression de « révolution copernicienne ». Il faut toutefois être attentif à quelque chose : il ne s'agit pas ici, pour Natorp, de déclarer irrecevable en elle-même la thèse selon laquelle c'est la pensée ou la connaissance qui produit (logiquement) l'être ou l'objet, mais simplement de souligner qu'on ne peut pas *partir* d'une telle thèse qui se révèle désormais être *dérivée* (et nous ne comprendrons que plus tard pourquoi c'est le cas).

Natorp se réfère à Descartes et au doute méthodique qui, dans la première des *Méditations métaphysiques*, conduit à la première vérité sur laquelle seront fondées toutes les vérités suivantes, c'est-à-dire à la certitude indubitable selon laquelle, moi qui doute, je suis un être qui pense. Il refuse évidemment cette première vérité, pour autant qu'elle présuppose un sujet donateur de sens sans en expliquer l'émergence logique (c'est-à-dire sans le produire logiquement), mais il conserve l'exigence initiale qui y mène, à savoir le doute ou *epoche*. Il souligne que, « du point de vue de la méthode formelle », « le retour au point zéro »[3], qui « n'a rien derrière lui mais tout devant »[4], s'effectue au moyen d'une « *epoche* sceptique »[1].

1. P. Natorp, *PS*, p. 1. Voir aussi *RT*, p. 18 (il y a un savoir qui n'est pas connaissance).
2. P. Natorp, PP, p. 170-171.
3. P. Natorp, *PS*, p. 68.
4. *Ibid.*, p. 47.

A cela s'ajoute que, partir (comme cela a été décidé au tout début) de l'exigence du système, cela signifie qu'on ne peut pas partir d'une partie du tout (sans quoi on ne rejoindra jamais ce tout), mais qu'il faut au contraire partir de celui-ci. Néanmoins, partir du tout, c'est partir de quoi? D'autant plus que, note encore Natorp, « il est vrai que *nous* ne pouvons trouver le commencement qu'en nous »[2]. Si c'est donc de nous que nous sommes condamnés à partir, comment ce point de départ peut-il, en même temps, se trouver dans le tout?

Il faut approfondir cette question en éclaircissant cette dernière remarque. Nous partons certes de nous, pour autant que nous partons d'un certain nombre de présupposés, comme celui qui nous fait affirmer que toute énoncé, tout *logos* présuppose un énonciateur que, spontanément, nous assimilons à un sujet donateur de sens. Reste que, si nous partons bien d'un tel présupposé, nous l'évacuons en même temps immédiatement, puisque nous nous intéressons seulement à la pensée, c'est-à-dire au *logos*, c'est-à-dire encore à l'énoncé, indépendamment de ce sujet que nous avons mis entre parenthèses. Car, pour être encore plus précis, partir de l'énoncé ou du *logos* ce n'est pas partir de la pensée (au sens en tout cas qu'on donne couramment à ce terme), car, avec un tel présupposé (*i.e.* la « pensée »), on admet une opposition entre, d'un côté, la pensée subjective et, de l'autre, un être objectif qui résultent tous deux d'une constitution. Voilà aussi ce que l'*epoche* doit nous conduire à mettre entre parenthèses.

Nous questionnons sur ce qui doit constituer notre point de départ – c'est cette réflexion, cette interrogation constituant un *doute* au sens que Descartes donne à son doute inaugural, à savoir une méthode, qui constitue proprement notre point de départ[3]. Pourquoi? Parce que, exactement comme chez Descartes, la réponse est renfermée, si l'on réfléchit bien, dans la question elle-même, c'est-à-dire dans le doute. Ce doute ne conduit pas au fait selon lequel, moi qui doute, j'existe bien comme être qui pense, mais il conduit au fait indubitable selon lequel, si nous doutons, c'est bien qu'il y a un être du doute. Du doute qui se produit, qui s'effectue ou qui s'avère, on ne parvient pas à un être *qui* doute, qu'on conclut au fond parce qu'on l'a présupposé depuis le départ, comme une évidence qui n'est recueillie que pour autant qu'elle est le préjugé fondamental ininterrogé sur lequel on s'appuie depuis le début, mais on n'infère, à titre de fait, que l'existence de

1. *Ibid.*, p. 68.
2. *Ibid.*, p. 45.
3. *Ibid.*, p. 47-48 (sur la valeur du scepticisme s'il est radical c'est-à-dire s'il s'étend à tout).

ce doute lui-même dont on ne peut pas douter sans que cette existence, cet être *du* doute, indépendamment de *tout ce dont on doute*, s'impose toujours davantage dans la nudité de sa présence[1]. Voilà ce que Natorp appelle « l'être (*Bestand*) effectif de la question »[2]. La question est doute, et l'on peut douter de tout, même de la légitimité des présupposés desquels on est parti, à savoir « le postulat, l'exigence selon la philosophie doit s'étendre au tout »[3]. Cependant, ce qui toujours restera incontestable, c'est l'existence même de ce doute (son *Dass*, ou bien « *dass es ist* »). Dès lors, l'origine absolue, c'est l'être, c'est *l'existence toute nue*[4]. Celle-ci résiste au doute le plus fou, pour autant que, dès qu'on met en doute (quel que soit ce qu'on met en doute) et que, à la manière de Descartes, on étend méthodiquement le doute jusqu'à ce qui paraît pourtant indubitable, ce qui seul résiste au doute est l'existence de ce doute – et donc l'existence tout court : « voilà toutefois précisément ce qui est radicalement ultime, que nous pouvions, non pas commencer par affirmer, mais tout simplement reconnaître à titre de présupposé et mettre au fondement : la simple existence (*Dass*), avant toute essence (*Was*) »[5].

De là la distinction, établie par les *Cours de philosophie pratique*, entre l'être et l'étant. Car ce qui constitue l'élément ultime, l'origine absolue,

> n'est pas en vérité *un* étant (*Seiende*), mais il est fondement d'être (*Seinsgrund*), fondement originaire de l'être en général. Mais lui-même *est* du coup tout de même en un sens quelconque. Quand bien même on préfère dire qu'il est supra-étant (*überseiend*) (les néoplatoniciens parlaient,

1. P. Natorp, *PS*, p. 48 : « Mais le doute, le fait de ne s'être pas décidé (*Nichtentschiedenheit*), la non-décision (*Nichtentscheidung*) principielle présuppose l'être (*bestehen*) de la question à laquelle on exige une réponse. Mais questionner, c'est exiger du sens – que cette exigence soit réalisable ou non, reste qu'elle existe à titre d'exigence, sans quoi le fait de questionner n'aurait aucun sens. La question, toutefois, ne porte pas simplement sur le sens en général, mais sur le sens ultime. (...). Ce qui est en question, ce qui est cherché, c'est ce sens ultime dans son présupposé, à savoir qu'il y a (*dass es gibt*) en soi du sens ».

2. *Ibid.* Il est remarquable que Natorp répète littéralement la fin du chap. 1 de *LGEW* : « nous est donné le fait merveilleux de la question » et, ce, à la suite d'une confrontation semblable avec Descartes.

3. *Ibid.*, p. 47.

4. C'est là que se trouve toute la différence qui fonde la spécificité de la *Systématique*. En 1910, c'est-à-dire dans *LGEW* où Natorp pose le problème dans les mêmes termes, le fait de la question est celui de la pensée dans son infinie processualité, et l'être est réduit à l'objet comme expression anticipée de la réalisation de cette infinité (détermination). Dans les cours de 1922-1923, la question est le fait même d'exister ! Ce qui était en 1910 auto-donation de la pensée dans sa légalité immanente est devenu en 1922-1923 manifestation de l'exister. L'exister n'est plus détermination complète (résultat), mais ce qui est donné.

5. P. Natorp, *PS*, p. 48.

> relativement à l'*epeikeina ousias* de Platon, de *hyperousia*), il n'en demeure pas moins qu'il *est*, (...). Partant, il n'est pas nécessaire de lui dénier l'être, à partir du moment où l'on a conscience que, pour lui, l'être signifie autre chose que pour tout ce qui précisément n'est qu'un étant et non pas ce qu'il est lui-même, à savoir *l'*être. Nous l'avions déjà nommé l'être originaire (*Ur-Sein*), par opposition à tout ce qui, d'une manière dérivée, ne possède que le statut d'étant, et à quoi lui seul confère l'être en un second sens [1].

On remarquera l'intérêt, pour Natorp, d'assimiler le doute à la question. C'est que, si la pensée est *logos*, cela signifie qu'elle s'effectue toujours dans des énoncés, de sorte qu'elle est indissociable du langage. Voilà qui est essentiel pour Natorp, car rattacher le doute à la question permet de le délier de toute subjectivité : alors que le doute peut immédiatement sembler une *attitude* de la subjectivité, de sorte que le doute systématique ne peut que faire émerger son fondement (le sujet *qui* doute), parler de « question » permet d'éviter ce type de présupposés et de renvoyer à la parole et aux énoncés comme à l'*origine* du sens (et donc aussi à l'origine de la subjectivité qui se pose comme telle [2]).

La question, en ce sens, porte nécessairement sur une détermination – Natorp dit : l'essence, la quiddité (le *Was*). Ce que la question fait sauter, ce sont toutes les déterminations, quelles qu'elles soient. Mais elle ne peut anéantir l'être au sens de l'existence, puisqu'elle suppose sa propre existence, c'est-à-dire tout simplement l'être du sens qu'elle pose ! Si la question n'avait pas d'être, alors elle n'aurait aucune teneur de sens.

Il faut alors dire que :

1) la question a un sens ontologique. Lorsqu'on dit que la question est, il faut entendre cette affirmation, non pas en un sens psychologique, mais en un sens ontologique (c'est un sens de l'être). Autrement dit, il y a un être dont l'être consiste à être en question. La question est une modalité de l'être : l'être s'inaugure dans la possibilité – de sorte que le commencement, ce n'est pas l'être, mais la possibilité de l'être. La question, c'est la puissance [3]. L'être est lui-même la question : l'être n'est pas ce qu'on questionne, c'est l'être du questionner lui-même. C'est l'être sur le mode de la question (il s'agit donc d'une détermination ontologique) ;

1. P. Natorp, *VPP*, p. 10-11.

2. Nous reviendrons sur ce point lorsqu'il sera question des modifications que subit, dans la *Systématique*, la psychologie : nous verrons que le statut du langage est central et occupe une place qu'il n'avait pas en 1913 – en tout cas, qu'il n'avait pas dans le seul tome, méthodologique, écrit par l'auteur.

3. P. Natorp, *PS*, p. 32. Natorp écrit à propos de l'être : *es stellt sich zur Frage*.

2) c'est le sens primordial de l'être qui précède et fonde toute entreprise de détermination, c'est l'événement pur du *Sein-Sinn* qui précède la dissociation et la quête du sens.

Voilà pourquoi, avec l'être entendu ainsi, nous sommes remontés au point zéro : « non pas seulement l'être de la science ou celui de la conscience, mais simplement l'être. Au-delà, tout bonnement au-delà, il n'y a plus rien d'autre. "il (n')y a" (*es gibt*) rien au-dessus de l'ultime "il" (*es*) qui "donne" (*gibt*) tout ce que précisément il donne, à savoir le "tout" »[1]. Exactement comme dans la *Métaphysique* d'Aristote, « il s'agit tout simplement de l'être à propos duquel en général il est dit qu'il est, au-delà de toute division, et même au-delà de l'opposition (...) entre l'être et le connaître – comme si la connaissance elle-même n'appartenait pas, au sens large, à ce qui est »[2].

Cette vérité première, qu'il nous faut encore expliciter, Natorp la résume dans une simple expression : non pas « je pense donc je suis » (la première vérité cartésienne, du moins telle qu'elle est formulée dans le *Discours de la méthode*), mais la simple proposition « il y a » (« *es gibt* ») dans la *Systématique* ou « c'est » (« *es ist* ») dans les *Cours de philosophie pratique*.

Natorp souligne que, dans cet énoncé qu'il qualifie d'héraclitéen[3], « c'est », « il s'agit du "*logos* lui-même", et non pas d'un *logos* "quelconque" »[4] – ce qui veut dire que nous avons là « un discours qui dit lui-même ce qu'est tout discours vrai, c'est-à-dire un discours qui dit ce qui est »[5]. En effet, on trouve dans cet énoncé ce que la philosophie du langage contemporaine appelle une autoréférence, car, pour ainsi dire, cet énoncé fait ce qu'il dit et dit ce qu'il fait – raison pour laquelle Natorp, à propos de cet énoncé, parle de « coïncidence »[6] ou de « pleine vitalité de l'acte d'autoposition »[7]. L'énoncé « c'est » renvoie à un état de choses qu'il décrit, qui semble le plus lâche au sens où il paraît le plus vague et le plus indéterminé, à savoir l'existence de l'être – mais c'est aussi, inversement, cet autre auquel il renvoie qui, *en même temps*, fonde cet énoncé dans ce qu'il énonce, pour autant que cet énoncé *est* et possède une consistance ou une présence qui seule fonde son sens et sa référence. Ce qu'énonce cet

1. P. Natorp, *VPP*, p. 5.
2. *Ibid.*, p. 6.
3. P. Natorp, PP, p. 218.
4. *Ibid.*
5. *Ibid.*
6. *Ibid.*
7. *Ibid.*, p. 224.

énoncé, c'est donc l'existence toute nue (le simple *Dass*), comme présupposition ultime, comme présupposition absolument dernière, qui rend tout possible à un point tel qu'elle est ce qui rend possible l'énoncé qui énonce cette présupposition comme telle, c'est-à-dire *le sens même*[1] !

C'est pourquoi le discours philosophique, avec un tel point de départ (« c'est »), est remonté « au présupposé de la présupposition elle-même »[2], à la « donation de tout sens, du sens du sens même »[3] – c'est-à-dire : à l'être du sens, à l'existence du sens. En effet, si tout énoncé a un sens, la différence entre ces deux énoncés, « le petit chat est mort » et « c'est », se trouve dans le fait que le second énonce le fondement qui rend possible le sens, c'est-à-dire la manière dont s'opère la donation du sens – en d'autres termes : il énonce ses conditions de possibilité. Avec cet énoncé, « la pensée ne vise pas simplement l'être, elle-même restant à côté de lui et en deçà, mais elle est au cœur même de l'être, elle est absolument un penser-l'être ; l'être n'est pas simplement pour la pensée, au-delà et au-dessus d'elle, mais immédiatement être-de-pensée »[4].

Néanmoins, comment cet énoncé peut-il exprimer le tout ? Natorp écrit à propos de l'énoncé « c'est » : « tout y est : l'unité du tout, la totalité de l'un »[5] – et on lisait un peu avant dans le même texte : « voilà qui enveloppe réellement tout et n'est donc pas vide, mais au contraire absolument plein et originellement vivant »[6]. On sait que le seul point de départ légitime se trouve, non pas dans ce qui est partiel, mais dans ce qui est total. Il faut que, dans le point de départ, tout soit enveloppé – de sorte qu'on n'ait plus, ensuite, qu'à le développer.

Si certes nous partons bien de nous, qui cherchons un point de départ, prenons la parole et l'énonçons dans la proposition « c'est », nous nous décentrons par là de nous-mêmes en découvrant que ce n'est pas le point de départ qui est inclus en nous (ce qui serait une subjectivation de celui-ci), car c'est nous qui sommes inclus en lui[7].

L'explication est simple. Le questionnement philosophique nous a amené à reconnaître, à partir de ce questionner lui-même, l'existence toute nue – pour autant que le questionner (le doute) présuppose l'existence, au

1. P. Natorp, *PS*, p. 48 (avec l'*epoche*, le sens retourne ainsi au point zéro qui est, indépendamment de la teneur de sens toujours particulière, l'*existence* du sens en général).

2. P. Natorp, PP, p 220.

3. *Ibid.*

4. *Ibid.*

5. *Ibid.*, p. 222 ; voir déjà p. 221.

6. *Ibid.*, p. 221.

7. P. Natorp, *PS*, p. 46.

sens où le questionner est l'être (l'existence est celle de l'être en question, de l'être qui se donne sur le mode de la question). Si la détermination de ce qu'on cherche – le système de philosophie, c'est-à-dire le tout – tombe sous le coup du doute, ce n'est pas le cas du simple *fait* qu'on questionne, qu'on interroge : « le doute repose sur quelque chose d'indubitable : à savoir l'être (*Bestand*) effectif de la question qu'il pose »[1]. Le doute, même le plus radical, repose sur une affirmation qu'il présuppose et qu'il peut d'autant moins remettre en cause qu'elle fonde le caractère de ce doute, dans sa radicalité : à savoir l'être ou l'existence de ce doute lui-même, et donc le *fait* que l'être, en général, est (« c'est ») sur le mode du doute ou de la question.

Mais cette idée conduit encore plus loin si on l'examine bien. C'est que, ce dont nous sommes certains, c'est de l'être au sens de l'exister. Nous avons distingué l'existence, à titre de présupposé le plus général, de *ce qui est* – par exemple le doute, à titre d'espèce de sens. Le « ce qui est », c'est certes toujours une détermination, donc une délimitation d'un « quelque chose » qui, du coup, se sépare de la totalité de l'être (de l'exister) – et, de plus, c'est toujours quelque chose qui, à titre de *teneur de sens déterminée*, tombe sous le coup du doute. L'essence, à titre de délimitation, équivaut toujours au fait de tracer des contours et d'isoler quelque chose qui, du coup, prend une figure précise. Ce qui veut dire que l'essence équivaut à la séparation et l'isolation de types d'être les uns à côté des autres : « toute essence signifie une délimitation, une détermination (…), un *concept* qui comprend en lui un quelque chose précisément délimité de l'ordre de la teneur de sens, et qui laisse en dehors de lui, à l'extérieur, tout ce qui n'en relève pas »[2].

Voilà qui signifie que, à partir du moment où nous prenons notre point de départ dans la pure existence (« c'est »), en faisant abstraction de toute quiddité nécessairement déterminée qui, en revanche, tombe sous le coup du doute, c'est avec le tout que nous commençons, puisque rien n'y est encore déterminé c'est-à-dire séparé *d'autre chose*. Ce que met donc en évidence l'*epoche* qui conduit à l'énoncé « c'est », c'est le fait que toute délimitation est une limitation qui ne prend sens que par rapport à un tout qu'elle présuppose constamment et au sein duquel elle opère une délimitation et isole une partie. C'est en ce sens que le tout est présupposé par

1. P. Natorp, *PS*, p. 48.

2. *Ibid.*, p. 48-49. On en revient à l'idée de *totum realitatis* dont chaque chose singulière n'est qu'une délimitation – structurellement, cela revient à l'opposition opérée dans l'Esthétique transcendantale entre l'espace intuitif et ses délimitations conceptuelles (le tout précède ses délimitations).

toute limite. Natorp, alors qu'il parlait plus haut de « fait originaire »[1] (*Urfaktum*) à propos de ce tout, écrit désormais qu'il est une simple « condition »[2] (*Bedingung*) de l'acte de la détermination (délimitation) ou encore une « présupposition »[3] (*Voraussetzung*) de toute connaissance.

Quel est alors le statut de notre point de départ, c'est-à-dire le statut de ce tout ? S'agit-il d'un fait et, mieux, d'un « fait originaire », donc d'un *donné* dont nous aurions une connaissance *immédiate* ? Ou bien s'agit-il d'un présupposé qui est inféré à partir de notre connaissance, de sorte qu'il serait médiatement conclu ? S'agit-il donc d'un « vécu » immédiat qui fonderait toute connaissance médiate, ou bien d'une « condition de possibilité » inférée à partir de notre connaissance médiate ?

On comprend, en tout cas, pourquoi le pur exister, le « c'est » relève d'un premier pas de la systématique philosophique qui est, non pas catégoriel, mais pré-catégoriel. C'est que les catégories déterminent que c'est *ainsi* et *ainsi*, que c'est ceci ou cela – c'est-à-dire que les catégories disent *comment c'est* (répondant ainsi à la question « c'est quoi ? »), mais pas *que c'est*. Autrement dit : les catégories ne déterminent pas l'existence[4], mais présupposent au contraire *constamment* l'existence – non seulement l'existence de ce dont elles parlent et qu'elles déterminent, mais aussi leur propre existence, à titre de teneur de sens particulière.

Voilà exactement le sens de « la célèbre proposition de Kant, à savoir que "l'existence n'est pas un prédicat", ce qui signifie, non pas que l'existence se trouve au-delà de toute prédication, c'est-à-dire de toute détermination (...). Une détermination ne peut qu'être détermination d'une existence déjà présupposée, mais sans jamais fournir celle-ci »[5]. Une telle affirmation va dans le même sens que la reformulation de l'en soi dont il était question plus haut : Natorp, ici, rompt avec la thèse des *Fondements logiques des sciences exactes* qui assimilait l'existence à la détermination complète, *telos* du procès de détermination[6].

1. *Ibid.*, p. 46.
2. *Ibid.*, p. 49.
3. *Ibid.*
4. Une telle formulation est d'ailleurs inadéquate, dans la mesure où l'existence est au-delà ou plutôt en deçà de toute détermination. C'est en ce sens que, pour parler kantiennement (comme le fait toujours Natorp dans *PS*, on l'a vu), elle relève de l'intuition, laquelle est le sol constamment présupposé par la pensée déterminante.
5. P. Natorp, *PS*, p. 49.
6. Sur l'existence comme déterminité (*Bestimmtheit*) c'est-à-dire totalité (idéale) des déterminations (*Bestimmung*), voir *Les Néokantiens*, *op. cit.*, p. 113.

On comprend mieux désormais le sens en lequel le transcendantal est dépassement de la limite dans l'illimité et plus précisément dans le tout à partir duquel s'opère la limitation, ou bien celui de l'affirmation selon laquelle Kant lui-même aurait reconnu l'en soi à titre de fondement du phénomène. La totalité, ou bien l'en soi qui constitue le point zéro, c'est l'existence à partir de laquelle s'effectue toute détermination : « Notre point zéro absolu, le "c'est" tout nu, signifie (...) le zéro de l'essence, c'est-à-dire l'absence de présupposition d'une quelconque délimitation à partir de la totalité de l'être, mais précisément en présupposant l'existence – donc l'être de la totalité de l'être absolument indivis en soi » [1].

Puisque toute détermination est délimitation et isolation d'une partie ou d'un moment, l'existence, c'est précisément le tout qui ne renferme, à titre de *pure* existence, encore aucune délimitation, de sorte qu'il comprend encore tout, mais d'une manière indéterminée, en lui. Le tout, c'est le tout de l'existant. C'est pourquoi, souligne Natorp, il n'y a pas et il ne peut pas y avoir de concept du tout [2] :

> Étant donné que toute délimitation ne peut comprendre la totalité absolue, mais que celle-ci se trouve toujours au-delà de celle-là, aussi loin que toute délimitation puisse aller, et, en fin de compte, (...) la transcende, et en vérité la précède au lieu de venir après elle, il n'y aura jamais aucun concept d'elle relatif à son essence. Dès lors, en l'appelant le tout et en la reconnaissant précisément comme tel, nous n'en donnons pas un concept. Mais c'est qu'il n'y a nullement besoin d'un tel concept. Le tout n'exige de nous rien d'autre que la simple et véritable reconnaissance, sans limite, de son existence, sans connaissance de son essence [3].

Voilà pourquoi Natorp souligne que, du « c'est », de l'existence pure ou encore de l'au-delà, « nous ne pouvons absolument rien comprendre sinon son caractère incompréhensible » [4].

Nous comprenons quel est le point de départ de la « systématique philosophique ». Ce n'est plus le « fait de la science » – ou bien, plus largement, un quelconque fait culturel dont on partirait afin, dans un deuxième temps, d'en chercher les conditions de possibilité, comme c'était le cas à l'époque marbourgeoise. On se souvient que Natorp écrivait en 1912, dans « Kant et l'école de Marbourg », que la première exigence du travail philosophique est « la référence sûre à des faits existants, qu'on peut

1. P. Natorp, *PS*, p. 50.
2. *Ibid.*, p. 49.
3. *Ibid.*
4. *Ibid.*, p. 45.

historiquement établir, dans le domaine des sciences, de la moralité, de l'art et de la religion »[1]. Il y une épuration de la notion de « fait » : le fait dont on part, désormais, ce n'est plus un fait particulier, mais le fait qu'il y a des faits (certes évidemment particuliers), c'est-à-dire : la factualité en général, le fait que l'existence se donne et que, quel que soit le fait dont on part, c'est, derrière le « *ce qui* » nécessairement singulier qui se donne (la science, l'art, la morale, etc.), toujours la même existence qui surgit dans son indifférenciation (le *Dass* de tout *Was*).

Dans la critique kantienne de la connaissance, le miracle, le *glücklicher Zufall* (Lotze), c'est le « fait de la science » – c'est-à-dire le constat, absolument inexplicable, incompréhensible, selon lequel la nature dans son *effectivité* se plie aux lois de notre entendement – on se souvient de la première version de la déduction transcendantale (le texte sur les trois synthèses) dans laquelle Kant imagine que ce ne soit pas le cas :

> si le cinabre était tantôt rouge, tantôt noir, tantôt léger, tantôt lourd, si un homme se transformait tantôt en une figure animale, tantôt en une autre, si dans un long jour la campagne était couverte tantôt de fruits, tantôt de glace et de neige, mon imagination empirique ne pourrait jamais trouver l'occasion de recevoir dans la pensée le lourd cinabre avec la représentation rouge. (A, p. 100-101 ; Ak. IV, p. 78)

Le miracle, dans la systématique, c'est le fait qu'il y a ne serait-ce qu'un fait dont on puisse douter – c'est le fait qu'il y a *du* doute, c'est-à-dire qu'il y a du sens. C'est l'existence du sens. Si tout participe à ce miracle[2], c'est parce que le miracle, c'est l'existence en général – le miracle, c'est donc « l'énigme originaire de l'existence »[3]. Le miracle, désormais, c'est la factualité en général, c'est-à-dire l'existence qui se donne et, à ce titre, relève d'un inexplicable constat : « le plus miraculeux de tous les miracles, c'est le miracle selon lequel en général quelque chose *"est"* »[4]. M. Ferrari écrit que, dans cette « stupéfaction inexprimable face à l'être », on trouve « un souffle mystico-religieux », mais aussi que « dans ce repli de Natorp vers la "lumière originaire" d'une structure transcendantale posée au-delà de l'objet autant que du sujet affleure un langage qui n'est pas très éloigné de Heidegger »[5].

1. P. Natorp, KM, p. 42.
2. P. Natorp, *PS*, p. 27.
3. *Ibid.*, p. 23.
4. P. Natorp, *PS*, p. 22.
5. M. Ferrari, *Retours à Kant*, *op. cit.*, p. 170.

PENSÉE DE L'ÊTRE ET ÊTRE DE LA PENSÉE

Jusqu'à la *Systématique*, le problème logique est pour Natorp le problème de l'objectivation – c'est, dans *Les Fondements logiques des sciences exactes*, le problème de l'unité synthétique, c'est-à-dire celui des catégories qui permettent d'objectiver le divers. Mais le problème logique, dans la « logique générale » et la systématique, est de penser l'être des catégories.

Jusqu'au nouveau projet inauguré par la « logique générale », on pense certes l'être et on le pense à partir de la pensée, puisque c'est la pensée qui pose l'être. Voilà la raison pour laquelle la question est celle de la loi et de l'unité synthétique. Mais Natorp ne pense pas l'être de cette pensée qui pense et pose l'être. Du coup, Natorp ne pense pas vraiment l'être, puisqu'il ne résout pas la question essentielle, celle du rapport entre l'être et la pensée. On peut même dire que, dans tous les textes qui précèdent le nouveau projet, il y a chez Natorp – mais aussi chez les autres marbourgeois et plus largement dans le néokantisme, puisque c'est là le sens de la thèse qu'on résume dans l'expression de « révolution copernicienne » – une résorption de l'être dans la pensée, étant donné qu'on se situe d'emblée dans le domaine de la pensée et qu'on ne peut plus rendre compte de l'être. Pour Natorp marbourgeois, l'être est une fonction de la pensée : c'est seulement pour la pensée qu'il y a de l'être, lit-on dans l'Introduction de *Philosophie. Son problème. Ses problèmes*. Pour lui, l'être résulte de la pensée et celle-ci apparaît comme un procès sans fin dans lequel l'être trouve sa détermination concrète.

Par opposition, dans la *Systématique*, on se situe d'emblée, non pas dans la pensée ou plutôt non pas *exclusivement* dans la pensée, mais à la jonction de la pensée et de l'être, donc dans le rapport qui, alors qu'on fondait jusqu'à présent simplement la thèse selon laquelle la pensée produit l'être (« révolution copernicienne »), fonde l'idée selon laquelle l'être fonde la pensée (sans quoi il n'y aurait pas d'être de la pensée).

Le néokantisme, comme on le sait, part, non pas de l'être ou de l'objet, mais de la pensée ou plus précisément de la connaissance qui pose l'être ou l'objet comme tel : l'objet ne nous est pas donné ailleurs que dans le réseau de sens qui nous permet de l'appréhender comme tel – c'est-à-dire non seulement de le déterminer comme étant tel ou tel, mais aussi de le poser comme *existant*. Cette idée est résumée par la belle formule de Cohen dans *Le Principe du calcul infinitésimal* : « ce n'est pas dans le ciel que les étoiles nous sont données, mais dans les raisons de l'astronomie ».

On peut dire que, par là, l'être est dès le début réduit à la pensée de l'être. Du coup, le rapport de la pensée ou de la connaissance à l'être semble résolu, puisque l'être ou l'objet = la connaissance qu'on en a. Mais on voit que, désormais, Natorp ne se contente plus d'une telle résolution du problème – si tant est qu'on puisse parler d'une résolution du problème, puisque, à l'aune de la nouvelle problématique de Natorp, il semble plutôt qu'il s'agit d'une manière d'évacuer le problème.

Le problème, en effet, est celui du rapport de la pensée à l'être[1]. Le problème, qui semblait auparavant insoluble, pour autant que c'est la pensée qui pose le problème du rapport de la pensée à l'être sans pouvoir sortir d'elle-même, trouve ici une nouvelle formulation. Car s'il est vrai qu'on ne peut partir que de la pensée qui pose l'être, il n'est pas évident qu'on soit condamné à y rester et à résoudre l'être dans la pensée de l'être : « En cherchant le *point de départ nécessaire du philosopher*, on est déjà vite parvenu à l'idée que le connaître et, à titre de fonction fondamentale du connaître, la *pensée* sont ce point de départ qu'on cherche ou bien doivent lui être très proches, étant donné que ceux-ci, le connaître, la pensée, peuvent facilement apparaître comme l'élément plus radical face à *ce qui* est pensé ou connu »[2]. Car, comme on l'a vu, la « révolution copernicienne » par laquelle s'instaurait l'idéalisme critique n'est pas un véritable départ, un authentique commencement, mais seulement une étape qui présuppose qu'on ait déjà accompli un trajet et fait du chemin. Ce chemin, que Natorp nous invite à parcourir à nouveau, nous conduit à comprendre que si la pensée n'est pas le véritable commencement, c'est parce que la pensée qui pose l'être présuppose déjà l'être de cette pensée qui pose l'être, c'est-à-dire son existence.

La logique, dès lors, débute avec l'être de la pensée. Étant donné que sujet et objet n'existent pas encore à ce stade de l'itinéraire, la logique, puisqu'elle commence par fonder l'être de la pensée et que celle-ci se déploie catégoriellement, commence donc par fonder l'être des catégories – être qui ne relève ni de ce qui est subjectif ni de ce qui est objectif. Ce qu'on atteint ici, c'est donc un mode d'être qui est fondamental, en deçà de l'être-subjectif et de l'être-objectif. Nous avons souligné que les catégories ne sont pas des structures *innées* du sujet (nous ne sommes pas dans la métaphysique cartésienne), mais elles ne sont pas non plus des déterminations *a priori* de l'objet (nous ne sommes plus dans le criticisme kantien) : les

1. C'est exactement pour cette raison que, dans l'ébauche de la lettre à un inconnu du 25 novembre 1915, Natorp souligne que sa nouvelle position philosophique apporte « une nouvelle solution » au problème du dualisme kantien, puisqu'elle donne « ce que fournissait l'"intuition" pour Kant : représenter *précisément* le "rapport *à* un donné (l'existence) » (H. Holzhey, *Cohen und Natorp*, *op. cit.*, vol. 2, p. 443).

2. P. Natorp, *PS*, p. 20.

catégories, en elles-mêmes et par elles-mêmes, n'ont ni teneur subjective ni teneur objective – affirmation qui constitue un éloignement considérable par rapport aux thèses des *Fondements logiques des sciences exactes*. Remarquons que, par là, l'entreprise de Natorp se rapproche absolument de celle d'Emil Lask, le seul autre néokantien qui, dans l'école rivale, celle de Heidelberg, a lui aussi abandonné la manière (néo)kantienne de poser les problèmes c'est-à-dire dépassé l'assimilation de la philosophie à une simple théorie de la connaissance, pour s'interroger sur l'être des catégories et fonder celui-ci[1].

De plus, nous voyons aussi ici combien l'*apparaître* et le *phénomène* prennent un sens radicalement différent de celui qu'ils avaient dans la *Psychologie générale*. Alors que, dans l'ouvrage de 1912, ces deux concepts n'ont de signification que relativement à une fondation subjective de la connaissance, de sorte qu'ils ne prennent sens que par rapport à un sujet et que tout phénomène est subjectif, ce n'est absolument plus le cas ici, puisque le phénomène est déterminé à l'aune, non pas du sujet (ou/et de l'objet), mais simplement de l'être. Autrement dit, le phénomène n'a plus de signification subjective, puisqu'il n'y a pas encore de subjectivité : il n'est pas « ce qui apparaît à un sujet », mais il est l'apparaître ou la manifestation de l'être lui-même[2].

En ce sens, le rapport entre la pensée et l'être, dans la *Systématique*, semble ne plus être critique du tout. Natorp insiste sur le fait que les choses, dans la *Critique de la raison pure*, sont bien moins simples qu'on le pense et que, partant, le criticisme n'est guère réductible à certaines interprétations qu'on a pu en donner (et donc par exemple à celle-là même que défendaient pourtant Natorp et les autres marbourgeois, non seulement à titre d'unique interprétation légitime du criticisme, mais aussi à titre d'unique thèse philosophique légitime). C'est que, comme on l'a souligné, l'Esthétique transcendantale commence avec la reconnaissance de l'en soi, de sorte que le sens du criticisme n'est pas celui qu'on croit et que la question du *transcendantal* n'est pas autre que celle du *transcendant* :

> Le sens de *la question portant sur l'en-soi* du phénomène, à titre de *question du transcendantal*, existait déjà pour Kant, non pas parce qu'il se trouvait dans la voie d'une tradition philosophique déterminée, mais parce que la question de la philosophie n'avait pas de sens autrement que sous cet ultime présupposé. Cette question, en définitive, n'est pas autre que celle

1. Nous renvoyons sur ce point à nos *Néokantiens*, *op. cit.*, p. 54-76.

2. P. Natorp, *PS*, p. 48 : le phénomène est *Erscheinung des An-sich-Seiende*.

portant sur ce qui est ultime, unique, ce qui, dans son existence, ne peut pas être questionné : l'en soi [1].

Voilà qui ne signifie évidemment pas qu'on abandonnerait le sol de l'idéalisme critique pour retomber dans un réalisme qui répugne à l'esprit critique, et qu'on substituerait à la logique une orgueilleuse ontologie – on ne commence pas plus avec l'être, isolé de la pensée qui permet de le poser comme tel (leçon du kantisme), qu'on ne commence avec la pensée séparée de l'être qui lui donne sa consistance.

Non seulement l'être confère sa consistance à la pensée, mais lui seul garantit, *par cette manière de procéder et plus exactement de commencer*, le rapport de la pensée à l'être – c'est-à-dire le fait que les catégories puissent *dire* l'être. Car les catégories ne sont plus étrangères à l'être, mais apparaissent désormais être « les forces productrices de la construction interne, concrète de l'être » [2]. C'est donc dans le double sens du génitif que les catégories sont les catégories *de* l'être.

Nous comprenons pourquoi la logique natorpienne refuse désormais l'assimilation du problème logique à la question de la validité. C'est que la validité ne fonde nullement l'être de la pensée, c'est-à-dire en définitive le rapport de la pensée à l'être – dès lors, elle présuppose qu'est réglé un problème qui est pourtant *le* problème central, en se contentant de rester à la périphérie. Ce que Natorp, donc, substitue à la logique kantienne de la validité, c'est une logique de l'être ou de l'origine

L'origine n'est pas plus l'être que la pensée, car elle est l'unité indivise des deux qu'on peut tout juste indiquer, mais sans pouvoir la saisir. L'origine, c'est la corrélation de l'être et de la pensée dans l'un – et nous nous apercevons que nous sommes ici à la limite de ce qui peut être pensé et énoncé. C'est pour cette raison que, malgré ce que prétend Stolzenberg, le *commencement*, encore et toujours, n'est absolument pas pour Natorp l'*origine*. Si l'origine, en effet, est la coïncidence entre l'être et la pensée dont procède la dualité, cette origine demeure ineffable et indicible, et elle ne peut être saisie qu'à travers sa réfraction dans les catégories qui en procèdent et qu'elle illumine à la manière du Bien chez Platon [3], donc « restant éternellement inaccessible à la connaissance » [4]. Natorp écrit encore : « Ce n'est qu'au moyen d'une comparaison (*Gleichnis*), à partir de ce qui n'est pas dernier, qu'on peut parler de ce qui est dernier et qui donne

1. P. Natorp, *VPP*, p. 9 (c'est nous qui soulignons).
2. P. Natorp, *PS*, p. 14.
3. P. Natorp, *VPP*, p. 9.
4. *Ibid.*

(*gibt*) tout ce qui n'est pas dernier, et aussi de ce donner lui-même »[1]. Aussi peut-on douter, non seulement que Natorp, dans ses derniers essais, franchisse le pas qui le mène à affirmer l'existence d'un « comprendre originaire » qui serait précatégoriel ou prédiscursif, mais aussi, du coup, qu'un « souffle mystique » anime toute cette entreprise qui, du point de vue de son auteur, se veut moins un *retour* à une position *précritique* qu'un prolongement inscrit dans le criticisme comme l'*avenir* qu'il ouvre : une position *hypercritique* ou *supercritique* en somme.

Le point de départ de la *Systématique* est le « c'est ». Mais si le « c'est » est bien le commencement, il n'est point l'origine, puisqu'il implique et énonce une scission entre le *logos* qui dit l'être et l'être qui confère au logos sa consistance – et, même s'il énonce la *corrélation* absolue des deux plans, même s'il indique, par son autoréférence, l'unité originaire et indivise, il en est déjà exclu et s'en exclut par l'*Auseinandersetzung* qu'à titre d'énoncé il accomplit.

Cela ne veut nullement dire que le « c'est », à titre d'énoncé, donc de pensée discursive ou encore catégorielle, renverrait, comme c'est le cas chez Bergson, à une pensée intuitive dans laquelle celle-ci trouverait son origine. Natorp écrit pourtant qu'il faut veiller à « ne plus rabaisser ce qui est absolument supra-fini dans le domaine du comprendre fini »[2]. Il écrit aussi que c'est la connaissance qui décompose, alors que la vie, elle, veut rester indivise[3] : la vie serait-elle donc un autre nom de cette connaissance immédiate ?

L'origine n'est pas connue et reconnue comme telle autrement que par notre pensée discursive et catégorielle – et, ainsi qu'on l'a vu, reconnue (plus que proprement connue) par celle-ci comme origine de toute limitation dans son existence et non pas dans son essence. Natorp souligne que nous ne pouvons absolument rien comprendre de l'origine sinon son caractère incompréhensible. Ce que signifie concrètement une telle affirmation, il ne nous le dit pas tout de suite, renvoyant immédiatement après à la « reconnaissance sans retenue de l'en soi titre de présupposé tout à fait évident de l'apparaître »[4], mais le précise un peu plus loin : « Kant nie la connaissabilité de l'en soi, mais en reconnaissant pleinement qu'il *est* »[5]

1. P. Natorp, *VPP*, p. 10.
2. P. Natorp, *PS*, p. 45.
3. P. Natorp, PP, p. 225.
4. P. Natorp, *PS*, p. 45.
5. *Ibid.*, p. 69. On remarquera, au passage, que l'assimilation de la chose en soi à *un unique* en soi sur le fondement duquel *les* phénomènes *dans leur diversité* seulement peuvent proprement apparaître est une thèse qu'on trouvait déjà chez Schopenhauer. Étant donné que

– ajoutant : « pour Kant comme pour nous, donc, c'est que *tout existe*, à titre de *fait* (…) Voilà le fait originaire » [1].

Au tout début de la systématique, Natorp évoque la thèse aristotélicienne de l'univocité (*Eindeutigkeit*) de l'être [2]. Mais cette univocité est perdue *pour nous*, puisque nous, qui parlons, sommes déjà dans la division, dans la médiation : « le tout, dans son en soi pur (…), reste éternellement hors d'atteinte pour notre pensée qui simplement lie et sépare, et à laquelle restent absolument rivées la recherche et la connaissance qui sont les nôtres » [3]. L'énoncé « c'est » indique l'univocité de l'être, mais il se situe déjà dans l'ambiguïté, dans l'équivocité, puisqu'il implique la scission entre les deux plans (l'être et le *logos*), de sorte que, si l'origine est bien l'être, le commencement c'est le *logos*, donc le sens – et plus précisément le « miracle du sens » c'est-à-dire le simple fait qu'*il y a* du sens (l'existence du sens). Voilà pourquoi l'investigation philosophique *commence* avec le comprendre (*Verstehen*) et ne peut pas en sortir. Si l'être se donne (le fait de l'existence), il ne se donne pas *tout nu*, mais il se donne à comprendre *par* et *dans* le *logos* [4].

Nous en revenons toujours aux mêmes questions : qu'est-ce qui est de l'ordre du « fait » ? Qu'est-ce qui, proprement, est connu ? De quel type de connaissance s'agit-il ? Si Natorp, en effet, affirme que l'existence, par opposition à l'essence, est donnée et relève à ce titre d'un fait (« l'existence absolument donnée » [5]), et qu'elle est l'unique fait dans la mesure où l'existence est totale, il ajoute toutefois que celle-ci est ce que « nous devons absolument reconnaître par anticipation et mettre au fondement » [6].

c'est l'espace et le temps qui différencient et font surgir une diversité, la chose en soi est unique, lit-on dans *Le Monde comme volonté et comme représentation*.

1. *Ibid.* On lit dans *VPP*, p. 7-8 : « La "chose en soi" tant contestée de Kant, qui a toujours été admise par lui comme un présupposé posé d'une manière absolument incontestable, (…) ainsi que, d'une manière absolument claire, la direction de son interrogation en général, qui ne porte pas simplement sur les objets de la connaissance d'un côté et, de l'autre, la connaissance de ces objets, mais sur tout le sens et le fondement du rapport de la connaissance en général à l'objet en général, (…) – tout ceci (dis-je) atteste clairement combien il est loin de se placer, en présupposant cette division, de l'un ou l'autre côté, celui de la connaissance ou celui de l'être à connaître ».

2. *Ibid.*, p. 4.

3. *Ibid.*, p. 69.

4. Nous nous opposons donc absolument à J. Stolzenberg qui, décontextualisant les textes, fait du « comprendre » dont parle Natorp (*PS*, p. 28) une pensée antéprédicative qu'il assimile à la vie ou au vécu concrets (*Ursprung und System*, *op. cit.*, p. 264). Voir aussi sur cette question *VPP*, p. 251.

5. P. Natorp, *PS*, p. 48.

6. *Ibid.*

Mieux, ce tout donné est constamment « présupposé »[1] dans toute division ou délimitation (détermination de l'essence), il est la « condition de l'acte de délimiter »[2] et « il faut le poser au fondement »[3]. De plus :

> cette totalité n'exige rien d'autre de nous que la simple reconnaissance (*Anerkennung*), sans résidu ni limite, de son existence, sans connaissance (*Erkenntnis*) de l'essence. Cependant, l'existence n'a pas d'abord à être connue – et il n'y a pas plus besoin de la connaître qu'elle n'est susceptible d'être connue. Comment pourrions nous d'abord connaître c'est-à-dire parvenir d'abord à un savoir de ce qui est déjà le présupposé de toute connaissance[4] (...)?

Pour mieux comprendre le statut de l'origine et du point de départ, il faut nous tourner vers les trois étapes par lesquelles la « systématique » s'inaugure et mettre en évidence leur statut[5].

1. P. Natorp, *PS*, p. 48.
2. *Ibid.*
3. *Ibid.*, p. 49.
4. *Ibid.*
5. *Ibid.*, p. 47.

CHAPITRE III

LE NOUVEAU STATUT DE LA PSYCHOLOGIE

DIFFÉRENCE ENTRE LA TRIADE DE LA *PSYCHOLOGIE* ET LA TRIADE DE LA *SYSTÉMATIQUE*

On a vu comment la psychologie natorpienne est articulée autour de trois moments (puissance - actualisation - actualité). Or il semble que nous retrouvons, *tels quels*, ces trois moments dans la « systématique ». Car, dans les deux cas, le centre est le deuxième moment, qui seul permet de poser le premier et le troisième.

Natorp, dès le début de la *Systématique*, souligne que la manière de commencer engage aussi toute la suite du développement[1]. Car le point zéro, la simple existence toute nue, le point « qui n'a rien derrière lui mais tout devant », implique un autre point, qui est le terme ultime, dans lequel tout est effectivement déployé : c'est, par opposition à l'infini potentiel, l'infini actuel[2], « qui a tout derrière lui et rien devant » ; et, enfin, « renfermé entre ces deux limites, le domaine du fini qui entre derechef dans un développement infini, ce qui signifie à présent qu'il n'a ni début ni fin »[3]. C'est pourquoi l'énoncé « c'est » possède trois sens, selon le moment du trajet où on l'appréhende.

Ces trois moments de l'être ne sont rien d'autre que les trois catégories de la modalité. La puissance correspond à la possibilité dans laquelle rien encore ne s'est manifesté, l'actualisation à la nécessité par laquelle un

1. P. Natorp, *PS*, p. 47 ; voir aussi *VPP*, p. 11.

2. *Ibid.*

3. *Ibid.* (Dans *VPP*, p. 13, Natorp souligne que l'infini dont il s'agit ici est ce que Hegel appelle le « mauvais » infini qui jamais ne s'achève.)

terme en appelle un autre qui en appelle un autre au sein d'un processus indéfini, et enfin l'actualité à l'effectivité c'est-à-dire à l'infini véritable (*allseitige Wechselbezüglichkeit*). C'est pourquoi les catégories de la modalité ne sont pas des catégories comme les autres, puisqu'elles conditionnent l'émergence de l'être et du sens comme tels. Si « elles ne sont pas seulement des catégories d'une espèce très originaire, mais tout simplement *les* catégories originaires, les catégories du développement catégoriel lui-même à titre de développement total »[1], c'est parce que, à titre de *moments* originaires dont émergent l'être mais aussi la pensée de l'être (on l'a vu : la question comme possibilisation de l'être), ce sont d'elles dont procède l'organisation ternaire des *étapes* du développement catégoriel.

La différence entre la *Psychologie générale* et la *Systématique philosophique* est la suivante. Dans la psychologie, seul le deuxième moment, celui de l'actualisation, était déclaré donné. C'est en lui que nous nous mouvions : « (…) le stade initial et le stade final ne désignent, comme nous l'avons dit, que des limites idéales. Notre connaissance, que ce soit dans sa direction objectivante ou dans sa direction subjectivante, se meut constamment au milieu, entre les deux limites »[2]. Les premier et troisième stades étaient, pour s'exprimer en termes kantiens, posés à partir du « fait » (stade intermédiaire) à titre d'Idées régulatrices desquelles on se rapproche asymptotiquement. Les premier et troisième stades apparaissaient dès lors être des fins qu'on ne peut pas atteindre.

Ce n'est pas le cas dans la *Systématique*, où les trois moments sont davantage pensés avec le réseau conceptuel hégélien, de sorte qu'on sort de l'opposition kantienne entre le fait, qui est donné, et les limites ou Idées régulatrices.

Première remarque : dans la *Systématique*, « ce qui toutefois nous est donné comme effectif, ce n'est ni ce qui est premier, ni ce qui est deuxième, ni par conséquent ce qui est troisième et n'est défini qu'en présupposant les deux autres et par leur moyen »[3] – Natorp ajoutant immédiatement : « en vertu de quoi alors tout cela est-il affirmé ? » On voit que, si nous retrouvons littéralement la même tripartition que dans la *Psychologie*, avec les deux infinis, l'infini potentiel et l'infini actuel qui encadrent le domaine du fini ou de l'indéfini, le statut des trois stades n'est toutefois plus du tout le même. Car il y a une corrélation complète entre les trois stades ou étapes. Si cette corrélation doit être entendue au sens strict, il apparaît alors erroné

1. P. Natorp, *VPP*, p. 87.
2. P. Natorp, *AP*, p. 85.
3. P. Natorp, *PS*, p. 46-47.

d'accorder un privilège au deuxième stade que les deux autres n'auraient pas – et alors que chacun d'eux doit sa *consistance* aux autres[1]. Autrement dit : si le deuxième est donné, c'est que les premier et troisième le sont aussi. Ou bien : si les premier et troisième stades ne sont pas donnés, le deuxième ne l'est pas non plus. Cette stricte corrélation, donc, a pour conséquence de désinvestir le deuxième stade de sa consistance de « donné », mais aussi de conférer aux premier et troisième stades une consistance qui les fait apparaître irréductibles à de simples Idées régulatrices.

Deuxième remarque : nous ne sommes plus dans le domaine de la pensée – c'est-à-dire : nous ne nous situons plus, désormais, dans le domaine de la pensée (présup)posée dans son opposition à celui de l'être (ou de l'objet, si l'on peut se permettre, pour la clarté du propos, d'utiliser ces termes *promiscue*). Car, si nous sommes partis du domaine de la pensée, l'interrogation sur les *limites* de cette pensée nous a conduits à dépasser ce domaine et à nous retrouver dans un domaine *originaire*, qui n'est pas plus celui de la pensée que celui de l'être, puisque la pensée et l'être en procèdent – et même si on ne peut exprimer cette origine unitaire qu'à partir de sa scission, puisque nous pensons par et dans les mots, étant donné que la pensée est catégorielle : les catégories, écrit Natorp dès qu'il introduit le concept, sont des « modes d'énonciation »[2] ou des « modes de détermination »[3].

Le langage est, comme on le verra, la demeure de l'être – et l'énoncé « c'est », puisqu'il n'est pas attribué à un sujet donateur de sens, n'est rien d'autre que le moment où l'être prend la parole. L'énoncé, à titre de phénomène, est le « dire-oui (*Jasagen*) de l'en soi »[4]; les catégories sont « les sons fondamentaux (*Grundlaute*) de la langue originaire propre à l'"être" indicible" même »[5].

Désormais, les trois stades ou moments sont des moments de l'être – ce sont, écrit Natorp, « les trois phases originaires de l'être »[6]. Dès lors, nous ne sommes plus dans le « transcendantal » entendu comme condition de possibilité, nous ne sommes plus dans le domaine de la philosophie théorique qui se pose comme relevant de la sphère de la connaissance et qui donc oppose à la pensée l'être ou l'objet. Dans la *Psychologie*, l'absolu,

1. *Ibid.*, p. 80.
2. *Ibid.*, p. 12 (*Aussageweise*).
3. *Ibid.*, p. 20 (*Bestimmungsweise*).
4. *Ibid.*, p. 46.
5. *Ibid.*, p. 13.
6. P. Natorp, *VPP*, p. 22. Le titre du premier chapitre est le suivant : « Fondation systématique d'une manière universelle. Les trois phases fondamentales de l'être ».

c'est-à-dire la vie, reste ailleurs, en dehors, parce que, dès le début, la pensée qui cherche à rejoindre la vie est enfermée en elle-même et, du coup, se pose comme coupée de cet immédiat qu'elle cherche à reconstruire. Comment, dès lors, la tâche de la psychologie n'est-elle pas absolument impossible? Comment, en effet, peut-on parler de « "reconstruction" de l'immédiat de la conscience à partir de ce qui a été formé par lui » [1] ? Si cette formule fait problème, c'est parce que, révélatrice de la manière dont procède Natorp à cette époque, elle pose un immédiat qui, à titre de fondement, est transcendant par rapport au médiat, et que celui-ci doit, dans un second temps reconstruire. Les termes mêmes du problème proscrivent toute résolution.

Puisque la pensée, qui ne peut pas sortir d'elle-même (révolution copernicienne), s'oppose la vie comme son autre absolu, puisque la médiation se pose dans son opposition radicale d'avec l'immédiat, on imagine mal comment la pensée pourrait rejoindre la vie, le médiat l'immédiat. On comprend à présent, non seulement pourquoi Natorp souligne maintenant qu'il en était auparavant resté à des oppositions bloquées (rationnel *et* irrationnel, individuel *et* supra individuel, etc.)[2], mais aussi pourquoi il a abandonné sa psychologie sans aller plus loin que le premier tome, méthodologique, et enfin la raison pour laquelle il lui a substitué un tel projet, pour autant que celui-ci seul apporte des réponses aux véritables questions du philosophe c'est-à-dire ouvre précisément un chemin dégagé là où la psychologie (et, avant elle, la logique de 1910) restait dans une aporie.

On comprend en quoi la position natorpienne est hégélienne – et en un sens kantienne (comme le répète précisément Natorp), dans la mesure où Hegel achève ce qui a été inauguré par Kant. C'est au sens où, si l'on veut rejoindre l'absolu sans en rester coupé, il faut se le donner dès le début : il faut, dès le début, se situer en lui, sans quoi il restera toujours une transcendance qui s'éloigne toujours davantage quand on s'en approche. C'est ce

1. P. Natorp, *AP*, p. 192. Natorp écrivait quelques lignes plus haut : « C'est précisément après, au moyen de l'analyse des différentes parties de la complexion, que cette complexion elle-même, *telle qu'elle était donnée avant l'analyse*, peut désormais être déterminée dans son contenu d'une manière plus ou moins adéquate » (c'est nous qui soulignons). Mais si cette complexion tombe bien, à titre d'immédiateté, en dehors de l'analyse, la détermination (médiate) est condamnée à rester inadéquate ! On comprend que Heidegger souligne, dans *Zur Bestimmung*, *op. cit.*, p. 107, l'impossibilité *constitutive* du projet psychologique natorpien : « Natorp conteste bien précisément que l'immédiat puisse être donné avant toute analyse. Comment alors la complexion pourrait-elle être déterminée par la reconstruction "telle qu'elle était donnée avant l'analyse" ? »

2. P. Natorp, PP, p. 215.

que signifie, dans la phénoménologie hégélienne, la célèbre proposition selon laquelle « l'absolu seul est vrai et le vrai seul est absolu » [1] – de sorte que le « savoir apparaissant » avec lequel commence la phénoménologie est déjà une figure de l'absolu (ce que sait, non pas la conscience qui en fait l'expérience, mais uniquement le phénoménologue qui la raconte et qui se situe, lui, au terme du parcours). Si, autant chez Hegel que chez Natorp, un tel saut est possible, ce n'est que dans la mesure où l'on est sorti de la fausse coupure (admise par Kant) entre la pensée et l'être.

D'une certaine façon, Natorp n'a jamais, depuis le début, dit autre chose et prétendu autre chose, comme on l'a vu avec la psychologie. Il a toujours soutenu que l'absolu n'existe pas ailleurs que dans ses manifestations et que l'Idée régulatrice doit être entendue au sens d'une limite mathématique. Cela dit, l'énorme différence est la suivante : les présupposés sur lesquels se construisait son discours démentaient systématiquement cette assimilation de l'absolu à ses manifestations, de l'immédiat à ses médiations, etc. A l'époque de la *Psychologie générale*, la manière même dont Natorp traite les questions philosophiques est telle qu'il se produit nécessairement une aliénation par laquelle la loi de la progression de la série est posée comme un terme et plus exactement comme le terme ultime de la série. Le nouveau projet philosophique, celui d'une « logique générale » ou d'une « philosophie systématique », n'a donc pas d'autre but que de permettre d'énoncer et de développer véritablement une telle thèse, sans que la forme du discours démente sans cesse son contenu.

Si la méthode, à l'époque de la psychologie, conduit nécessairement à poser l'absolu, l'immédiat ou encore la vie en dehors des médiations, c'est-à-dire en dehors de la pensée qui nécessairement « lie et sépare », c'est parce que le transcendantal n'est pas encore accompli ou assumé comme tel – c'est-à-dire mené jusqu'au point où la pensée sort d'elle-même, pour atteindre, comme on le lit dans les *Cours de philosophie pratique*, « le point d'intersection à partir duquel les deux directions [*i.e.* celles de la pensée et de l'être] apparaissent et que leur rapport se détermine » [2] – « point ultime » [3] ou *epeikeina* à partir duquel seul il apparaît que la pensée est la pensée *de* l'être et les médiations, les manifestations *de* l'immédiat.

On voit quelle est la différence avec la psychologie. Ici, il ne s'agit plus de reconstruire un immédiat qui serait perdu avec des médiations, puisque, comme l'atteste le point de départ auquel nous reconduit le « c'est », à

1. G.W.F. Hegel, *La Phénoménologie de l'esprit*, *op. cit.*, vol. I, p. 67.
2. P. Natorp, *VPP*, p. 8.
3. *Ibid.*

savoir la médiation initiale (précisément celle de l'énoncé « c'est », qui sépare l'être du *logos*), l'immédiat n'est pas transcendant, il n'est pas ailleurs, et *dans un second temps* à reconstruire au moyen des médiations (donc un au-delà perdu à reconquérir). Si la philosophie, si le *logos* peut rejoindre la vie, c'est précisément parce qu'il provient de la vie et donc qu'il est la vie. Si l'énoncé « c'est » dit ce qui est, s'il dit l'être, c'est bien parce que lui-même provient de l'être indivis qui se divise (d'un côté l'être, de l'autre le sens), c'est bien parce qu'il *est*, de sorte que l'énoncé est bien la manifestation ou l'apparaître de l'être lui-même[1]. On lit dans les *Cours de philosophie pratique* : « il y a un au-delà du fini qui ne se dissimule pas derrière ce qui est fini, mais, au contraire, s'y révèle »[2].

On comprend pourquoi Natorp écrit qu'aucun des trois stades ne nous est « donné comme effectif ». Si l'un d'eux nous était effectivement donné, cela supposerait que ce soit aussi le cas des deux autres. Or, comme on l'a vu, on ne peut pas saisir l'existence toute nue – c'est-à-dire le tout comme tout. On ne saisit l'existence qu'à titre d'existence de *quelque chose*, donc toujours délimitée par une essence et, en somme, « recouverte » (pour ainsi dire) par elle. Mais l'existence n'en est pas moins donnée, puisqu'elle est le fondement factuel incontestable à partir duquel tout énoncé, toute affirmation et toute interrogation, toute prédication et toute question s'effectuent – Natorp parle de la « distinction entre l'existence, qu'il faut seulement reconnaître (*anerkennen*), d'une manière indubitable, comme absolument donnée, et l'essence, qui n'est pas donnée et, partant, d'abord absolument douteuse »[3]. L'existence, à titre de fait, n'est pas connue (*kennen*, *erkennen*), mais simplement reconnue (*anerkennen*). L'*Anerkennung* n'est rien d'autre que l'approbation ou l'admission d'un donné qui s'impose à nous et qui, dès lors, ne constitue pas une connaissance : c'est en somme le fait d'accepter, de dire oui à quelque chose qui relève d'un constat. C'est pour cette raison que ce donné, reconnu par la médiation d'un fait, est toujours un miracle ou une énigme (*das Urrätsel des Daseins*[4]). Mais c'est aussi pour cette raison que Natorp, à propos de cette *Anerkennung*, reprend le terme kantien d'« intuition »[5].

Si l'existence, le fait dont on part, n'est pas *un* fait, mais *le* fait, la factualité en général, c'est parce qu'elle est le fondement de n'importe quel

1. P. Natorp, *PS*, p. 387.
2. P. Natorp, *VPP*, p. 20 (cette proposition est citée par E. Cassirer, « Paul Natorp », *op. cit.*, p. 262).
3. *Ibid.*, p. 48.
4. P. Natorp, *PS*, p. 23.
5. *Ibid.*, p. 9.

fait particulier dont on pourrait partir (le « fait » de la science, celui de la « loi morale », etc.). C'est en ce sens qu'elle est le fait originaire (*Urfaktum*[1]).

Nous retrouvons à nouveau la question du rapport entre intuition et pensée. La thèse natorpienne reste encore et toujours la même. A savoir qu'il n'y a pas, pour ce philosophe, de différence de nature entre les deux éléments, d'une manière telle que chacun serait pour l'autre une altérité absolue. Nous avons déjà développé ici et ailleurs la thèse natorpienne selon laquelle l'intuition est un moment de la pensée (son origine et son but). La pensée reconnaît qu'elle ne peut se développer qu'à partir d'une donation constamment présupposée, mais le donné ne peut être saisi qu'à partir de cette activité par laquelle il est formé, déterminé et posé comme tel.

Cependant, nous trouvons ici, à cause du nouveau dispositif conceptuel, une nouvelle manière d'exprimer cette thèse. Si l'intuition n'est rien d'autre qu'une caractéristique de la pensée, c'est au sens où, si c'est bien la pensée qui produit l'être (révolution copernicienne), cette pensée doit reconnaître que son activité repose sur quelque chose d'inexplicable, qui relève d'un simple constat et qu'elle ne peut s'expliquer à elle-même : tout simplement le fait qu'elle soit. C'est ce que Natorp appelle *le miracle du sens*[2] – le fait que le sens est. Ce que la pensée ne peut pas expliquer, ce qui est donné, c'est l'existence de la pensée. L'altérité, on le voit, n'est pas un autre que la pensée devrait reconnaître en face d'elle-même comme une transcendance sur laquelle elle s'ouvrirait : car l'altérité – et l'altérité absolue –, absolument inexplicable, c'est, pour la pensée, sa propre existence qui s'impose à elle-même de l'intérieur.

Ce qu'il y a de nouveau, c'est qu'avant, même si on disait qu'il n'y a qu'une différence de degré entre pensée et intuition, on distinguait toutefois et, du coup, on opposait pensée et intuition : en langage kantien (et c'était bien de cela qu'il s'agissait pour Natorp), la pensée pense et l'intuition intuitionne (ou, si l'on préfère : la pensée n'intuitionne pas et l'intuition ne pense pas). Voilà justement ce qui change désormais. Car tout ce qui précède nous a amenés à reconnaître, au moyen du nouveau sens conféré au « transcendantal », que la pensée n'est pas extérieure à l'être,

1. P. Natorp, *PS*, p. 46.

2. *Ibid.*, p. 27. C'est ce miracle (celui du sens et de l'être) qui constitue, avec l'idée d'une religion sans transcendance (religion dans les limites de l'humanité qui est indissociable d'un émerveillement proprement humain devant l'être *i.e.* la vie qui se donne), le sens de l'admiration de Natorp pour le poète bengali Rabindranath Tagore (voir *RT*; LG, p. 193; *PS*, p. 378, 380; *DW1*, p. 41).

n'est pas l'autre de l'être, mais au contraire qu'elle renferme en elle-même quelque chose de l'être dont elle procède (et qui seul lui permet précisément de penser l'être). Dans la pensée, il y a plus que de la pensée. Voilà le véritable sens, tout à fait inédit, de l'affirmation selon laquelle l'altérité est au cœur de la pensée elle-même. Cet être au cœur de la pensée, c'est la reconnaissance au fondement de toute connaissance – mais qu'on ne peut atteindre que par et dans la connaissance, sans toutefois qu'on puisse dire que cette reconnaissance est indirecte. Car elle est aussi directe que la connaissance, dans la mesure où elle en est la dimension intuitive corrélative, constitutive de toute pensée comme telle. Ce qu'il faut néanmoins ajouter, c'est qu'une telle reconnaissance ne se produit pas d'une manière isolée, c'est-à-dire séparément : elle n'existe (comme fait) qu'à titre de connaissance (catégorielle) dont elle est l'envers. C'est la raison pour laquelle il n'y a pas proprement d'« intuition », c'est-à-dire de mode de connaissance antéprédicatif autonome, puisque l'intuition est une dimension de la pensée – elle en est le corrélat : la reconnaissance qui accompagne d'une manière souterraine et pour ainsi dire inconsciente toute connaissance et que la *Systématique* met à jour.

LES CORRECTIONS QUI AFFECTENT LA PSYCHOLOGIE

La psychologie réapparaît dans la systématique et y trouve bien évidemment sa place. Le problème, c'est que le changement de place et de statut de la psychologie affecte, comme nous nous en doutons, non seulement la manière même dont le problème psychologique est posé, mais, du coup, le contenu de cette partie de la philosophie.

La psychologie trouve sa place dans la troisième dimension de la logique, dans la mesure où c'est avec cette dernière que surgissent l'objectivité et la subjectivité, qui sont toutes deux corrélatives.

Étant donné qu'il faut entendre cette corrélation au sens strict, la méthode change absolument. Alors qu'en 1912 il y avait *d'abord* la logique (au sens que Natorp donnait à cette époque à ce terme), c'est-à-dire les lois *a priori* qui fondent l'objectivité dans sa possibilité, et seulement *ensuite* la subjectivité, pour autant que la subjectivité peut seulement être reconstruite à partir d'une objectivité préexistante, à titre de *trace* laissée par celle-là dans celle-ci, ce n'est plus le cas désormais [1] – Natorp attribuant son erreur à une confusion relative au concept d'« objet » [1].

1. P. Natorp, *PS*, p. 383 : « Cependant, toute la séparation externe entre objectivité et subjectivité est intenable – et c'est pourquoi ma propre position antérieure, selon laquelle la

Natorp souligne :

> mon exposé antérieur sur la relation de l'objectivité et de la subjectivité n'a pas simplement besoin d'un complément essentiel, mais d'une correction qui retourne au fondement. Certes, si on considère la chose même, je l'ai déjà comprise ainsi dans beaucoup de mes expositions précédentes, mais je n'avais pas atteint là-dessus une pleine clarté, de sorte que, à de nombreux égards, il était impossible d'atteindre la conséquence radicale de ce présupposé telle qu'elle se trouve désormais d'une manière précise devant mes yeux[2].

C'est *en même temps* qu'apparaissent subjectivité et objectivité. Ce qu'il s'agit de fonder dans la troisième partie de la logique, ce n'est donc pas *la subjectivité* (et, du coup, la psychologie), mais *la corrélativité* de la subjectivité et de l'objectivité[3]. On comprend la raison de l'erreur qui consiste à reconstruire la subjectivité à partir d'une objectivité préexistante : cette thèse, en effet, implique une aliénation de ce qui n'est qu'une direction dans les termes que celle-ci permet de poser[4]. Car, si sujet et objet sont non seulement corrélatifs, mais, comme on l'a vu, simplement des directions, chaque direction présupposant l'autre sans que l'une des deux ait un quelconque privilège.

Curieusement, Natorp, dans la *Systématique*, soutient que le rapport entre l'objet et le sujet est le même que celui qui existe entre la détermination et l'indétermination[5]. Or cette analogie n'était pas recevable dans la *Psychologie*, puisqu'elle équivalait à assimiler la tâche de la psychologie au travail de Pénélope. Comprendre le sens de cette correction, c'est saisir la modification la plus importante que Natorp fait subir à sa psychologie.

Si l'analogie est repoussée dans la *Psychologie*, c'est parce que Natorp y oppose deux types de détermination, qui correspondent respectivement à la construction (= objectivation) et à la reconstruction (= subjectivation). Cependant, Natorp tombe alors sous le coup de la critique heideggérienne.

subjectivité devrait d'abord être reconstruite à partir d'une objectivité préexistante, est également intenable ».

1. *Ibid.* : « Désormais, j'exclus complètement la question de l'objectivité tout autant que celle de la subjectivité de la deuxième dimension [du logique], et je parle de teneur logique là où je parlais auparavant d'objectivité » ; voir aussi p. 296.

2. *Ibid.*, p. 395.

3. *Ibid.* : « Mais la corrélativité des deux doit être comprise d'une manière absolument rigoureuse, selon laquelle une objectivité surgit, du point de vue logique, seulement dans et avec la subjectivité, et inversement ».

4. *Ibid.*, p. 291.

5. *Ibid.*, p. 389.

Qu'est-ce qui distingue la construction de la reconstruction ? N'y a-t-il pas entre elles, au fond, qu'une différence de degré ? « La méthode de reconstruction fournit-elle ce qu'elle doit fournir ? Peut-elle en général le fournir ? Non. Car elle aussi est objectivation. On doit nécessairement contester la thèse selon laquelle Natorp aurait pu d'une quelconque manière montrer que le sens de la *méthode* de reconstruction est différent de celui de l'objectivation. Car même la re-construction est construction » [1].

Soulignons que, si, dans les esquisses de la « logique générale » et dans la *Systématique*, il est toujours question de psychologie, de subjectivation et du rapport de celle-ci avec l'objectivation, il n'est en revanche absolument plus question de « re-construction » – ce concept disparaît, *comme si* la critique heideggérienne avait effectivement eu un écho dans la philosophie natorpienne. Mieux, c'est le concept de *corrélativité* qui se substitue à celui de *reconstruction* : s'il n'y a plus à reconstruire la subjectivité à partir de l'objectivité, c'est parce qu'elle est le nécessaire corrélat de celle-là, qui, à ce titre, surgit nécessairement dès qu'il y a un objet.

Soulignons également que la *Systématique* substitue à l'opposition entre deux types de détermination qu'on trouvait dans la *Psychologie* l'opposition entre *détermination* et *expression*, qui prend sens par rapport au langage, lequel trouve ici un statut qu'il n'avait pas dans le volume méthodologique de la *Psychologie*. Il est vrai que « le plan d'ensemble [de la *Psychologie*] réservait incontestablement un rôle important et décisif à l'analyse du langage », comme cela apparaît dans les analyses que nous avons consacrées à l'ouvrage de 1912 [2] et comme le remarque Cassirer [3] qui ajoute :

> car on ne peut se passer de la détermination par le mot en tant qu'elle prépare la voie à la détermination par le concept pur. En effet, la psychologie de Natorp, du moins dans son projet, a expressément reconnu cette signification du langage. Elle souligne qu'une force et un travail d'objectivation habitent non seulement le concept fixé – ou le jugement fondé – par la science, mais déjà chaque phrase du langage [4].

1. M. Heidegger, *Zur Bestimmung*, *op. cit.*, p. 107.

2. Comme nous l'avons vu, s'il n'y a pas pour Natorp d'accès immédiat au subjectif, c'est parce qu'on atteint celui-ci à travers le langage : toute pensée, pour Natorp, est prédicative. C'est pourquoi nous nous accordons avec M. Steinman, lorsque, dans « Das Rätsel des Worts » (*Internationales Jahrbuch für Hermeneutik*, édité par G. Figal, Mohr-Siebeck, 2002, p. 137), il s'étonne que, dans de nombreux travaux qui portent non seulement sur Natorp en général mais aussi et surtout sur ses textes tardifs, il ne soit nullement question du langage.

3. E. Cassirer, *La Philosophie des formes symboliques*, *op. cit.*, vol. 3, p. 69.

4. *Ibid.* (Cassirer cite immédiatement après *AP*, p. 99).

Cependant, si dans la *Systématique*, le langage devient essentiel et fondamental (au sens littéral du terme), c'est parce qu'il est explicitement désigné comme le lieu originaire dont procèdent la subjectivité tout comme l'objectivité. C'est du « fait merveilleux de la langue »[1], à titre de « point originaire »[2], que surgit l'opposition sujet-objet.

Il est important de noter que, dans la *Psychologie*, ce qui était premier, c'était la loi c'est-à-dire l'objectivation. Ici, ce qui est premier, ce n'est pas l'objectivation mais le « fait merveilleux de la langue ». Ce changement, cette inversion dans la disposition, va profondément affecter la thèse natorpienne relative au statut de l'objectivation. Puisque, désormais, l'objectivation relève, comme la subjectivation, du langage, cela signifie que l'objectivation n'est pas *d'abord* l'objectivation scientifique. L'objectivation était auparavant pensée à l'aune de l'objectivation scientifique, elle est désormais pensée à l'aune du type d'objectivation à l'œuvre dans le langage – c'est-à-dire à l'aune du processus d'objectivation, relevant de la connaissance ordinaire, qui s'accomplit dans le langage et qui précède logiquement la connaissance scientifique.

Ce changement dans la position du problème explique que si les catégories étaient, dans les *Fondements logiques*, introduites, déterminées et validées dans leur légitimité relativement à la science, ce n'est plus le cas ici. Natorp les pensait alors comme des fonctions déterminantes *a priori* qui interviennent dans la science, à partir de laquelle elles sont mises en évidence et dans laquelle elles trouvent leur validité. Dans la *Systématique*, lorsque le terme de « catégorie » est introduit, d'une part, ce n'est nullement par rapport à la science, c'est-à-dire à l'objectivité scientifique, mais, beaucoup plus largement, par rapport à la détermination ou teneur de l'être[3], et, d'autre part, la catégorie est immédiatement définie comme « mode d'énonciation » (*Aussageweise*). Davantage, ce n'est plus l'objectivité scientifique qui constitue le point de départ duquel on déduit l'ordre catégoriel, mais c'est au contraire à partir de celui-ci qu'on produit celle-là : « la science elle-même (…) est un domaine, ou, pour mieux dire, une forme de constitution du contenu, et elle a besoin comme telle d'être fondée, c'est-à-dire d'être fondée sur les catégories »[4]. Mais tout cela nous conduit à un nouveau problème : celui de savoir d'où viennent les catégories de la *Systématique*. Étant donné qu'elles ne sont pas tirées de la science, et

1. P. Natorp, *PS*, p. 386 (die wundersame Tatsache der Sprache).
2. *Ibid.*
3. *Ibid.*, p. 16.
4. P. Natorp, PP, p. 209.

qu'elles sont des modes d'énonciation, est-ce à dire qu'elles sont des formes *a priori* de structuration du langage ?

Le langage n'est pas seulement le point de départ de la troisième partie du logique, dans laquelle surgit l'opposition et donc la corrélation sujet-objet. N'était-il pas déjà, en effet, le point de départ de *tout* l'édifice ? De quoi sommes-nous partis, sinon de la proposition « c'est » dans laquelle est indiquée l'origine unitaire de l'être et du logos ? Autrement dit, le commencement de toute la systématique, à savoir la factualité en général, n'est pas ailleurs que dans la proposition au sein de laquelle celle-ci s'énonce.

Si c'est dans le langage qu'il faut chercher l'origine de la corrélation sujet-objet, c'est parce que, dans tout énoncé, il y un double rapport : un rapport vers l'extérieur (*das Gegenüberliegende*) à ce qui est dit (*das Gesprochene*) et un rapport vers l'intérieur à celui qui parle (*das Sprechende*)[1].

Tout énoncé est détermination. L'énoncé décrit c'est-à-dire détermine un état de choses auquel il renvoie : c'est la direction centrifuge. Cependant, en même temps il opère cette détermination, renvoie à celui qui parle et qui, par là-même, se pose comme celui qui détermine : c'est le mouvement centripète, *inverse*, vers le centre invisible de toute parole et de toute détermination.

Si la direction vers l'extérieur est un mouvement qui détermine, la direction vers l'intérieur est un mouvement qui exprime : l'énoncé, au moment même où il *détermine* un état de choses – donc : au moment même où il *objective* un phénomène –, *exprime* celui qui opère cette détermination à titre de centre invisible d'une telle objectivation – donc : opère la position d'un *sujet* de l'objectivation.

La subjectivation, dès lors, n'est rien d'autre que l'auto-expression (le *Sich Aussprechen* ou *Sich Ausdrücken*[2]) d'un sujet qui n'existe que pour autant qu'il détermine – c'est-à-dire qu'il entre dans un processus d'objectivation par lequel il pose quelque chose à l'extérieur de lui.

Nous remarquons deux choses.

La première, c'est que la relation précède les termes qu'elle actualise. Le sujet n'est pas donateur de sens, au sens où il préexisterait à l'objet qu'il permet de poser comme tel. Au contraire : le sujet n'existe, c'est-à-dire n'acquiert de consistance, ne peut se poser comme tel que pour autant qu'il pose un objet – c'est précisément le sens de la *corrélation*, laquelle s'oppose à la reconstruction dans la mesure où celle-ci présuppose que, au

1. P. Natorp, *PS*, p. 387.
2. *Ibid.*, p. 394.

contraire, l'objet préexiste au sujet (de sorte qu'elle hypostasie sans s'en rendre compte les deux directions). Natorp écrit que « la subjectivité n'existe qu'en s'exprimant dans un moment de l'objectivité. Car elle n'existe que pour autant qu'elle s'exprime, et cette expression est toujours aussi une détermination, une objectivation »[1].

La seconde, c'est que la relation est toujours double, au sens où, si on peut aller de *a* à *b*, on peut tout aussi bien aller de *b* à *a* (c'est encore, justement, le sens de la *corrélation*). Comme le souligne longuement Natorp, c'est parce que sujet et objet ne sont que des directions qu'ils vont ensemble, qu'ils sont impliqués l'un par l'autre et donc ne s'excluent nullement : « les points s'excluent, les directions coexistent »[2].

Cela posé et conformément à ce que nous avons déjà indiqué, les deux mouvements, les deux directions ne sont absolument pas de même nature, comme en témoigne l'opposition entre *détermination* et *expression*. C'est là la grande nouveauté de la *Systématique* qui, caractérisant ainsi la spécificité de la relation centripète, permet de comprendre comment le sujet, à titre de point aveugle de toute détermination, simplement exprimé par celle-ci, est posé et relève d'une certitude absolue, tout en étant le centre inobjectivable de toute détermination.

On pressent l'affinité que cette dualité sujet-objet, expression-détermination, entretient avec la dualité originaire, sur laquelle est fondée toute la *Systématique*, à savoir la dualité être-*logos*. C'est d'ailleurs sur celle-ci que celle-là est fondée, et l'approfondissement nouveau, c'est-à-dire l'analogie établie par Natorp entre les deux plans permet de mieux comprendre le statut de la subjectivité[3].

Qu'est-ce en effet que la langue ? La langue, nous dit Natorp, est l'auto-expression de l'être originaire. Nous savons que le point de départ de la philosophie se trouve dans l'énoncé qui est à la fois le plus général mais aussi le plus précis : « c'est », « cela est » (*es ist*). Dans cet énoncé, le « cela » (*es*), origine absolue et indivise qui ne relève pas encore de l'être (puisque l'« être » n'est rien d'autre qu'une détermination du *logos* qui présuppose, à ce titre, déjà la dissociation être et *logos* : c'était déjà tout le thème des hypothèses du *Parménide* de Platon), vient à la parole, le « cela » s'exprime[4]. Si, pour simplifier l'expression, on assimile le « cela » à l'être indivis et unitaire, ineffable et indicible, qui ne présuppose par encore la

1. *Ibid.*
2. *Ibid.*, p. 391.
3. *Ibid.*, p. 387 *sq.*
4. *Ibid.*

scission être/*logos*, on dira que, dans l'énoncé « c'est », l'être prend la parole – Natorp écrit :

> *dass "Es", das Unsagbare, selbst Unaussprechliche, weil alles, was aussprechlich ist, eben Aussprechende – der sprechende, nicht gesprochene Spruch – nun eben spricht, sich selbst ausspricht, und eben damit zugleich sich selbst vernimmt, so sich selbst in sich selbst auseinanderlegt in das Sprechende und Gesprochene, Vernehmende und Vernommene*[1].

Natorp assimile cette expression de l'être à l'apparaître. L'auto-expression ou auto-présentation (*Sichdarstellen*) de l'être équivaut à l'émergence, non pas du phénomène (*Erscheinung*)[2], c'est-à-dire d'un phénomène particulier, qui à ce titre est ceci ou cela, mais de l'apparaître (*Erscheinen*) en général, qui est pour ainsi dire le « fondement » commun de tous les phénomènes c'est-à-dire leur trait commun ou bien encore leur « être » commun.

On remarquera que le « phénomène » n'a plus ici une détermination kantienne, mais une détermination strictement inverse à celle que lui donnait Kant. Dans la *Critique de la raison pure*, le phénomène, à titre d'« objet indéterminé d'une intuition empirique »[3], est ce qui précède logiquement l'objet, ce dans quoi se fonde l'objet – c'est le donné de la sensibilité que l'activité logique va objectiver. Ici, non seulement le phénomène ne surgit que par et dans la parole, mais, par opposition à la définition kantienne, c'est un quelque chose déterminé, une partie du tout unitaire indéterminé équivalent à l'être dans son unité et son indétermination (la pure existence)[4]. Le phénomène, c'est un apparaître nécessairement déterminé (de plus, déterminé *via* le *logos*) de l'être lui-même.

Dès lors, l'être n'est pas ce qui apparaît *dans* le phénomène, puisque, dans le phénomène, l'être est sorti de lui-même : dès qu'il se phénoménalise, l'être n'est plus lui-même, il est pour ainsi dire absent parce que

1. P. Natorp, *PS*, p. 386-387.
2. *Ibid.*
3. B, p. 34 ; Ak. III, p. 50.
4. Voir P. Natorp, *VPP*, p. 249 : « Une auto-expression (*Sich-aussprechen*), voilà ce qu'est, en définitive, tout apparaître, toute manifestation (*Heraustreten*) de n'importe quel élément à partir de la totalité de l'être, par quoi non seulement toute compréhension d'un sens, mais aussi toute donation originaire de sens est possible ». En somme, si nous commençons par l'énoncé, tout énoncé, à titre d'apparaître partiel de l'être, renvoie à l'être c'est-à-dire au tout (*i.e.* l'origine) : tel est le sens, lit-on dans *VPP*, p. 250, de la proposition kantienne selon laquelle « le Je pense doit nécessairement accompagner toutes mes représentations ».

dénaturé, parce qu'aliéné[1]. Mais cela n'est valable que si l'on se situe du point de vue de l'être. Car, si l'on se situe du point de vue du phénomène, celui-ci apparaît inversement comme apparition de l'être, de sorte que c'est bien l'être qui se manifeste dans le phénomène – « qui ne s'y cache pas, mais, au contraire, s'y manifeste », souligne Natorp[2]. Si « cet étrange double sens se trouve d'une manière essentielle dans l'"apparaître" »[3], c'est parce que l'apparaître possède un être qui s'impose dans le simple *fait* de l'apparaître même, mais celui-ci, puisqu'il est un simple apparaître, *apparaît et n'est pas*[4] – on en revient à nouveau au problème de la fondation de l'être de l'apparaître[5], c'est-à-dire au fait que l'apparaître est une manifestation en même temps qu'un retrait de l'être[6].

Du coup, ce qui vaut pour l'être ou l'Un (le « cela » du « cela est ») vaut aussi pour la subjectivité. De même que l'être ne peut pas ne pas se manifester (l'être prend la parole, c'est-à-dire : il se manifeste catégoriellement), la subjectivité ne peut pas ne pas s'objectiver. L'objectivation de la subjectivité, à savoir le mouvement par lequel la subjectivité de sujet de l'énoncé (= *expression*) en devient l'objet (= *détermination*), doit être entendue exactement comme la prise de parole de l'être dans « c'est » : à la fois (le même « étrange double sens ») une manifestation de l'être en personne mais en même temps une aliénation.

On comprend bien en quoi l'objectivité constitue un retrait et donc une perte de la subjectivité. C'est que, pour utiliser une comparaison douteuse (et condamnée par Natorp lui-même pour autant qu'elle substantialise les méthodes et donne à croire qu'il y a entre sujet et objet une alternative exclusive), toute augmentation de l'objectivation constitue un amoindrissement de la subjectivation. Bref, là où l'objectivité (*i.e.* la détermination) gagne du terrain, c'est la subjectivité (*i.e.* la puissance de détermination, donc l'indétermination) qui en perd.

Mais on comprend moins en quoi la même objectivité pourrait aussi être, d'un autre point de vue, manifestation de la subjectivité. Néanmoins,

1. P. Natorp, *PS*, p. 387.

2. *Ibid.*

3. *Ibid.*

4. *Ibid.*, p. 386-387. En nous exprimant ainsi, nous voulons pour ainsi dire « traduire » cette proposition de Natorp pour expliquer l'étrange double sens de l'apparaître : *Es* ist, *sage ich, es selbst, welches erscheint, und* ist *dieses wiederum nicht, denn es erscheint insoweit nur, ist es also* insofern *nicht*.

5. Ou plutôt : de l'apparaître même, qui est proprement l'être du phénomène.

6. *Ibid.*, p. 395 où l'on retrouve la référence à Hobbes, qui qualifiait l'*apparaître* (*phainestai*) comme le plus miraculeux des *phénomènes*.

ce n'est pas à proprement parler l'« objectivité » qui est manifestation de la subjectivité, pour autant qu'un tel terme n'a aucun sens et se dissout, comme on le sait, dans une série d'objectivités – l'« objectivité » n'est en définitive qu'une succession de figures toujours susceptibles de corrections, de rectifications et d'approfondissements. C'est précisément en cela que l'« objectivité » est l'*expression* de la subjectivité et que nous retrouvons la thèse qui était celle de la *Psychologie* (raison pour laquelle cette thèse est tout juste indiquée sans être plus avant développée).

Alors que l'objectivité consiste dans la détermination, donc dans la fixation, le sujet, lui, consiste dans l'infinie mobilité de l'« indétermination » – pourra-t-on dire non sans justesse, ainsi que le reconnaît Natorp[1]. Mais si l'on peut, certes avec réserve, associer subjectivité et indétermination, la raison en est uniquement la suivante. En premier lieu, toute objectivation est détermination, de sorte que le terme d'indétermination sert à désigner le fondement inobjectivable de toute objectivation, le fondement indéterminable de toute détermination. En second lieu – et ceci explique cela –, si la subjectivité est indétermination, c'est parce qu'elle est liberté, *c'est-à-dire* mouvement. Ce mouvement, qui s'oppose à la fixité de toute détermination, consiste précisément dans la correction infinie dont est susceptible tout objet, c'est-à-dire toute détermination. Si la subjectivité s'exprime dans l'objectivité donc dans toute détermination, c'est simplement au sens où elle corrige et rectifie sans cesse cette détermination : telle est la libre mobilité qui caractérise la subjectivité.

Voilà le sens de la thèse avec laquelle nous sommes depuis longtemps familiers, thèse qui affirme que la subjectivité n'est rien d'autre que la *loi d'intégration* des différentes figures que prend l'objectivité[2] ; et la raison pour laquelle, alors qu'on saisit l'objectivité directement, dans l'une de ses figures, on ne saisit la subjectivité que d'une manière « impropre et indirecte »[3] (différence *expression-détermination*), dans le passage qui mène d'une figure à l'autre – nous l'avons vu avec Proust : la subjectivité, dans *A la recherche du temps perdu*, apparaît dans la succession des différents visages que prennent les choses, les lieux et les personnes, de sorte que la subjectivité n'est pas ailleurs que dans la *constitution* de l'objectivité. Voilà, enfin, la raison pour laquelle la subjectivité ne peut pas se présenter sans s'objectiver, c'est-à-dire en somme se prendre pour *objet*

1. P. Natorp, *PS*, p. 394.
2. *Ibid.*
3. *Ibid.* (*uneigentlich und indirekt*).

d'une manière frontale[1] ; et, donc, la raison pour laquelle, en définitive, la seule façon dont elle peut légitimement parler d'elle, c'est de s'oublier, de parler d'autre chose que d'elle-même, donc du monde qu'elle s'oppose, afin de s'auto-exprimer, en somme entre les lignes, dans l'*integrum* qui mène d'un visage de l'objectivité à l'autre.

En ce sens, si l'objet est toujours, non seulement fixe et figé, mais fini et inachevé, le sujet, lui, est mouvement perpétuel, il est l'infini achevé, parce qu'il renferme la totalité des rapports, et c'est à ce titre qu'il est l'immédiat : *das Subjekt steht unmittelbar im Unmittelbaren, Totalen, Allbezüglichen.* C'est précisément à ce titre qu'il est Dieu.

1. P. Natorp, *PS*, p. 394.

CONCLUSION

C'est donc le problème de la *Psychologie générale* et l'échec de la réponse alors apportée par Natorp qui sont à l'origine d'un changement radical, non pas dans la manière d'apporter une réponse à ce problème, mais dans la détermination du problème lui-même.

Le problème de la *Psychologie*, c'est celui de l'*immédiateté*. Il est déjà celui de la *Critique de la raison pure*, qui le thématise *via* l'intuition et la sensibilité, donc *via* la dualité qui est au fondement même de la critique de la connaissance (sensibilité *et* pensée, intuition *et* concept). Il n'y a pour Kant de connaissance que si la pensée se rapporte à un *donné immédiat* de la sensibilité (« par la sensibilité, l'objet est donné; par l'entendement, le même objet est pensé »).

En ce sens, le problème de l'immédiateté n'est pas différent de celui de la pensée et de son autre – donc celui de la transcendance. La critique prétend apporter une solution à la question de savoir comment la pensée peut se rapporter à des objets.

Or, c'est précisément ce dualisme, l'*unique réponse* à cette question pour Kant, qui apparaît absolument intenable pour ses successeurs, à commencer par les postkantiens.

Comment en effet, peut-on légitimement poser sur un pied d'absolue égalité l'intuition sensible et le concept? Il est vrai que, d'un côté, c'est avec cette distinction conceptuelle que Kant sort la philosophie du rationalisme dogmatique du XVIIe siècle qui résout la connaissance dans la pensée, en faisant précisément droit à la thèse empiriste; c'est avec elle que le rationalisme devient *critique*, puisque la pensée se trouve, dans la connaissance, *bornée* par la sensibilité à titre de condition de la connaissance qu'il faut mettre sur le même pied – comme le répète à la manière d'un *leitmotiv* Cohen dans *La Théorie kantienne de l'expérience*.

Néanmoins, d'un autre côté, cette thèse réintroduit peut-être un dogmatisme plus rigide que celui auquel elle prétend échapper. Car la question est de savoir *d'où vient* ou *qui introduit* cette *borne* de la connaissance. Cette question est justement, pour Cohen qui sort dès lors d'un strict commentaire de la *lettre* de la *Critique* pour en comprendre l'*esprit* (ou, si l'on préfère, d'un commentaire de Kant qui dépasse la *Critique de la raison pure* dans une *Logique de la connaissance pure*), ce qui conduit à comprendre l'intuition sensible comme une condition préliminaire (*Vorbedingung*) et non comme une condition (*Bedingung*) de la connaissance[1].

Car c'est la pensée qui fait la critique de la connaissance et qui donc s'aliène en posant la sensibilité comme la *première* condition de la connaissance – sans pousser cette critique jusqu'au point où elle s'interrogerait sur elle-même, sur son propre discours et ses conditions de possibilité. Autrement dit, c'est la critique de la critique qui conduit à s'apercevoir que l'intuition sensible n'est rien d'autre qu'une *position* de la pensée, de sorte qu'on ne peut pas, légitimement, mettre l'intuition sensible et la pensée sur le même plan : l'intuition sensible n'est rien d'autre qu'une aliénation par la pensée d'elle-même, de sorte que, par là, la pensée *se limite* (sans être *bornée* par autre chose qu'elle-même), pour reprendre une distinction de *La Théorie kantienne de l'expérience*[2].

Cette dualité *impossible* et *intenable* apparaît également pour Natorp être ce qui grève la critique de la connaissance. C'est précisément cette voie, consistant à résorber le donné, l'immédiat ou encore le *concret* et l'*individuel* dans la pensée, qui caractérise le néokantisme de Marbourg et à laquelle s'oppose Heidegger lorsqu'il écrit que, pour les marbourgeois, « le problème du concret n'est pas autre que celui de l'infini »[3] ou que, d'une manière plus détaillée, il explique dans les cours marbourgeois qu'il consacre à Kant en 1927-1928 :

> (…) l'interprétation la plus pénétrante et la plus significative qui ait été donnée de Kant au XIXe siècle, celle de l'Ecole de Marbourg dirigée par Cohen et Natorp, a essayé de démontrer que l'Esthétique transcendantale n'était au sein de la *Critique* qu'un corps étranger, et ne représentait qu'un résidu de sa période précritique que Kant n'aurait pas encore réussi à éliminer. L'interprétation marbourgeoise, en d'autres termes, s'est

1. Voir notre Avant-propos à H. Cohen, *La Théorie kantienne de l'expérience*, *op. cit.*, p. 14-15.

2. H. Cohen, *La Théorie kantienne de l'expérience*, *op. cit.*, p. 597.

3. M. Heidegger, *Grundprobleme der Phänomenologie* (1919-1920), *Gesamtausgabe*, vol. 58, Frankfurt am Main, V. Klostermann, 1993, p. 132.

> efforcée de dissoudre l'Esthétique transcendantale dans la Logique transcendantale [1]–

ajoutant :

> Cohen et Natorp ont senti plus nettement que quiconque avant eux que la *Critique* manquait d'un principe ultime d'unité, en ce sens que cette unité et *le fondement de cette unité de l'Esthétique et de la Logique transcendantales n'avaient pas été* et n'avaient pas pu être *mis expressément en lumière par Kant lui-même*. Ce qui tourmentait ces penseurs était donc un motif authentique, même s'ils cherchèrent la solution sur une mauvaise voie [2].

On peut penser que Natorp (tout comme Cassirer) a toujours eu conscience de l'insuffisance de la position cohénienne et qu'il a tenté de lutter contre la direction unilatérale de la dissolution de l'intuition dans la pensée : c'est le sens, non seulement de sa critique de la position cohénienne dans la *Logique de la connaissance pure*, mais aussi du statut qu'il confère à l'autre de la pensée dans ses propres écrits logiques – c'est le sens de la distinction qu'il établit entre le commencement et l'origine dans les *Fondements logiques* : si nous commençons avec la pensée, la pensée, dans la logique, reconnaît qu'elle ne peut se développer que pour autant que quelque chose lui est donné sans être produit par elle – et même si c'est seulement elle qui peut reconnaître cette altérité et la poser comme telle (contre Cohen pour qui la sensation est au sens strict *logiquement produite* par la pensée, de sorte qu'il n'y plus proprement d'autre de la pensée) [3].

1. M. Heidegger, *Interprétation phénoménologique de la « Critique de la raison pure »*, trad. fr. E. Martineau, Paris, Gallimard, 1982, p. 89. Heidegger cite immédiatement après *LGEW*, p. 276 : « (…) la préséance donnée au temps et à l'espace sur les lois de la pensée de l'objet dans le système de la philosophie transcendantale kantienne apparaît comme une sérieuse méprise, que l'on ne saurait comprendre et excuser qu'en y voyant une anticipation. Dans une construction systématique plus rigoureuse, ils auraient assurément dû trouver leur place dans la modalité, sous la catégorie d'effectivité » – ce qui est rigoureusement cohénien. Voir aussi p. 224 où Heidegger nomme Natorp et fait aux marbourgeois la critique suivante : « Tout donné n'est donné que pour autant qu'il est déterminé dans la pensée. (…) Il n'y a *rien* qui soit *prédonné* ». Voir aussi *Logik*, *Gesamtausgabe*, vol. 21, Frankfurt am Main, V. Klostermann, 1995, p. 271, où Heidegger écrit à propos de *LGEW* : « le principe de l'interprétation marbourgeoise de Kant est de résoudre la dualité de la sensibilité et de l'entendement ou du fait d'être donné et du fait d'être pensé dans le fait d'être pensé à titre de pensée pure, dans la logique, c'est-à-dire de conquérir l'origine de toutes les déterminations constitutives de la connaissance à partir de l'aperception transcendantale ».

2. *Ibid.*

3. Nous avons longuement développé ce point dans *Les Néokantiens*, *op. cit.*

On pourra toujours nous dire qu'il n'y au bout du compte, guère de différence pour autant qu'on aboutit à la même chose, c'est-à-dire que la *tendance* qui anime l'école de Marbourg est unitaire et ne fait jamais véritablement droit à l'altérité ou transcendance. Reste en tout cas qu'on peut constater chez Natorp, et par opposition à Cohen, une inquiétude véritable qui tente de *faire droit* à cette altérité (quand bien même on peut soutenir qu'il n'y parvient pas) et que c'est sans doute cette inquiétude qui précisément le conduit aux positions qui sont celles de la *Systématique*.

Il y a quelque chose de curieux que nous ne pouvons que constater à propos des écrits du « second Natorp ». On peut majorer la continuité, au détriment de la spécificité des derniers textes du philosophe, ou majorer la rupture, de sorte qu'on ne voit plus bien le lien entre les deux périodes et que le « second Natorp » paraît sombrer dans une sorte d'irrationalisme. On peut, comme le fait Heidegger, présenter Natorp d'une manière unilatérale, comme si les derniers textes n'affirmaient rien de plus et rien d'autre que ce qu'on trouvait déjà dans les écrits marbourgeois : à chaque fois que Heidegger évoque le statut du donné chez Natorp, c'est un Natorp marbourgeois qu'il présente [1]. Mais on peut aussi, comme le fait M. Ferrari, souligner la coupure : « dans les pages du dernier Natorp et dans sa stupéfaction inexprimable face à l'être, il n'est pas difficile de trouver un souffle mystico-religieux » [2] – mais, s'il est vrai que « dans ce repli de Natorp vers la "lumière originaire" d'une structure transcendantale posée au-delà de l'objet autant que du sujet, affleure un langage qui n'est pas très éloigné de Heidegger » [3], ce qui reste alors incompréhensible est le saut qui conduit du premier Natorp au second – c'est le même problème qui est posé par l'interprétation de Jurgen Stolzenberg.

La question de l'unité de l'œuvre philosophique de Natorp est indissociable de la question du kantisme de Natorp. Car il faut distinguer le kantisme de Natorp de son néokantisme. Il est certain que les écrits du

1. Il est remarquable que le long texte de Heidegger, cité plus haut, date de 1927-1928 – plus largement : tous les textes dans lesquels Heidegger critique la thèse natorpienne relative au donné et à la passivité sont postérieurs à 1918, assimilent Natorp et Cohen et ne font donc *nullement droit* à la *nouvelle* position de Natorp, que Heidegger connaissait pourtant très bien !

2. M. Ferrari, *Retours à Kant*, *op. cit.*, p. 170

3. *Ibid.* Voir aussi W. Marx, « Die philosophische Entwicklung Paul Natorps », *Materialen zur Neukantianismus-Diskussion*, *op. cit.*, p. 86, qui écrit à propos de la *Systématique* : « Aussi spéculatives que puissent être, comme telles, ces idées, on ne peut trouver en elles aucun élan vers une fondation logico-spéculative de la philosophie au sens de l'idéalisme » – insistant, malgré la proximité avec Hegel, sur tout l'aspect théologique du discours natorpien (*ibid.*).

« second Natorp » rompent avec le néokantisme de Marbourg. Du coup, on pourrait être tenté de croire que la rupture avec Marbourg est aussi une rupture avec Kant. Il n'est toutefois pas évident que l'éloignement vis-à-vis des thèses dont *La Théorie kantienne de l'expérience* fut l'acte inaugural soit aussi un éloignement par rapport à Kant.

La question, en effet, est celle du rapport entre le néokantisme et le kantisme. C'est Natorp lui-même qui écrit à Husserl le 8 mars 1897 (donc à l'apogée du néokantisme de Marbourg), lorsque ce dernier lui dit ne pas être d'accord avec ses thèses et celles de *son* Kant, « il n'y a aujourd'hui plus de kantien » (*« es gibt heute kein Kantianer mehr »*), ajoutant, d'une part, que « Cohen vaut pour orthodoxe, mais il s'éloigne toujours davantage de Kant », et, d'autre part, que « pour ma part, je dois dire que je ne peux souscrire à aucune proposition kantienne sans réserve » [1].

Étant donné que la critique de la connaissance est irréductible à toute lecture qui, afin d'expliquer et de clarifier un texte en lui posant des questions qu'il ne se pose pas, est du coup nécessairement réductrice et simplificatrice, on peut tout à fait légitimement dire, par exemple en se situant du point de vue de Heidegger, que le néokantisme n'est pas un kantisme, pour autant que la *Critique de la raison pure*, non seulement est irréductible à une théorie de la connaissance et *a fortiori* à une théorie de la connaissance scientifique, mais qu'elle fait droit, dans la métaphysique de l'être qu'elle construit, à une passivité qu'on ne peut résorber dans l'activité de la pensée.

L'ambiguïté de la critique kantienne (passivité et activité, ontologie et logique) est, nous semble-t-il, résumée dans ces propositions d'A. Philonenko :

> De là deux thèses possibles sur la chose en soi : ou bien, avec A.L. Riehl, on soutient que la chose en soi est ce qui, en dernière instance, confère au travail de la forme, résumée dans le "Je pense", son ancrage dans le réel, son objectivité, si bien que, formule reprise plus tard par Heidegger d'un point de vue ontologique, la *Critique de la raison pure* était une critique de la raison dans l'horizon de l'affection liée à la chose en soi, principe de réalité – ou bien, avec H. Cohen, on prend acte de cette position initiale, mais s'appuyant sur les nombreux passages identifiant la chose en soi au noumène par exemple, on souligne, d'une part, l'évolution du concept de chose en soi dans la *Critique*, en montrant sa position idéale comme objet transcendantal, puis son rôle, comme noumène, de gardien de l'expérience

1. *Hua*, Dokumente, V, p. 51.

possible et enfin le statut d'Idée en laquelle le moment a-logique de l'intuition première s'absorbe [1].

Il est remarquable que ces deux thèses correspondent très exactement aux deux conceptions qu'on trouve chez Natorp. Alors que Cohen institue le virage qui mène de l'interprétation réaliste (ce que Philonenko, en cohénien *orthodoxe*, appelle la « conception cynique » [2]) à l'interprétation méthodologique de la chose en soi (réduction de la *Critique de la raison pure* à une critique de l'expérience comprise comme l'objet scientifiquement déterminé), Natorp prend en somme le chemin inverse, en réintroduisant, ainsi qu'on l'a vu, la dimension *ontologique* présente dans l'œuvre de Kant. C'est bien parce que cette interprétation, comme s'acharne à le montrer Natorp, est non seulement inscrite dans le *texte* même de Kant, mais en constitue aussi l'aboutissement nécessaire (le nouveau sens du *transcendantal*), que la nouvelle position natorpienne apparaît moins comme un retour à un dogmatisme précritique que comme un *hyper*-criticisme. En ce sens, on peut légitimement soutenir que Natorp est plus *kantien* que Cohen.

Il y a une affinité entre les positions du « second Natorp » et certaines des thèses développées ensuite par Heidegger. Cette affinité, dont témoigne l'intérêt philologique qui les anime tous deux et les conduit à réinscrire leur propre développement philosophique dans une référence constante aux Anciens, se trouve dans les points suivants :

1) le passage de Natorp de la position néokantienne à la position qui trouve sa formulation exemplaire dans la *Systématique* est le même que celui par lequel Heidegger dépasse la phénoménologie husserlienne pour conquérir son propre questionnement ontologique. Dans les deux cas, le dépassement se fait de l'*intérieur* : de l'intérieur du kantisme pour Natorp (la « chose en soi » comme ce qui, *du point de vue transcendantal*, confère son *être* à la pensée), de l'intérieur de la phénoménologie pour Heidegger (l'intuition catégoriale de la sixième *Recherche logique* comme ce qui permet d'effectuer un retour « aux choses elles-mêmes »). Chez Natorp comme chez Heidegger, ce qui meut le déplacement du questionnement du philosophique est de montrer qu'il y a une vérité, non seulement logique, mais ontologique.

2) on trouve chez les deux philosophes une même ambiguïté – qui, à nos yeux, atteste de la dimension *critique* d'un tel retournement qui n'est pas,

1. A. Philonenko, Introduction à V. Delbos, *De Kant aux postkantiens*, Paris, Aubier, 1992, p. 22.

2. A. Philonenko, *L'œuvre de Kant*, Paris, Vrin, 1983, vol. 1, p. 129.

pour cette raison, un simple *retour* au dogmatisme précritique. Si, chez Heidegger aussi, l'être se retire au moment même où il se montre, c'est au sens où, pour les deux philosophes, l'être n'est jamais atteint d'une manière immédiate, mais se donne toujours à *interpréter*. Nous l'avons vu en ce qui concerne Natorp – et, pour ce qui est de Heidegger, s'il est vrai qu'il faut substituer une ontologie à la phénoménologie, il n'en demeure pas mois que « "derrière" les phénomènes de la phénoménologie il n'y a essentiellement rien d'autre »[1], de sorte que c'est en eux que l'être se manifeste : l'ontologie, dès lors, devient herméneutique.

Alors que H.G. Gadamer, à propos du « second » Natorp, parle de « dépassement de la méthode » (*« Überschreitung der Methode »*[2]), ajoutant que la logique générale « n'a pas de limite relativement à l'irrationnel, à la vie »[3], H. Holzhey souligne, conformément à ce qu'affirmait déjà Cassirer[4], qu'il n'y a nulle rupture mais, au contraire, une continuité totale : la *Systématique philosophique* n'est en effet rien d'autre que la mise en place programmatique d'une critique de la raison systématique « que Natorp développe dans le cadre de la tradition kantienne »[5]. H. Holzhey rappelle les mots mêmes de Natorp dans la « Présentation personnelle », selon lesquels il s'agit d'aller *jusqu'à la limite elle-même à titre d'essence du logos* – de sorte qu'on ne sort pas du logos, contrairement à ce que prétend Gadamer (il n'y a ici nul dépassement de la méthode) et que la voie désormais suivie par Natorp fait droit (comme nous avons nous-mêmes essayé de le montrer) à l'irrationnel et à la vie (l'en deçà et l'au-delà du catégoriel).

En effet, la *critique* de la « révolution copernicienne » effectuée par Kant (mais qui, chez lui, n'opérait pas sa propre critique), conduit à comprendre que sa thèse essentielle, à savoir que l'être est une fonction de la pensée, n'est qu'une position dérivée. L'insuffisance de la méthodologisation de l'en soi apparaît dans le fait qu'elle résorbe l'être de la pensée sans fonder l'être de la pensée de l'être. C'est là, comme nous l'avons vu, le sens proprement natorpien du « transcendantal », qui découvre que l'être est au cœur de la pensée ou que la pensée est au cœur de l'être. Aussi

1. M. Heidegger, *Sein und Zeit*, Tübingen, M. Niemeyer, 1993, p. 35-36.

2. H.G. Gadamer, « Die philosophische Bedeutung Paul Natorps », Avant-propos à P. Natorp, *Philosophische Systematik*, Hamburg, F. Meiner, 2000, p. XV.

3. *Ibid.*

4. E. Cassirer, « Paul Natorp », *op. cit.*, p. 237 : l'« évolution de Natorp » n'est pas « une rupture avec les idées fondamentales de la philosophie transcendantale » et « ne déroge jamais au "cours assuré de la science" ».

5. H. Holzhey, *Cohen und Natorp*, *op. cit.*, vol. 1, p. 350-351.

dépasse-t-on le simple rapport de fonctionnalité de la logique de 1910 : il faut qu'il y ait une communauté originaire de l'être et de la pensée pour que l'être puisse se régler sur la pensée – et, inversement, c'est dans la pensée que s'exprime l'être (déclinaison du fragment 3 du *Poème* de Parménide).

Si la pensée peut penser l'être et le connaître, c'est bien parce qu'elle n'en est pas coupée, mais qu'elle provient de l'être lui-même et qu'elle constitue en somme un moment de l'être – de sorte qu'il n'y a nulle extériorité de l'être à la pensée, non pas pour la raison que « l'objet = la connaissance de l'objet » (slogan marbourgeois), mais parce que l'être est pensée et que la pensée est être (le propre de la pensée n'est pas simplement de penser : car la pensée est)[1].

Néanmoins, ce monde de la vie et de l'immédiat (l'être à titre de *tout* qui se donne immédiatement) ne se donne pas ailleurs que dans la pensée catégorielle, à titre, comme nous l'avons développé, de *savoir* corrélatif de toute *connaissance*. Il y a, lit-on dans la *Systématique philosophique*, « un savoir sans connaissance », c'est-à-dire « un savoir sans une quelconque médiation logique, mais [qui s'effectue] complètement à partir de l'immédiateté ultime de l'être »[2]. Cela posé, ce savoir n'est pas pleinement autonome – il n'est pas une révélation antéprédicative du grand et ultime secret du monde, à la manière de l'intuition mystique des romantiques[3]. C'est qu'il ne livre aucun secret puisqu'il ne révèle aucune *essence*, étant donné qu'il est seulement la *reconnaissance* (et non la *connaissance*) du *pur exister* comme tel. Mais, surtout, ce savoir n'a aucune autonomie, pour autant qu'il est l'envers d'un endroit constitué par la *connaissance à proprement parler*, dont il est *uniquement l'ultime limite qu'on ne peut appréhender qu'à partir de celle-ci*. Autrement dit : ce « savoir sans connaissance » ne peut advenir qu'*en vertu* d'une connaissance (catégorielle) qui n'est pas un savoir et qui pourtant implique celui-ci, de sorte que, d'une part, on est bien *à la limite*, et que, d'autre part, comme le disent les derniers mots des *Cours de philosophie pratique*, c'est-à-dire les derniers

1. De là le monisme de Natorp et sa critique du dualisme kantien. L'erreur de Kant, lit-on dans *VPP*, c'est de faire de l'intuition une « instance extra-logique, extra-catégorielle » (p. 281). Ce qui ne signifie toutefois pas qu'il faille résorber l'intuition dans l'élément logique, mais qu'il faut reconnaître, *en remontant plus profondément au moyen d'une critique par le discours philosophique de lui-même*, l'origine unitaire dont procèdent l'intuition (c'est-à-dire l'être au sens de l'exister) et la pensée – Natorp ajoutant immédiatement que « le commencement originaire ne peut qu'être unitaire et ne peut pas être double ».

2. P. Natorp, *PS*, p. 408.

3. Voir C. von Wolzogen, *Die autonome Relation*, *op. cit.*, p. 150 : « il ne peut être question de l'"absolu" de Natorp au sens de ce "*deus absconditus*" qui se manifesterait dans une "vision mystique" ».

mots de Natorp dont ces cours sont l'ultime *opus* : « ainsi la philosophie demeure-t-elle jusqu'à la fin théorie des catégories et rien d'autre » [1].

La direction empruntée par la *Systématique* apparaissait déjà, au fond, dans la *Psychologie générale*. La critique la plus importante de Natorp à Husserl, c'est que la thèse phénoménologique d'un accès direct de la subjectivité à elle-même présuppose qu'on puisse mettre entre parenthèses l'instrument qui rend possible toute connaissance, à savoir le langage :

> C'est l'énoncé (…) qui fournit son matériel au psychologue et qui seul peut le lui fournir. Le détour par l'énoncé ne peut donc absolument pas être évité. Si je voulais atteindre ne serait-ce que la sensation, le sentiment ou encore l'aspiration dans leur spécificité la plus immédiate, bref le vécu pour ainsi dire dans sa factualité, afin de le produire devant le tribunal de la science, il me faudrait, ne serait-ce que pour le produire devant mon propre tribunal, le formuler d'une quelconque manière, sans quoi le tribunal ne pourrait prononcer aucun verdict. Ce n'est pas le fait *que* (*dass*) je sens qui est déjà un *datum* suffisant pour la recherche psychologique, mais il est nécessaire que puisse être formulé *ce que* (*was*) je sens [2].

On voit que Natorp est ici à la croisée des chemins, très exactement à mi-distance entre Cohen d'un côté et Husserl de l'autre. Ce qu'il conteste, ce n'est nullement l'exigence absolument légitime de Husserl consistant à faire droit au *fait d'exister absolument immédiat* (le *Dass* distingué du *Was*). C'est à cet *exister* que fait droit la *Psychologie* – et c'est même sur ce point que Natorp s'éloigne de Cohen. Alors que, pour Cohen, l'existence est *complètement* résorbée dans les fonctions de la pensée, de sorte qu'elle est *déduite logiquement* de celles-ci, ce n'est nullement le cas chez Natorp, qui reconnaît bien *ici* l'irréductibilité des deux plans. La *Psychologie* n'est-elle pas *le lieu* où Natorp approfondit cette divergence fondamentale vis-à-vis de Cohen, puisqu'il a toujours affirmé une telle irréductibilité et souligné que, quand bien même l'altérité du donné ne peut être connue qu'à partir de la pensée et en elle (n'est-ce pas toujours le cas dans la *Systématique* ?), elle ne peut pas en être déduite logiquement (sens de la substitution d'une logique analytique à une logique synthétique) ? Mais Natorp affirme déjà que ce *sentiment d'exister* (le *Lebensgefühl* auquel Kant faisait droit dans la Critique de la faculté de juger esthétique) ne peut pas être saisi

1. P. Natorp, *VPP*, p. 535. Natorp définit p. 530 la philosophie comme « autolimitation de la raison » relativement à un être qui est *avant* la pensée – de sorte que, par là, elle fait véritablement droit à cet élément antérieur à la pensée sur le fond duquel celle-ci se déploie et qui, dans la *Critique de la raison pure*, prend le nom d'« intuition sensible ».

2. P. Natorp, *AP*, p. 98.

ailleurs que dans la connaissance qui, à ce titre, le détermine et le travestit – transformation de la subjectivité en une objectivité « d'une espèce et d'un degré quelconques » (comme aime à le répéter Natorp), travestissement du *quod* en un *quid*.

La préoccupation, certes, était déjà là, mais les outils philosophiques de Natorp (c'est-à-dire la manière même de poser le problème et de le traiter) empêchaient qu'on puisse reconnaître le *droit* de cet exister, dans la mesure où, conformément à la « méthode » marbourgeoise, l'être, c'est-à-dire l'exister ou encore la vie, sont réduits à la pensée de l'être, de l'exister ou de la vie – de sorte qu'ils sont toujours manqués dans leur spécificité.

C'est pourquoi la psychologie témoigne parfois d'une autre orientation. Car, à côté de l'orientation qu'on a mise en évidence et qui consiste dans l'assimilation du subjectif pur à la gradation étagée de l'objectivation (la série des différents visages de l'objet), on trouve certaines propositions (certes rares) qui semblent infirmer une telle lecture et indiquer une tout autre voie : « c'est une toute nouvelle prétention que celle posée par la psychologie, à savoir celle, non pas de connaître quoi que ce soit, non pas de vouloir connaître une quiddité déterminée, c'est-à-dire un objet, à partir du phénomène, mais d'établir ce qui apparaît, tel qu'il était donné avant toute connaissance et même avant toute intention de connaître »[1]. Néanmoins, si la mise en évidence de l'apparaître s'oppose diamétralement à la connaissance de tout *Was*, c'est qu'elle équivaut alors à celle d'un *Dass* que, toutefois, la psychologie n'a pas les moyens de penser autrement que comme un *autre absolu* de la pensée qu'on ne peut donc poser comme tel qu'au moyen d'une intuition mystérieuse.

Si la tentation de l'irrationalisme apparaît dans la philosophie natorpienne, ce n'est nullement dans la *Systématique philosophique* qui la court-circuite d'une manière explicite à la base, mais c'est dans la *Psychologie générale*, ouvrage dans lequel elle ne peut pas encore être surmontée.

1. P. Natorp, *AP*, p. 193.

BIBLIOGRAPHIE

ŒUVRES DE NATORP CITÉES OU CONSULTÉES

Descartes' Erkenntnistheorie. Eine Studie zur Vorgeschichte des Kriticismus (« La théorie de la connaissance de Descartes. Une étude pour contribuer à la préhistoire du criticisme »), Marbourg, N.G. Elwert, 1882.

« Über objektive und subjektive Begründung der Erkenntnis », *Philosophische Monatshefte* 23 (1887), p. 257-286, trad. fr. Thomas, « Sur la fondation objective et subjective de la connaissance », *Néokantismes et théorie de la connaissance*, Paris, Vrin, 2000, p. 117-140.

Einleitung in die Psychologie (« Introduction à la psychologie »), Freiburg, J.C.B. Mohr, 1888.

« Quantität und Qualität in Begrif, Urteil und gegenständlicher Erkenntnis. Ein Kapitel der transscendentalen Logik » (« Quantité et qualité dans le concept, le jugement et la connaissance objective. Un chapitre de la logique transcendantale »), *Philosophische Monatshefte* 27 (1891), p. 1-32, 129-160.

« Zu den Vorfragen der Psychologie » (« A propos des questions préliminaires de la psychologie »), *Philosophische Monatshefte* 29 (1893), p. 581-611.

Religion innerhalb der Grenzen der Humanität. Ein Kapitel zur Grundlegung der Sozialpädagogik (« La religion dans les limites de l'humanité. Un chapitre pour fonder la pédagogie sociale »), 1894, 2e ed. augmentée, Tübingen, J.C.B. Mohr (P. Siebeck), 1908.

« Bericht über deutsche Schriften zur Erkenntnistheorie aus den Jahren 1894 und 1895 » (« Compte-rendu sur les contributions allemandes à la théorie de la connaissance parues en 1894 et 1895 »), *Archiv für systematische Philosophie* 3 (1897), p. 101-121, 193-215, 391-402.

Sozialpädagogik. Theorie der Willensbildung auf der Grundlage der Gemeinschaft (« Pédagogie sociale. Théorie de la formation du vouloir sur le fondement qu'est la communauté »), Stuttgart, Fr. Frommann (E. Hauff), 1899, 3e ed. augmentée, 1909.

« Nombre, temps et espace dans leurs rapports avec les fonctions primitives de la pensée », *Bibliothèque du Congrès International de Philosophie. I: Philosophie générale et métaphysique*, Paris, A. Colin, 1900, p. 343-389.

« Bericht über deutsche Schriften zur Erkenntnistheorie aus den Jahren 1896 bis 1898 » (« Compte-rendu sur les contributions allemandes à la théorie de la connaissance parues entre 1896 et 1898 »), *Archiv für systematische Philosophie* 6 (1900), p. 91-118, 213-251.

« Zu den logischen Grundlagen der neueren Mathematik » (« Contribution aux fondements logiques de la mathématique moderne »), *Archiv für systematische Philosophie* 7 (1901), p. 177-209, 372-384.

« Zur Frage der logischen Methode. Mit Beziehung auf Edmund Husserls *Prolegoma zur reinen Logik* » (« Sur la question de la méthode logique en rapport aux *Prolégomènes à la logique pure* »), *Kant Studien* 6 (1901), p. 270-283 ; « trad. fr. R. Brisart, *Recherches husserliennes*, n° 13 (2000).

Philosophische Propädeutik (Allgemeine Einleitung in die Philosophie und Anfangsgründe der Logik, Ethik und Psychologie) in Leitsätzen zu akademischen Vorlesungen (« Propédeutique philosophique (Introduction générale à la philosophie et aux principes de la logique, de l'éthique et de la psychologie). Résumé pour un enseignement »), Marbourg, N.G. Elwert, 1903, rééd. 1927.

Platos Ideenlehre. Eine Einführung in den Idealismus (« La théorie des Idées de Platon. Une introduction à l'idéalisme »), Leipzig, F. Meiner, 1903, reed. augmentée, 1922.

Allgemeine Psychologie in Leitsätzen zu akademischen Vorlesungen (« Psychologie générale. Résumé pour un enseignement »), Marbourg, N.G. Elwert, 1904.

« Zum Gedächtnis Kants » (« En mémoire de Kant »), *Die deutsche Schule* 8 (1904), p. 65-85.

Logik (Grundlegung und logischer Aufbau der Mathematik und mathematischen Naturwissenschaft) in Leitsätzen zu akademischen Vorlesungen (« Logique (fondation et construction logique de la mathématique et de la science mathématique de la nature). Résumé pour un enseignement »), Marbourg, N.G. Elwert, 1904.

Allgemeine Pädagogik in Leitsätzen zu akademischen Vorlesungen (« Pédagogie générale. Résumé pour un enseignement »), Marbourg, N.G. Elwert, 1905, rééd. 1927.

« Die Philosophie im Examen » (« La philosophie en question »), *Frankfurter Zeitung* (24 et 25 janvier 1905).

Die logischen Grundlagen der exakten Wissenschaften (« Les fondements logiques des sciences exactes »), Leipzig et Berlin, B.G. Teubner, 1910.

Philosophie. Ihr Problem und ihre Probleme. Einführung in den kritischen Idealismus (« La philosophie. Son problème. Ses problèmes. Introduction à l'idéalisme critique »), Göttingen, Vandenhoeck & Ruprecht, 1911, 3e ed. augmentée, Göttingen, Bandenhoeck & Ruprecht, 1921.

« Hermann Cohen », *Der Zeitgeist. Beiblatt zum Berliner Tageblatt*, n° 27 (1er juillet 1912).

« Das akademische Erbe Hermann Cohens. Psychologie oder Philosophie » (« L'enseignement de Hermann Cohen. Psychologie ou philosophie »), *Frankfurter Zeitung* (12 octobre 1912).

Allgemeine Psychologie nach kritischer Methode (« Psychologie générale selon la méthode critique »), Tübingen, 1912, J.C.B. Mohr (P. Siebeck), rééd., Amsterdam, E.J. Bonset, 1965, trad. fr. É. Dufour et J. Servois, Paris, Vrin, 2006.

« Kant und die Marburger Schule », *Kant Studien* 17 (1912), p. 193-221, trad. fr. Thomas, « Kant et l'école de Marbourg », Paris, Le Cerf, 1998, p. 39-66.

« Recht und Sittlichkeit. Ein Beitrag zur kategorialen Begründung der praktischen Philosophie. Mit besonderer Beziehung auf Hermann Cohens *Ethik des reinen Willens* und Rudolf Stammlers *Theorie der Rechtswissenschaft* » (Droit et mœurs. Une contribution à la fondation catégoriale de la philosophie pratique. En rapport avec l'*Ethique du vouloir pur* de Hermann Cohen et la *Théorie de la science du droit* de Rudolf Stammler »), *Kant Studien* 18 (1913), p. 1-79.

« Philosophie und Psychologie » (« Philosophie et psychologie »), *Logos* IV (1913), p. 176-202.

« Husserls *Ideen zu einer reinen Phänomenologie* » (« Les *Idées pour une phénoménologie pure* de Husserl »), *Die Geisteswissenschaften* I (1914), p. 420-426 et 448-451, rééd. *Logos* VII (1917-1918), trad. fr. J. Servois, *Philosophie* 74 (2002); trad. fr. A. Mazzu, *Recherches husserliennes*, n° 15 (2001).

« Bruno Bauchs *Immanuel Kant* und die Fortbildung des Systems des kritischen Idealismus » (« L'*Emmanuel Kant* de Bruno Bauch et la poursuite du système de l'idéalisme critique »), *Kant Studien* 22 (1918), p. 426-459.

« Allgemeine Logik », 1918, *Erkenntnistheorie und Logik im Neukantianismus*, Hildesheim, Gestenberg, 1980, trad. fr. E. Dufour, « Logique générale », *Néokantismes et théorie de la connaissance*, Paris, Vrin, 2000, p. 149-198.

« Hermann Cohen als Mensch, Lehrer und Forscher », *Marburger Akademische Reden* 39 (1918), trad. fr. M de Launay et C. Prompsy, « Hermann Cohen, l'homme, l'enseignant et le chercheur », *L'Ecole de Marbourg*, Paris, Le Cerf, 1998, p. 119-142.

« Hermann Cohens philosophische Leistung unter dem Gesichtspunkte des Systems », *Vorträge der Kant-Gesellschaft* 21 (1918), trad. fr. M. de Launay et C. Prompsy, « L'œuvre philosophique de Hermann Cohen du point de vue du système », *L'Ecole de Marbourg*, Paris, Le Cerf, 1998, p. 143-172.

Deutscher Weltberuf – Geschichtsphilosophische Richtlinien (« La vocation universelle allemande – Lignes directrices d'une histoire de la philosophie »), Jena, Eugen Diederichs, 1918, 2 vol.

Individuum und Gemeinschaft (« Individu et communauté »), Jena, Eugen Diederichs, 1921.

Stunden mit Rabindranath Thakkur (« Méditations avec Rabindranath Tagore »), Jena, Eugen Diederichs, 1921.

« Selbstdarstellung », *Die deutsche Philosophie der Gegenwart in Selbstdarstellungen*, Leipzig, F. Meiner, 1921, trad. fr. M. de Launay et C. Prompsy, « Présentation personnelle », *L'Ecole de Marbourg*, Paris, Le Cerf, 1998.

Vorlesungen über praktische Philosophie (« Cours de philosophie pratique »), Erlangen, Verlag der Philosophischen Akakdemie, 1925.

Philosophische Systematik (« Systématique philosophique »), Hambourg, Meiner, 1958, reed. 2000.

« Zu Cohens Logik » (« A propos de la logique de Cohen »), dans H. Holzhey, *Cohen und Natorp*, Bâle, Schwabe & co, 1986, vol. 2, p. 5-40, 41-78.

« Zu Cohens Religionsphilosophie » (« A propos de la philosophie de la religion de Cohen »), dans H. Holzhey, *Cohen und Natorp*, Bâle, Schwabe & co, vol. 2, p. 105-140, trad. fr. M. de Launay et C. Prompsy, *L'Ecole de Marbourg*, Paris, Le Cerf, 1998, p. 77-110.

AUTRES OUVRAGES CITÉS

BACHELARD (S.), *La Logique de Husserl*, Paris, P.U.F., 1957.

BARBARAS (R.), *Introduction à la philosophie de Husserl*, Chatou, Les éditions de la transparence, 2004.

BAUCH (B.), *Immanuel Kant*, Berlin-Leipzig, Göschen Verlagshandlung, 1916.

BIRAN (M. de), *Œuvres*, Paris, Vrin - C.N.R.S. ; CD-Rom.

BOUVERESSE (J.), *Langage, perception et réalité*, Nimes, J. Chambon, 1995.

BRENTANO (F.), *Psychologie du point de vue empirique*, trad. fr. M. de Gandillac, Paris, Aubier, 1944 ; éd. revue par J.-F. Courtine, Paris, Vrin, 2008.

BRISART (R.), « La logique de Husserl en 1900 à l'épreuve du néokantisme marbourgeois : la recension de Natorp », *Phänomenologische Forschungen*, édité par E.W. Orth et K.H. Lembeck, 2002.

CASSIRER (E.), « Erkenntnistheorie nebst den Grenzfragen der Logik », *Jahrbücher der Philosophie. Eine kritische Übersicht der Philosophie der Gegenwart*, 1913, réédité dans *Erkenntnis, Begriff, Kultur*, Hambourg, F. Meiner, 1993.

– « Néokantisme », trad. fr. F. Capeillères, *L'Ecole de Marbourg*, Paris, Le Cerf, 1998.

– *Substance et fonction*, trad. fr. P. Caussat, Paris, Minuit, 1977.

– « Hermann Cohen et la rénovation du kantisme », trad. fr. M. de Launay et C. Prompsy, *L'Ecole de Marbourg*, Paris, Le Cerf, 1998.

– *La Philosophie des formes symboliques*, trad. fr. O. Hansen-Love, J. Lacoste et C. Fronty, Paris, Minuit, 1972, 3 vol.

– « Paul Natorp », trad. fr. M. de Launay et C. Prompsy, *L'Ecole de Marbourg*, Paris, Le Cerf, 1998.

– *Le Problème de la connaissance 3 : les systèmes postkantiens*, trad. fr. à l'initiative du Collège de philosophie, Paris, Le Cerf, 1999.

COHEN (H.), *Commentaire de la « Critique de la raison pure » de Kant*, trad. fr. E. Dufour, Paris, Le Cerf, 2000.

– *La Théorie kantienne de l'expérience*, trad. fr. E. Dufour et J. Servois, Paris, Le Cerf, 2001.

– *Logik der reinen Erkenntnis*, Berlin, B. Cassirer, 1902, rééd. Hildesheim, G. Olms, 1977.

– *Ästhetik des reinen Gefühls*, Berlin, B. Cassirer, 1912, rééd. Hildesheim, G. Olms, 1982, 2 vol.

COURSODON (J.P.) et TAVERNIER (B.), *50 ans de cinéma américain*, Paris, Nathan, 1995.

COURTINE (J.-F.), « Les "recherches logiques" de Martin Heidegger », dans *Heidegger 1919-1929. De l'herméneutique de la facticité à la métaphysique du Dasein*, sous la direction de J.F. Courtine, Paris, Vrin, 1996.

DASTUR (F.), « Edmund Husserl », dans *La Philosophie allemande de Kant à Heidegger*, sous la direction de D. Folscheid, Paris, P.U.F., 1993.

DELEUZE (G.), *Proust et les signes*, Paris, P.U.F., 1964.

DE SCHMIDT (W.), *Psychologie und Transzendentalphilosophie. Zur Psychologie-Rezeption bei Hermann Cohen und Paul Natorp*, Bonn, Bouvier, 1976.

DIDEROT (D.), *Lettre sur les aveugles*, Paris, Garnier-Flammarion, 1986.

DUFOUR (E.), « Descartes à Marbourg », *Descartes en Kant*, Actes du colloque « Descartes e Kant » (Lecce, 11-13 nov. 2004), Paris, P.U.F., Epiméthée, 2006.

– *Hermann Cohen. Introduction au néokantisme de Marbourg*, Paris, P.U.F., 2001.

– *Les Néokantiens. Valeur et vérité*, Paris, Vrin, 2003.

– « Remarques sur la note du paragraphe 26 de l'Analytique transcendantale. Les interprétations de Cohen et de Heidegger », *Kant Studien* 94 (2003).

– *L'Esthétique musicale de Nietzsche*, Lille, Septentrion, 2005.

– *Qu'est-ce que la musique ?*, Paris, Vrin, 2005.

– *Qu'est-ce que le cinéma ?*, Paris, Vrin, 2009.

— et SERVOIS (J.), « Le statut de l'espace esthétique dans la philosophie kantienne », *Kant Studien* 96 (2005).

— et MATHON (G.), « Le rythme musical », *Le temps musical*, Paris, Editions de la Cité de la musique, 2008.

DUPRAT (G.L.) « Compte-rendu de l'*Allgemeine Psychologie* de Paul Natorp », *Revue philosophique*, tome LXXV, 1913, p. 639-641.

FARBER (M.), *The Foundation of Phenomenology. Edmund Husserl and the Quest for a Rigorous Science of Philosophie*, Cambridge, Harvard University Press, 1943.

FERRARI (M.), « Paul Natorp. "The Missing Link" in der Davoser Debatte », *Cassirer-Heidegger. 70 Jahre Davoser Disputation. Cassirer Forschungen* 9 (2002).

– *Retours à Kant*, trad. fr. T. Loisel, Paris, Le Cerf, 2001.

– « Cent ans après. Husserl, Natorp et la logique pure », trad. fr. T. Loisel, *Philosophie*, n° 74 (2002).

FINK (E.), *De la phénoménologie*, trad. fr. D. Franck, Paris, Minuit, 1974.

GADAMER (H.G.), *Philosophische Lehrjahre*, Frankfurt am Main, V. Klostermann, 1977.

– « Die philosophische Bedeutung Paul Natorps », Avant-propos à P. Natorp, *Philosophische Systematik*, Hamburg, F. Meiner, 2000.

GIGLIOTTI (G.), « Objekt und Methode. Das Problem der Psychologie in Natorps Philosophie », *Grenzen der kritischen Vernunft. Helmut Holzhey zum 60. Geburstag*, édité par P.A. Schmid et S. Zurbuchen, Bâle, Schwabe & co, 1997, p. 95-113.

GRANEL (G.), *Le Sens du temps et de la perception chez E. Husserl*, Paris, Gallimard, 1968.

HEGEL (G.W.F.), *Encyclopédie des sciences philosophiques. I: La science de la logique*, trad. fr. B. Bourgeois, Paris, Vrin, 1994.

– *La Phénoménologie de l'esprit*, trad. fr. J. Hyppolite, Paris, Aubier, 1941, 2 vol.

– *La Phénoménologie de l'esprit*, trad. fr. B. Bourgeois, Paris, Vrin, 2006.

HEIDEGGER (M.), *Frühe Schriften*, Frankfurt am Main, V. Klostermann, 1972.

– *Grundprobleme der Phänomenologie* (1919-1920), *Gesamtausgabe*, Bd. 58, Frankfurt am Main, V. Klostermann, 1993.

– *Sein und Zeit*, Tübingen, M. Niemeyer, 1993.

– *Zur Bestimmung der Philosophie*, *Gesamtausgabe*, Bd. 56/57, Frankfurt am Main, V. Klostermann, 1999.

– *Phänomenologische Interpretationen zu Aristoteles*, *Gesamtausgabe*, Bd. 61, Frankfurt am Main, V. Klostermann, 1995.

– *Logik*, *Gesamtausgabe*, Bd. 21, Frankfurt am Main, V. Klostermann, 1995.

– *Les Problèmes fondamentaux de la phénoménologie*, trad. fr. J.F. Courtine, Paris, Gallimard, 1985.

– *Interprétation phénoménologique de la « Critique de la raison pure »*, trad. fr. E. Martineau, Paris, Gallimard, 1982.

HEINTEL (E.), « Paul Natorp : Philosophische Systematik », *Philosophische Rundschau* 7, Cahier n° 3-4, 1958.

HOLZHEY (H.), *Cohen und Natorp*, Bâle, Schwabe & co, 1986, 2 vol.

– « Zu Natorps Kantauffassung », *Materialen zur Neukantianismus-Diskussion*, édité par H.L. Ollig, Darmstadt, Wissenschaftliche Buchgesellschaft, 1987.

— et ORTH (E.W.) (éditeurs), *Neukantianismus. Perspektiven und Probleme*, Würzburg, Königshausen & Neumann, 1994.

HÖNIGSWALD (R.), « Prinzipienfragen der Denkpsychologie », *Kant Studien*, 18 (1913), p. 205-245.

HUSSERL (E.), *Alte und neue Logik*, Husserliana, Bd. VI.

– *Recherches logiques* (1900-1913), trad. fr. H. Elie, A.L. Kelkel et R. Schérer, Paris, P.U.F., 1959-1963.

– *Idées directrices pour une phénoménologie et une philosophie phénoménologique pures*, tome I. *Introduction générale à la phénoménologie* (1913), trad. fr. P. Ricœur, Paris, Gallimard, 1950..

JANZ (C.P.), *Nietzsche*, 3 vol., trad. fr. P. Rusch et M. Vallois, Paris, Gallimard, 1984-1985.

KERN (I.), *Husserl und Kant. Eine Untersuchung über Husserls Verhältnis zu Kant und zum Neukantianismus*, Den Haag, M. Nijhoff, 1964.

KREBS (I.), *Paul Natorps Ästhetik* (*Kant Studien Ergänzungshefte* n° 109), Berlin-New York, W. de Gruyter, 1976.

LAVIGNE (J.-F.), *Husserl et la naissance de la phénoménologie*, Paris, P.U.F., 2005.

LEMBECK (K.H.), « Begründungsphilosophische Perspektiven : Husserl und Natorp über Anschauung », *Phänomenologische Forschungen*, édité par E.W. Orth et K.H. Lembeck, Hamburg, F. Meiner, 2002.

LIPINER (S.), *Der entfesselte Prometheus*, Leipzig, Breitkopf und Härtel, 1876.

LOCKE (J.), *Essay concerning the Human Understanding*, Oxford, Clarendon Press, 1975 ; *Essai sur l'entendement humain*, trad. fr. par J.-M. Vienne, Paris, Vrin, Livres I et II, 2001 ; Livres III et IV, 2006.

LOTZE (R.H.), *Logik*, 1874, G. Gabriel ed., Hamburg, F. Meiner, 1989 (trad. fr. des § 313-321 par A. Dewalque, *Philosophie*, n° 91, 2006, p. 9-23).

MARX (W.), « Die philosophische Entwicklung Paul Natorps », *Materialen zur Neukantianismus-Diskussion*, édité par H.L. Ollig, Darmstadt, Wissenschaftliche Buchgesellschaft, 1987.

NIETZSCHE (F.) *Œuvres philosophiques complètes*, trad. fr. G. Colli et M. Montinari, Paris, Gallimard, 1967-1997.

OLLIG (H.L.) (éditeur), *Materialen zur Neukantianismus-Diskussion*, Darmstadt, Wissenschaftliche Buchgesellschaft, 1987.

ORTIGUES (E.), « Subjectivité et modalité », *Actes du IXe Congrès International sur Kant*, *Kant Studien*, 1974.

– *Le Discours et le symbole*, Paris, Aubier, 1962.

PHILONENKO (A.), *L'Ecole de Marbourg*, Paris, Vrin, 1989.

– Introduction à V. Delbos, *De Kant aux postkantiens*, Paris, Aubier, 1992.

– *L'œuvre de Kant*, Paris, Vrin, 1983, 2 vol.

PROUST (M.), *A la recherche du temps perdu*, Paris, Gallimard, 1954, 3 vol.

REINACH (A.), « Paul Natorps *Allgemeine Psychologie nach kritischer Methode* », *Göttingische gelehrte Anzeigen*, 4 (1914), p. 193-214, rééd. *Sämtliche Werke*, Münich, Bd. 1, 1989.

RIBOT (T.), *La Psychologie allemande contemporaine*, Paris, Alcan, 4e ed., 1892.

RICKERT (H.), *Der Gegenstand der Erkenntnis*, Freiburg, J.C.B. Mohr, 1892, 6e ed. augmentée, Tübingen, J.C.B. Mohr (P. Siebeck), 1928.

RIPPERT (R.), *Paul Natorps Pestalozzirezeption in seiner ersten und letzten Interpretation*, Dissertation Marbourg, 1967.

– *Science de la culture et science de la nature*, trad. fr. A.H. Nicolas, Paris, Gallimard, 1997.

RODI (F.) éd., *Dilthey-Jahrbuch für Philosophie und Geisteswissenschaft*, Bd. 3, 1985.

SARTRE (J.-P.), *La Transcendance de l'ego*, Paris, Vrin, 1981.

SERVOIS (J.), *Paul Natorp et la théorie platonicienne des Idées*, Lille, Presses Universitaires du Septentrion, 2004.

– *L'Idéalisme de Paul Natorp et la connaissance scientifique*, thèse sous la direction de M. Ferrari et A. Laks (Université Lille 3).

SIEG (U.), *Aufstieg und Niedergang des Marburger Neukantianismus*, Würzburg, Königshausen & Neumann, 1994.

STEINMANN (M.), « Das Rätsel des Worts », *International Jahrbuch für Hermeneutik*, édité par G. Figal, Tübingen, Mohr Siebeck, 2002.

STOLZENBERG (J.), *Ursprung und System*, Göttingen, Vandenhoeck & Ruprecht, 1995.

TADIÉ (J.Y.), *Proust, le dossier*, Paris, Belfond, 1983.

TAVERNIER (B.) : voir COURSODON (J.P.).

TRAN DUC THAO, *Phénoménologie et matérialisme dialectique*, Paris, Minh-Tân, 1951 ; 2e éd. Paris, Archives contemporaines- EAC, 1992.

WAGNER (R.), *Œuvres en prose*, trad. fr. J.G. Prod-homme, Paris, Delagrave, 1907, rééd. Paris, Editions d'aujourd'hui, coll. Les introuvables, 1976.

WINDELBAND (W.), *« Qu'est-ce que la philosophie ? » et autres textes*, trad. fr. E. Dufour, Paris, Vrin, 2002.

WOLZOGEN (C. von), *Die autonome Relation*, Würzburg, Königshausen & Neumann, 1984.

– « "Es gibt". Heidegger und Natorps "praktische Philosophie" », *Heidegger und die praktische Philosophie*, édité par A. Gethmann-Siefert et O. Pöggeler, Frankfurt am Main, Surhkamp, 1988.

TABLE DES MATIÈRES

DEUXIÈME PARTIE

LA *SYSTÉMATIQUE PHILOSOPHIQUE* DE 1922-1923

ACHEVÉ D'IMPRIMER
EN MAI 2010
PAR L'IMPRIMERIE
DE LA MANUTENTION
À MAYENNE
FRANCE
N° 10N-55

Dépôt légal : 2e trimestre 2010